大学の先生と学ぶ

はじめての

歴史

総合

著 北村厚 神戸学院大学准教授

本書のねらい

　歴史総合は、みんなが高等学校に入学してはじめて学ぶ歴史科目だ。中学までの歴史科目では、古代からの日本の歴史を学んだけど、ときどき日本にかかわるかたちで中国やヨーロッパのことも登場した。でも歴史総合では、18世紀末以降の世界の歴史と、そのなかでの日本の歴史を学ぶ。つまり近現代の世界史と日本史を結びつけた、全体的な歴史を学ぶことになる。

　歴史総合は、ただ世界史と日本史が結びついているだけじゃなく（それだけでも大変なことだけど）、考え方がこれまでとは全然違っている。まず、歴史用語を暗記するのではなく、歴史について考え、理解し、探究することが求められている。つぎに、先生がひとりでしゃべって一方的に知識を教えるのではなく、授業のテーマにかんする「問い」について生徒自身が話し合い、表現する、いわゆるアクティブ・ラーニング、最近の言いかたでは「主体的・対話的で深い学び」を教室に導入しようとしているんだ。

　教科書をひらいてみよう。すべてのページ、とくに冒頭に「問い」がのっているね。この「問い」について思考を深めることが授業の目的になっているんだ。

　でも、歴史について思考するなんて、どうやって勉強すればいいんだろうか？　これがなかなかむずかしい。今までいろいろな歴史総合の参考書やワークブック、問題集が出ているけど、その多くは、むかしながらの歴史用語の穴埋めや一問一答なんだ。これでは歴史総合で求められている歴史を考える力は身につかない。

　だからぼくは、歴史総合をこれから学ぶ人のために、問いと資料をつかってどう考えていけばいいかをナビゲートするガイドブックとして、この

本を書いた。この本を予習がわりに読みながら教科書をすすめていけば、歴史総合をどう勉強すればいいかがわかるようになっているはずだ。

本書のつかいかたと特色

　まず、序章をしっかりと読みこんでほしい。すぐに歴史総合の勉強に取りかかりたいだろうけど、歴史総合はとにかく今までの歴史の勉強とは考え方がちがうから、そこを理解しておかないと、本文でなにをやっているのかわからなくなってしまうかもしれないからだ。面倒だけど、段取りはふもう。

　この本は、予習と復習の両方につかえる。みんなのなかには、既存のワークブックで用語を暗記してから授業にのぞむ人もいるだろう。でも歴史総合の授業では講義もそこそこにグループワークがはじまって、話し合って発表しなければいけないかもしれない。ちょっとずるいけど、あらかじめどんな議論が想定されるのかこの本で予習しておこう。もしくは授業が終わったあとに、他にどんな深めかたができたのかを復習するのもいい。

　この本はワークブックや問題集じゃないから、教科書とノートをいつも用意しながら読んでいこう。とくに青字で書かれてある問いやその考え方をノートにとっていこう。この本では、どんどん問いが連鎖的に出てくる。前の問いとつぎの問いが論理的につながっていくのを、自分なりに考えながら整理していこう。

　ちなみに、この本では歴史総合の全部の内容をあつかっているわけじゃないから、そこは注意が必要だ。本文であつかえなかった問いを、各章の最後にチャレンジ！　というかたちで提示しているので、問題集のつもりでそれらの問いに取りくむことができるよ。

　あと、この本に書いてあるからといって、それがこの問いの「正解」だ！なんて考えてはいけない。たしかに事実や考え方としてまちがった答えというのはあるけど、ひとつの問いに対して「正解」は複数あるのがあたり

まえだ。この本を読んでいけば、その意味がだんだんとわかってくるよ。

　この本で取りあつかっている歴史用語や資料は、すべて歴史総合の教科書にのっているものだけにした。教科書をこえるような範囲をあつかうと、それは高校生のためのガイドブックにならないからだ。ただし、歴史総合の教科書は、いろんな出版社から12冊も出ているから、みんなのつかっている教科書にはのっていない資料も、この本にはたくさん掲載している。そこは了解しておいてほしい。

　筆者は、大学で歴史学を教える研究者だけど、何年か前まで高校で世界史を教えていた経験もある。この本を書くとき、教室で学ぶ内容と接続できるように、現場感覚をわすれないようにしたいと思った。だから、必要以上に歴史学のむずかしい議論はせず、あえて教科書的な内容にこだわった。

　この本をつうじて、みんなが歴史総合にスムーズにはいりこんで、そのおもしろさを満喫してくれたら、なによりのよろこびだ。

凡例
・本書に掲載されている資料は、基本的にすべて歴史総合の教科書に掲載されているものである。使用した教科書は以下のとおり。
　山川出版社『現代の歴史総合：みる・読みとく・考える』『歴史総合：近代から現代へ』、実教出版『詳述歴史総合』『歴史総合』、東京書籍『詳解歴史総合』、帝国書院『明解歴史総合』、第一学習社『高等学校歴史総合』、清水書院『私たちの歴史総合：資料から読み解く近現代の日本と世界』（すべて2022年発行）
・読みやすくするために、一部の資料について、旧仮名づかいを改めたり、漢字をひらがなに改めたりしたものがある。

CONTENTS

第**Ⅱ**部 　**国際秩序の変化や大衆化と私たち**

第III部　グローバル化と私たち

歴史総合の見方・考え方をささえる5つの視点

みんなは、教科書をひらいて歴史の勉強をしようというとき、まず何をする？　教科書の本文を読みながら、太字になっている用語にマーカーをひいたり、その部分をノートに写したりするだろうか。

でも、歴史総合は、ただ用語をたくさん暗記すればいいという科目じゃない。歴史のテストってほとんど用語の穴埋めとか一問一答だったから、いい点取るためにはまずは暗記だ！ ——と思いたくなる気持ちをぐっとこらえよう。

人物や出来事の暗記だけを目的に勉強すると、たぶん歴史総合の授業内容の半分も理解できず、一生懸命がんばったわりに、テストでもいい点は取れないかもしれないんだ。

じゃあ、暗記じゃなければどんな勉強をすればいいの？　この「序章」では、歴史総合の特徴について5つのポイントにわけて説明するので、しっかり理解してほしい。

1 世界史と日本史を概念でつなぐ！

歴史総合は世界史と日本史を一緒にして学ぶものだ。でもいったいどうやって、そのふたつを結びつけているのだろう？　歴史の出来事はそれぞれの国でバラバラに発生することが多いから、それらがかならず関係しているわけじゃない。だけど、とくに19世紀以降の世界と日本は、同じような方向へと変化していった。

大きな変化は3つある。①**近代化**、②**大衆化**、③**グローバル化**だ。これらの変化は現代にも続いていて、私たちにも関係しているんだ。これらは**個別具体的な出来事ではなくて**、**時代を代表する**、**共通する現象**とでも

言えばいいかな。ちょっと難しいけど、こういうのを歴史的な**概念**という。

　例えば近代化という大きな概念にはいろいろな要素があって、工業化とか市民社会や国民国家の成立といった小さな概念がある。それらの概念はどこの歴史でもあてはまったり関係したりするけど、そこで起こった出来事は個別であって共通していない。図にするとこんな感じだ。

● 図0-1：**大きな概念・小さな概念・個別の出来事**

大きな概念	小さな概念	個別の出来事
近代化	工業化	ミュール紡績機の発明（イギリス）
	産業革命	鉄道網の形成、ドイツ関税同盟（ドイツ）
		殖産興業、富岡製糸場（日本）……など
	市民社会の成立	アメリカ独立革命（アメリカ）
	市民革命	フランス革命（フランス）
		明治維新（日本）……など

　近現代における概念は、世界でも日本でも共通して考えることができるから、個別の事例についてそれぞれの影響関係を考えたり、どこが同じでどこが違うのか比較したりすることもできる。概念が同じであれば、そこで起こる問題──たとえば工業化なら公害や貧富の差の問題なども共通してくる。これが概念によって世界と日本をつなぐということなんだ。

　歴史総合では、こういった**歴史的な概念が先にあって、個別の歴史的な出来事は概念を考えるための素材だ**とわりきって考えてみるといい。今までの歴史の勉強は、個別の出来事をおぼえることを目的としがちだったけれど、歴史総合ではぜんぜんちがう発想になっているのがわかるね。

　でもやっぱり、「概念」という考え方はむずかしい。この本では、歴史総合に登場するいろいろな概念を、教科書の順番にそって紹介していくから、じょじょに理解していけばいい。

2 変化とその歴史的意義を考えよう！

　じゃあ概念や出来事のどういったところに注目して考えればいいんだろうか？　ぼくは歴史総合で各部のタイトルになっている、「近代化」「国際秩序の変化や大衆化」「グローバル化」という3つの大きな概念を見ていて、ある共通点に気づいた。なんだと思う？

　それは、ぜんぶ「変化」にかかわる概念だということ。つまり、それによって「どう変わったのか？」を考えることが、歴史総合では一番重要なポイントなんだ。

　たとえばアメリカ独立革命について学ぶとき、単に1775年に独立戦争が起こって、ワシントンを総司令官としてイギリスに勝利し、1783年に独立したというように、年号と出来事と人物をおぼえればいいというわけではない。アメリカ独立革命によってなにがどう変わったのかを考えなければいけないんだ。

　その際、変化や出来事が持つ「歴史的な意義」を考えてほしい。歴史というのは過去に起こったすべてのことを知ろうとする学問じゃない。過去の出来事はそれこそ無限に存在するから、その当時やその後の時代にとって重要だと考えられる出来事、つまり歴史的意義のある出来事にしぼって考えなければいけないんだ。

　歴史総合では、それぞれの単元であつかっている概念、つまり近代化とか大衆化と結びつけて歴史的意義を考えてほしい。つまり、アメリカ独立革命がもたらした変化は、近代化にとってどのような意味で重要だったのかを考えるということだ。

　歴史を学ぶときにその意義をいちいち考えるのは大変だけど、歴史総合で学ぶ内容にはすべて重要な意味があると考えることで、みんなの勉強はとても価値のあるものになる。何のために歴史を学ぶのか？　この本ではそのことをつねに問いかけていくよ。

3 問いを中心にして学習しよう！

じゃあ、具体的にどうやって歴史総合を勉強していけばいいんだろうか。

さっき、いきなり太字の用語にマーカーをひくような勉強はやめようといったけど、教科書でまずマーカーをひいてほしいところはある。歴史総合の教科書には、かならず本文の冒頭に「問い」が用意されている。それをまずチェックするんだ。**歴史総合の毎回の授業の目的は、その問いについてさまざまな角度から考えること**なんだ。用語は考えるための材料にすぎない。

ある教科書の本文を例にしてみよう。「近代化と私たち」の最初の単元。タイトルは「18世紀の東アジアにおける社会と経済」だ。その下に、でかでかと問いがかかげられている。

「18世紀の中国と日本では、商品生産と流通網はどのように発達したのだろうか？」

これが**メインの問い**だ。授業全体をとおしてこの問いについて考えることになる。

でも、どうやって考えればいいんだろうか？ 実はこの単元には、他にも問いがのっている。

「18世紀の中国経済の発展に、どのような商品やモノが影響を与えたのだろうか。」
「繁栄する18世紀の東アジアの中で、中国と日本の共通点と相違点はどこにあったのだろうか。」
「徳川幕府の仕組みは、どのようなかたちで経済の発展に影響を与えたのだろうか。」

これらはメインの問いを考えるための**サブの問い**だ。みんなはまず、教

科書にのっているメインの問いとサブの問いを順番にノートにとって、本文を読み、**その問いに答えるためのヒントになりそうなところにマーカーをひいたり、ノートに写したりする**といい。

　問いは教科書によってことなる。歴史の勉強はひとつの正解を暗記することじゃなくて、歴史上のさまざまな出来事から「何が起こったのか？」「なぜ起こったのか？」「その結果どうなったのか？」といった複数の問題について考えることだ。

　問いは無限にあるし、その答えも無限にある。だから問いとその答えを暗記しようとしても無駄だ。大事なのは**問いに対する「考え方」をマスターすること**。この本ではその「考え方」を伝えていくから、みんなもそれを身につけてほしい。

4　歴史は資料からできている！

　じゃあ、歴史の問いに対してどう答えればいいと思う？　何でも思いついたことを自由に論じたり、よくわからないからあてずっぽうで答えたりしてもいいんだろうか。そうじゃないよね。歴史の問いは、**過去に起こった出来事（歴史的事実）**にもとづいて答えなければならない。それが基本ルールだ。

　歴史的事実はどうやって知ることができるだろうか。歴史総合では、基本的には2つの考え方がある。1つは、**教科書の本文に書いてあることはとりあえず事実**だと考えておくこと。ただし、しつこいようだけど教科書に書いてある内容を丸暗記すればいいわけではない。教科書に書いてある事実は、問いについて考えるための情報のかたまりなんだ。あくまでも学習の手段であって目的ではない、ということを意識しよう。

　もう1つは、**教科書や図表にのっているさまざまな資料から事実を読み取る**ことだ。歴史総合には、これまでの歴史科目と比べても多くの資料が掲載されている。条約や憲法の条文のような文章の資料、表やグラフ、ポスターや写真といった画像の資料などなど。それらの資料から、歴史につ

いて考えるための情報を読み取っていく。

　では、**資料の読み方**をレクチャーしよう。教科書にのっている資料は、それぞれの授業のテーマについて考えるための材料として、教科書を書いた人によってえらばれたものだ。だからぶっちゃけて言うと、<u>その資料をどう読んでほしいかは、あらかじめ決まっている</u>といっていい。

　例えば、次のような資料が教科書にのっている。これは18世紀後半から21世紀はじめにかけての各国・地域の工業生産の割合の推移だ。大学入学共通テストにも出題された有名な資料だよ。この図から、歴史総合では何を読み取ってほしいと思う？

● 図0-2：世界の工業生産に占める各国・地域の割合の推移

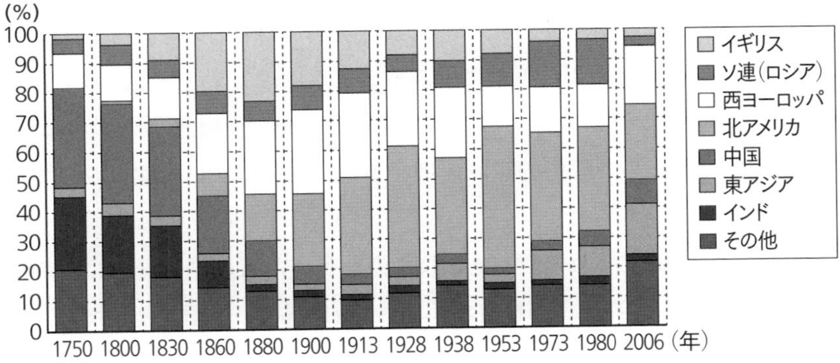

出典：長谷川貴彦『産業革命』

　統計グラフというのは、何かの目的のために集計して作成される。この場合は、工業生産の中心がどのように変化したのかをわかりやすくするためのものだ。ではこの**統計グラフから変化をどう読みとればいいのか？**　わかりやすいのは、順位のはっきりとした逆転や移動だ。

　1750年において工業生産の多い国や地域はどこ？　2位まであげよう。1位が中国、2位がインドだね。その2カ国のその後の工業生産はどうなっていくだろうか？──減っている。他の国や地域に逆転されたのはいつだろうか、そしてどこに逆転されるだろうか？──1860年〜1880年ごろ、イギリスと西ヨーロッパに逆転されるね。その後、中国とインドの工業生

産シェアは、20世紀のはじめには見る影もなくなってしまう。こんなふうに、事実関係をそのまま素直に解釈してあげればいい。

これが資料から読み取れる事実関係だ。つぎにその事実の歴史的な意味を考えるんだ。つまり、18世紀までは中国やインドが世界経済の中心だったが、19世紀になってその立場が逆転し、ヨーロッパ中心の世界に転換したのだということだね。

ここまでくれば、**その変化の原因を探究したくならない?** 「なぜ19世紀後半に中国とインドはヨーロッパ諸国に逆転されたのだろうか」と問う。そこから、「ああこれは産業革命の結果なんだな」とか、「インドの植民地化やアヘン戦争の影響じゃないか」といった、歴史的状況と照らし合わせた解釈が生まれるんだ。

このように、まず資料から読み取れる事実関係はほとんど決まっているので、ポイントを外さずに正確に読み取るようにしよう。その読み取った内容をどうするかというと、**ここでの授業であつかう概念**（たとえばここでは「産業革命」）**にからめて歴史的意味を考える**と、さらに深い考察になっていくんだ。

ところで、あたえられた資料を、教科書を書いた人の期待通りに読み取るなんて、本当はぜんぜん「主体的」なんかじゃない。歴史総合では、資料を適切に読み取って歴史的に意義づけるという技術を身につけさせようとしているんだ。過去にのこされた資料は、ただ適当にならべて、自分勝手に読み取ればいいというものじゃない。資料は、その時代のさまざまな歴史の流れ（歴史的コンテクスト）のなかに位置づけて、はじめて意味をもつんだ。これができるようになるには、それなりの訓練が必要だ。

最終的には、自分が見つけたたくさんの資料を自分で読み取って、歴史的コンテクストに位置づけて、みんなに新しい歴史像をつくってほしい。歴史総合はそのためのノウハウを学ぶ科目なんだね。

5 現代的視点から歴史を深める!

歴史総合では各部の最後に「現代的な諸課題」からそれまでの内容をさらに深めるコーナーがもうけられている。つまり**歴史は遠い過去の話というだけでなく、現代を生きる私たちと関係している**ということを言いたいんだ。

そういえば、「近代化と私たち」「国際秩序の変化や大衆化と私たち」「グローバル化と私たち」という各部の大テーマのタイトルには、全部「私たち」がついているね。それだけ歴史総合という科目が、みんなに歴史を自分ごととして考えてほしいってことだ。

歴史を現代的視点から深めるには、いくつかの考え方が役に立つ。

ひとつ目は、**過去の歴史は現代とつながっている**という考え方。過去と現在は時間的につながっているのだから、そこには**因果関係**がある。たとえば現在の日本には日本国憲法があるけれども、なぜその憲法がさだめられたのかというと戦争に敗北してアメリカに占領されたからだ。ではなぜ戦争をしたのかということで、1930年代の日本の戦争について探究する必要が出てくる。

おなじように、今の私たちに関係する概念、民主主義はどこから来た? 資本主義はどのように生まれた? 環境問題はなぜ起こった? といったことを考えるためにも、過去と現在の因果関係をつきつめていく必要があるね。

もうひとつは、**現代人の視点で歴史の新しい意義を発見する**という考え方だ。現在、男女平等の考えはあたりまえだよね。でも、19世紀にはそうじゃなかった。フランス革命や明治維新などの出来事の主役として女性が登場することはほとんどないんだ。でも、当時女性がいなかったわけじゃない。なぜ、当時女性は活躍できなかったんだろう?

そういう視点から新しい資料が発見されて、新しい視点から歴史が見直されることがあるんだ。フランス革命における女性というテーマは、この本の第2章でとりあげるので、あとで一緒に考えていこう。

ほかにもマイノリティの権利とか、環境破壊とか、感染症とか、いろいろな現代的視点がある。それらのテーマについて考えるための資料も教科書にのっていることが多いので、現代的視点をいつもイメージしながら学習していくと、自分で歴史を深めることができるはずだ。

　以上の5点をふまえて、この本ではすべての章をつぎのような構成で書いていくよ。

①メインの問いを出す。
②中心となる概念について、その歴史的意義を考える。
③出来事ごとにサブの問いを出し、歴史的意義を考える。
④現代的視点からテーマを深める。
※②〜④それぞれについて資料を読み取りながら考えていく。

　この順番ですすめることで、歴史総合の考え方、学び方が身につくはずだ。でも、あまり気合を入れすぎずに、肩の力を抜いて楽しんで読んでほしい。歴史について考えることが楽しいと思ってくれたら、しめたものだ。
　ちなみに、この本では歴史総合の教科書にのっているすべての項目を解説しているわけじゃない。半分くらいかな。でも、全部をあつかわなくても、基本となる考え方や学び方を身につけることができれば、ここにのっていない内容でも、自分で歴史を深めることができるようになるんだ。
　ではさっそく、歴史総合に取り組んでみよう！

18世紀までの世界と日本をどう学ぶか

　歴史総合は、まず「近代化」からはじまる。近代化というのは、世界ならイギリスではじまった産業革命、中国でいえばアヘン戦争、日本でいえば開国から明治維新にいたる過程ですすんでいく。だいたい18世紀後半から19世紀のことだ。だからこの本では、第1章から工業化（産業革命）を取りあげて近代化について考えるようにしている。それが歴史総合の本題だからだ。

　ところが教科書をひらいてみると、**産業革命からははじまっていない**。近代以前、「18世紀までの世界と日本」（タイトルは教科書によってことなる）からはじまる。これはどういうことだろうか?

　まず考えられるのは、いきなり産業革命とかアヘン戦争からはじまっても、それ以前の世界の歴史がよくわかっていないから、すこし前にさかのぼって知識をつけてほしいというのがある。これは、歴史は過去から現在へとすすんでいるので、その順序どおりに学ぶべきだという「通史主義」なんだけど、じつは歴史総合では、この考え方は重視されていない。

　よく見たら、18世紀までの世界についても、各国の通史をあつかっているわけじゃない。18世紀までの東アジアの国際関係、中国の経済と社会、江戸時代の日本の国家体制と経済、社会のしくみ、それに17・18世紀のヨーロッパとアジアの関係と、だいぶテーマがしぼられているのがわかるよね。なぜだろう?

　それはやっぱり、メインの近代化以降を理解するためだと思う。序章で説明したように、歴史総合では変化が重要だ。つまり、**近代化以前の国家や社会のシステムがどうだったのかを理解しなければ、近代化を理解することはできないんだ**。くわしくはこのあとの本文で勉強していくよ。

　それともうひとつ、**アジアとヨーロッパの関係の変化を理解するため**というのもあるだろう。序章の資料の読み方のところ（P14）でちょっとやったように、産業革命以前はヨーロッパよりもアジアのほうが経済的にゆたかだった。それが近代化以降は、逆転してしまうんだ。

　もしこのことをちゃんと勉強せずに、いきなり産業革命からはじめてしまったら、まるで弱くてまずしいアジアが、ゆたかなヨーロッパに征服されたというだけのイメージを持ってしまうかもしれないね。みんながそういう典型的なヨーロッパ中心主義にならないように、冒頭には近代化以前のアジアとヨーロッパの関係を学ぶんだ。

第 **I** 部

近代化と私たち

「近代化」って何？

　歴史総合の最初の章は「近代化と私たち」だ。とりあえず疑問に思うのは、**近代化」って何だ?** ということだよね。日本史だったら明治時代以降に「近代化」したわけだけど、中学校までに学んできた内容から、「これが近代化だ！」という事例を考えてみてごらん。そのなかで、みんなの日常生活を思い浮かべるといいかもしれない。

　「学校に通ってる」――うん、学校教育という制度ができるのは近代化だね。「洋服を着ている」――たしかに、ファッションが西洋風になることは、近代化のあらわれだ。それに、その洋服は工場でつくっている。それも近代化だ。「電車で移動する」――そうだね、明治時代に鉄道ができたのはまさに近代化だ。

　それほど身近じゃないところで言うと、国会で政治がおこなわれるのは、重要な近代化の要素だ。国会の役割は何だったかな？　そう、法律をつくることだ。法律によって社会のルールを決めるというのは近代的な発想だね。

　こうして考えると、「近代化」というのは私たちの現在の生活のすみずみにまで影響を与えていることがわかるね。その変化は、政治・経済・文化・人々の考え方など、あらゆる領域にわたっている。とてもひとことでは言いあらわせない。しかし、だからこそ「近代化」は歴史総合の大テーマとして取り上げるにふさわしいんだ。

　歴史総合で「近代化」はどのように理解されているかというと、**工業化」「市民社会の形成」「国民国家の形成」という３つの概念にわけて考える**ようになっている。しかしこれらは根底ではつながっているから、つねに学習内容のつながりを意識しながら考えていこう。

第 1 章

工業化の光と影
――産業革命

> **メインの問い**
> 工業化によって人々の生活や世界は
> どのように変わったのだろうか?
>
> **概念**
> 工業化（産業革命）

1 工業化（産業革命）によって
何が変わったのだろうか?

まず、工業化について考えていこう。

工業化というのはどのような変化だったんだろうか？　工業化は18世紀にイギリスで起こった**産業革命**からはじまり、世界に広がっていく。歴史的な出来事としては産業革命で、工業化はもっと一般的な言い方になる。だいたい同じような意味だと考えていいよ。

産業革命とは何か。教科書には、「農業社会から工業社会に変わったことによって生じた社会経済構造の変化のこと」だと書いてある。でも、こんなふうにひとことで書かれてもよくわからないよね。じつは人類の生き方そのものから地球環境のゆくえまで、世界のすべてを変革してしまったとんでもない出来事なんだ。

そこで、この章の「問い」は「工業化によって人々の生活や世界はどのように変わったのだろうか？」にした。いくつかの教科書にもかかげられ

ているので、授業でも問いかけられることがあるだろう。でも「どのように変わったか」とはどういうことだろうか？　何を考えればいい？

　こうした「変化」をあつかう場合、まず**その前後で何がどう変わったのか**を整理しよう。時代を変えるような変化なのだから、その変化は複数ある。この整理を自分でするのはけっこう大変だと思うけど、産業革命で何がどう変わったか、**教科書で説明してある部分にマーカーをひくんだ。**教科書の文章とにらめっこしながら格闘すると、下のような変化がわかってくる。

　では、産業革命とはどんな変化なのか？

---

(1) **生産方法の変化**…家庭での手工業から、工場での機械工業に変わった。

(2) **社会構造の変化**…工場や企業を経営する資本家と、彼らに雇われる労働者
　　　　　　　　　　　　という社会階級が誕生し、資本主義社会が成立した。

(3) **エネルギーの変化**…人力や自然の力から、石炭を用いた蒸気機関に変わった。

(4) **移動手段の変化**…徒歩や馬車から、鉄道や蒸気船を用いた移動に変わった。

　次に考えるべきことは、これらの変化が世界のその後の歴史や人々のくらしにとって、どのような意味で重要だったのかという「歴史的意義」だったね。(1)から(4)まで変化の内容を説明しつつ、その歴史的意義を考えていこう。これらもだいたい教科書に書いてあるはずだ。

(1) 生産方法の変化——工場制機械工業の成立

　産業革命って、直感的にどんなイメージかというと、手作業が機械にとってかわるということだよね。やっぱりこのポイントが一番重要だ。

　産業革命が起こるまでは、それぞれ職人の家で家族や弟子を集めて生

産したり、マニュファクチュアといって工場のなかで手作業で生産してい
たけど、産業革命によって工場にたくさんの労働者を集めて、機械を使っ
て生産するようになった。これにより**安く大量に生産することができ、生
産効率が飛躍的に上昇し、経営者は莫大な利益をあげることができる**よう
になった。

　生産力が増大するということに、どのような歴史的意義があると思う？
すごく単純な話なんだけど、強くなるんだよね。産業革命を実現した国は、
他国にまさる生産力を手にすることができるんだ。産業革命を実現した国
とそうでない国とでは、経済的に大きな開きができてしまう。

　世界ではじめて産業革命を起こしたイギリスは、その圧倒的な軍事力と
経済力によって、19世紀末までに広大な植民地帝国をきずくことになる。
他の欧米諸国も競いあうように産業革命を開始し、明治維新後の日本も
そうする。生産力をあげて強くならないと、他国に支配されるかもしれな
いからね。くわしくは後の章で見ていくけど、それらの事実だけでも、産
業革命という出来事がもつ歴史的意義がわかるよね。

（2）社会構造の変化──資本主義社会の成立

　私たちはいま、**資本主義**の社会に生きている。その資本主義が産業革
命によって成立したんだけど、そう考えるとすごくない？　資本主義とは、
「生産手段を所有する資本家が雇用する労働者を使役し、利益を生み出し
続けるシステム」だと書いてある。これもよく意味がわからないね（笑）。

　概念の定義は、だいたい教科書に書いてあるんだけど、いやがらせのよ
うに小難しい文章で書いてある。これはわざとそうしているんじゃなくて、
要点を的確に表現すると小難しくなってしまうんだ。みんなは、その要点
をときほぐして理解していかないといけない。

　「生産手段」というのは、生産するために必要な道具とか原材料とか土
地などを意味する。これまでは熟練の職人が自分で生産して自分で利益
を出していた。でも産業革命がおこると、**資本家**（経営者）**は、工場・機械・**

原料を所有はしているけれども、**自分で生産することはない**。大量に生産
する必要があるからね。だからかれらは、労働者を雇って自分の工場で生
産させる。

　工場も原料も資本家のものだから、できあがった商品を売って得た利
益は、ぜんぶ資本家のものだ。実際に働く労働者には、その利益から賃金
を支払う。こうして**資本家と労働者という社会階級が誕生する**。これが資
本主義だ。こうしたシステムが、(1)で検討した産業革命の生産方法が原
因でできあがったことを、しっかり理解しよう。

(3) エネルギーの変化——エネルギー革命

　資本家は機械をつかって労働者に大量生産させる。この機械を動かし
たのが石炭をエネルギー源とする蒸気機関だ。それまでは人力か、大規模
な機械であれば水力や風力で動かしていたけど、蒸気機関であれば安く効
率的に、そして大きな力で動かすことができる。これが**エネルギー革命**だ。

　エネルギー革命の歴史的意義は何だろうか?

　まずは、人力で生産した時代とは比較にならないほど大量の生産がスピ
ーディにできるようになった、ということが思い浮かぶよね。でもそれだ
けじゃないんだ。エネルギー革命は、たぶんぼくらの未来にとって一番重
要な、人類と自然との関係に、大きな変化をもたらしたんだ。

　人類は、それまで自然の力にたよっていたので、特定の自然条件のもと
でしかエネルギーを得ることができなかった。でも産業革命以後は、燃料
さえあればいつでもどこでも機械を動かすことができるようになったんだ。
このことは、**人類が自然に依存するのではなく、自然をある程度コントロ
ールできる能力を獲得した**ことを意味する。人類と自然との関係が変化し
たんだ。

　エネルギー革命以降、人類はさらに安く効率的でパワーのある燃料を追
い求め、石油の採掘や原子力の開発へと突き進んでいく。そうした人類
と資源との関係は、産業革命からはじまったんだね。

(4) 移動手段の変化——交通革命

エネルギー革命の結果、陸上では蒸気機関車、海上では蒸気船が発明され、すぐに世界中に広まった。これらは、それ以前の移動手段である馬車や帆船とは何が決定的にちがうんだろうか？

それは量とスピードだ。それまでよりもはるかに**大量の人やモノを、短時間で遠くまで運ぶことができるようになった**んだ。しかもそれまでよりも安くて安全に。その結果、世界は狭くなった。

この**交通革命**がもつ歴史的意義も、やはり巨大で多岐にわたる。ちょっと想像してみよう。「食料」というキーワードから考えてみるとどうだろうか。増え続ける人口をやしなうためには食料が必要だけど、鉄道や蒸気船があれば、海外の農業国から農産物を新鮮な状態で輸入することができる。みんながいつも買っているスーパーの食品の原産地を見れば、一目瞭然だよね。

「移民」というキーワードで考えてみよう。ヨーロッパの貧民が出稼ぎにいく必要があるときに、自国に働く場所がなければ、成長を続けるアメリカなどに移住する必要があった。こうした大量の移民を可能にしたのも蒸気船だ。こうして考えると、近代から現代にいたるまで、交通革命なしにはありえなかったことは本当に多いんだね。

いまならさらに飛行機という移動手段があるけど、これも産業革命以来の交通革命の延長線上にあるんだね。

こうした工業化や技術革新がもたらした根本的な変化は、まだまだある。ぜひ自分でも考えてみよう。

2 産業革命は、なぜイギリスで起こったのだろうか？

　このように、産業革命は現在の私たちの生活にもつながる決定的な変化を世界にもたらすものだった。だからこそ、最初に産業革命を実現したイギリスが世界中を支配する第一の強国となったんだね。ここから、さらに歴史をほりさげてみよう。

　なぜ、イギリスで産業革命が起こったんだろうか？　歴史においては変化や結果の他に、なぜそうなったのかという原因論が重要になることがある。産業革命はその一例だね。イギリスで産業革命が起こらなければ、世界の歴史は大きくちがっていたんだから、なぜイギリスなのかをほりさげることは、とても重要だ。

　じゃあさっそく、教科書の記述を整理しよう。このように歴史の原因を探究する場合、**5W1H**（いつ、どこで、誰が、何を、なぜ、どのように）**によって整理する**とわかりやすくなる。

（いつ）18世紀後半に

（どこで）イギリスのマンチェスターで

（誰が）綿工業の従事者が

（なぜ）インド産の綿布との価格競争に勝つために

（どのように）紡績・織布の工程を機械化して

（何を）綿布を安く大量生産した。

　だいぶわかりやすくなったね。しかしこれだけではただ教科書の文章をまとめただけで、なぜそうなったのかまでは深められていない。

　次にそれぞれの情報をほりさげていこう。ほりさげ方はいろいろあるけど、ここでは**5W1HをすべてWhyに変換する**のがやりやすい。例えば「（いつ）18世紀後半に」であれば、「なぜ18世紀後半に起こったのか？」とい

う問いができる。以下、どんどん問いをつくって、その考え方の説明をしていくよ。

（1）なぜ18世紀後半に起こったのか？

　時期の理由を考えるときのポイントは、**その出来事の原因や前提になるようなことが、前の時代になかったかどうか**確認することだ。

　じゃあ、産業革命が起きるにはまず何が必要だろうか？　これも漠然としているね。こういうとき歴史家は、その出来事の経済的背景、政治的背景、社会的背景などなど、いろいろな視点から考えていく。でも**一番てっとり早く考えられるのは経済的背景**、そう、カネだ。

　産業革命にはカネがかかる。資本家たちは、工場をつくって機械を購入して労働者を雇って原材料を仕入れて……そのカネはどこから来た？　その前の時代、17世紀から18世紀前半に、かれらイギリスの商人たちが大もうけできるようなチャンスがあったはずだ。それが何だったかを考えよう。

　いくつかの教科書には、**大西洋三角貿易**の利益が大きかったと書いてある。大西洋三角貿易とは、ヨーロッパとアフリカ西岸とアメリカのカリブ海地域とのあいだの貿易だ。教科書では産業革命の前の「18世紀アジアとヨーロッパの経済と社会」のところに、くわしい説明があるかもしれない。そこには次ページのような図があるはずだから、これをみながら大西洋三角貿易の構造を理解しよう。

● 図1-1：大西洋三角貿易

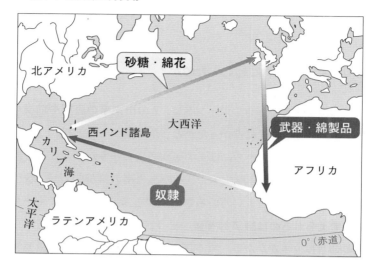

　イギリスやフランスといったヨーロッパ諸国は、アフリカ西岸から黒人奴隷を買いつけてカリブ海地域まで移送し、それぞれの国の植民地にあるプランテーションの経営者に黒人奴隷を売る。プランテーションでは奴隷を働かせて砂糖などの商品をつくり、ヨーロッパに輸出する。砂糖は当時のヨーロッパでは高級品で、莫大な利益が出るんだ。

　これだけ大規模な貿易なら、たしかに大きな利益が出そうだ。だから17世紀後半くらいから、イギリスとフランスはこの貿易をめぐってはげしくあらそった。イギリスが、北アメリカ植民地などをめぐるフランスとの植民地抗争に勝利したのが18世紀なかばで、これで大西洋三角貿易の利益を独占することができるようになった。この貿易の利益が、産業革命を進めるための資本になっていった。だから18世紀後半に産業革命ができたんだね。

　でもこの問題については、他の説明もできるから、いろいろと考えてみてね。たとえば政治的背景、つまり市民革命とか議会制民主主義が関連していたり、社会的背景、つまり労働者になりやすい人々が存在していたりしたことに着目してもいい。**歴史上の問いに対する答えはひとつじゃな**

い。事実にもとづいて論理的に関連づけていけば、いろいろな説明ができるようになる。それが歴史の面白いところだ。

（2）なぜイギリス、なぜマンチェスターで起こったのか？

　この問いにも、いくつもの説明が可能だ。さっきの大西洋三角貿易について理解したことからも説明ができる。つまり、イギリスがフランスとの植民地抗争に勝利したからだ。ではなぜマンチェスターなのか？

　教科書には産業革命期のイギリスの地図がのっている。これをみて、マンチェスターの場所をチェックしよう。

● 図1-2：産業革命期のイギリス

　マンチェスターはイギリスの中部にある。この街は、大西洋三角貿易最大の貿易港であるリヴァプールに近かった。だからマンチェスターの資本家にお金が集まり、産業革命を推進できた。しかも、産業革命がはじまると原料の綿花が大量に必要になる。この綿花もカリブ海地域や北アメリカのプランテーションで生産させて輸入する。できあがった綿製品も輸出す

る。**産業革命を推進して発展するために、リヴァプールという貿易港がとても重要な役割をはたしたんだ。**イギリスで最初に営業開始した鉄道は、マンチェスター・リヴァプール間だったんだけど、それはリヴァプールが原料の輸入港で綿織物の輸出港だったからだよ。

　この地図から読み取れるのは、マンチェスターとリヴァプールの近さだけじゃない。この地図には、なにげなく「炭鉱業地域」と「鉄鉱山」の場所が記入してあるよね。炭鉱業というのは石炭がとれるところだ。これらは何のために書いてあるんだろう？

　それはもちろん、**産業革命に必要なエネルギーがイギリスに豊富にあった**ことをしめすためだ。さらに鉄道が発展するためにはレールをつくるための鉄が必要で、その原材料もあった。エネルギーや原料がもともとたくさんとれるというのは、イギリスにとって有利な条件だったといえるね。

　この地図は、島国イギリスだけしかのってないから、ついスルーしがちなんだけど、産業革命を理解するためのさまざまな情報を読み取れるんだ。

（3）なぜ最初に機械化したのが綿工業だったのか？

　これは次のWhy項目「（なぜ）インド産の綿布との価格競争に勝つため」というのが答えになるから、その点をほりさげよう。当時のヨーロッパではインド産綿布（キャラコ）のブームが起きていて、キャラコが高値で取引されていた。そのためイギリスの貿易商はキャラコをインドから輸入してヨーロッパ諸国に再輸出していたんだけど、これを国内で生産できれば大きな利益になるよね。**質の高いキャラコとの競争に勝つためには、安く大量に生産する必要があるから、綿工業の機械化が求められたんだ。**

　この知識を前提にして、図1-3を見てみよう。このグラフは、18世紀後半から19世紀前半までの、ヨーロッパとアジア（主にインド）との綿織物の貿易関係をしめしたものだ。産業革命によってイギリスとインドとの貿易関係はどのように変化したのだろうか？

● 図1-3：イギリスとアジアの綿織物貿易額

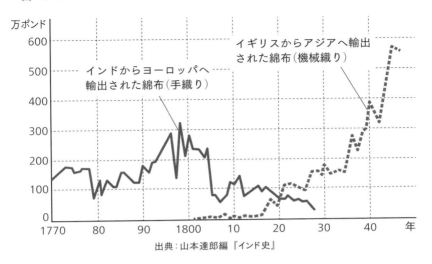

出典：山本達郎編『インド史』

　これをみると、18世紀まではインドからヨーロッパへの輸出が大きいけど、19世紀からイギリスからの輸出が増えて、1820年にはもう逆転している。このデータから、イギリス産業革命による綿工業の機械化が絶大な効果を発揮し、ついにアジアに対して貿易黒字を達成するまでになったということが読み取れるね。

　こういうグラフは、特定の歴史的事象をしめすために掲載される。この場合、**産業革命によってインドとイギリスの綿織物貿易の立場が逆転したということを読み取らせるためのグラフだから**、そのまま素直に読み取ってあげればいい。でも、さらに多くの情報を読み取って、その歴史的な背景を考えてもいい。

　たとえば「1805年ごろにものすごい勢いでインドからのヨーロッパへの輸出が下落しているけど、これはなぜだろう」とか、「産業革命がはじまったのは18世紀後半なのに、本格的にイギリスからの輸出がのびたのは1820年ごろからだけど、それはなぜだろう」とか。みんなで調べて、いろいろな歴史的背景を探ってみるのもおもしろいよ。

第
I
部

（4）なぜ紡績・織布の工程が機械化されたのか？

　この問いは、イギリス産業革命がどのような分野で発展したのかをほりさげるものだ。昔の世界史の授業ではこればかり勉強して、機械やその発明者の名前を丸暗記しなければいけなかった。ぼくは、必要な歴史用語を知っておく必要はあるけど、その用語が歴史的にどのような意味があって教科書にのっているのかを考えながらおぼえていくのがいいと思う。

　ここでは、**イギリス産業革命におけるさまざまな機械がなぜ必要とされたのか**を理解していこう。

　最初に発明されたのは飛び杼だ。これは織機の補助具のようなもので、織布のスピードを飛躍的に上げた。その結果「糸の不足」が発生した。でも、原綿（綿花）から糸を取り出して太い糸につむぐ紡績の工程は、面倒で技術が必要なうえ、時間も人手も必要だ。そこで紡績機が発明された。蒸気機関を用いたミュール紡績機の発明によって、大量の綿糸が安く速く生産できるようになり、それに対応して蒸気機関で大量に布を織ることのできる力織機が発明された。産業革命の綿織物機械発展の歴史には、こういう流れがある。

　歴史総合では用語の暗記よりも、歴史的思考、つまりなぜそうなったのか、その結果どうなったのかといった理解や解釈が重要になる。なので、**綿工業の機械化に関する、飛び杼、ミュール紡績機、力織機とかそれらの発明者の名前などは、ある意味でどうでもいい**。多くの教科書でも、それらの用語はわきに追いやられて、強調もされていない。暗記よりも、そうした機械がなぜ歴史上重要なのか、その理由を考えていくことが大切なんだ。

3　現代的視点から工業化を考える

　こうして18世紀後半のイギリスで産業革命が起こり、世界中に広がっていった。これ以降現代にいたるまで続く工業化は、現代の私たちにどのようにつながっているのだろうか？　教科書にはこうしたことを考えさせるテーマと資料がいくつか提示されている。ここでは2つ取り上げて考えてみよう。

（1）工業化は私たちの時間に対する考え方をどう変えたのだろうか？

　イギリスでは産業革命によって、**時間に対する考え方が根本的に変化した**といわれている。それはどのような変化だったんだろうか？

　そもそも、仕事の時間ってどうやって決められるんだろう？　みんなのお父さんやお母さんが、朝から仕事にいって夕方に帰ってくるのは、何でだと思う？　会社（企業）がそう決めているからだよね。

　でも、産業革命より前の仕事の時間は、職人が自分で決めるものだった。次の資料は、アメリカの政治家フランクリンが若いころ、1720年代にイギリスで印刷工として働いていたときの回想だ。

資料 1-1 『**フランクリン自伝**』より

　「私の飲み物は水だけだったが、50人近くもいた他の職工たちは、みんな大のビール党であった。…私の相棒などは、朝食前に1パイント（568ml）、朝食のときにチーズを挟んだパンと一緒に1パイント、朝食と昼食のあいだに1パイント、昼食に1パイント、午後の6時ごろに1パイント、1日の仕事が済んでからもう1パイント、毎日これだけ飲むのだった。」

　「(私は)決して休まないので——現に私は聖月曜日をきめこむといったことはなかった——主人の気に入り、それに植字が並はずれて早いので、

急ぎの仕事というといつも私が仰せつかったものだ…」

　「聖月曜日」という言葉に注目しよう。聖月曜日とは、日曜日に深夜までお酒を飲んで、翌日二日酔いで仕事を休む習慣のことだ。まず、現代的な感覚から見ると、18世紀初頭のイギリスの職人たちがいかにだらしない、良く言えばマイペースな仕事の仕方をしていたかが読み取れる。

　ただ、それは現代から見た主観的な評価だ。歴史について考察するときには、その事象がもつ意味を考えることが大事だ。それは、現代から見れば違和感のあることを、過去の文脈で読み取るということだ。今なら社長からめっちゃ怒られそうな、聖月曜日という風習が成立したのはなぜだろうか、と考える。これは難しいかもしれないけど、このころは、**職人たちが自分の労働時間を自分で決めることができた**、ということを意味している。

　ところで資料の性質を考えると、この資料はフランクリンの回想なので、自分が後に印刷工として成功した原体験を読者に印象付けるために、怠惰なイギリス人と勤勉な自分を誇張して対比的にえがいたのかもしれない。ただ、聖月曜日という風習は他の資料にも頻繁に登場するので、こうした風習があったということは事実だ。

　しかし、産業革命を経た19世紀のイギリスでは労働者の時間は大きく変化する。次の資料は、1844年にエンゲルスが紹介したマンチェスターの織物工場の職務規程だ。

資料1-2 **マンチェスターの織物工場の職務規程**

(1) 工場の戸口は作業開始後10分すると閉められ…。この時間のあいだに出勤していなかった者には、織機1台につき3ペンスの罰金が課せられる。

(2) …機械が動いている間に職場を離れたのを見つかった（力織機の）織布工は…1時間ごとに、また彼が監視しなければならない織機1台ご

とに、3ペンスの罰金…監督の許可なしに作業室を出た者も、同じ
ように3ペンスの罰金…

　非常に厳しく労働者の時間が管理されていることが読み取れる。100年
前の職人と比べると、**労働者の労働時間は自分のものではなく、経営者に
よって決定されている**ことがわかるね。なぜこのように厳格な時間管理が
必要なんだろうか？　それは、大規模な工場ではたくさんの労働者が同じ
時間に動かないと、予定通りの生産を達成できず、予定通りの利益を生
むことができなくなるからだ。

　これらの資料から読み取った歴史的事実をもとに、いくつかの現代につ
ながる解釈が生まれる。産業革命によって労働者は仕事の時間を自ら決
定することができなくなった。少なくとも職場にいる間の時間は経営者の
ものだ。それ以外は「余暇」として自分の時間になる。

　"私たちの時間は管理されている" という感覚は、すでに小学校のころ
から「遅刻」「時間割」「チャイム」といったシステムによって、みんなの
身体にも刻みこまれているよね。それは、工業化とともにはじまった「近
代的な時間」の感覚なんだ。

(2) 工業化による環境の悪化は、どのような問題をもたらしたのだろうか？

　まず、資料を読んでみよう。19世紀後半にイギリスを訪れた日本の岩
倉使節団は、次のような光景を目の当たりにしている。

資料1-3 久米邦武編『米欧回覧実記』より

　（リヴァプールにて）地上から100mほど上空まで石炭の煙がもうもうと覆
い、空は晴れているのにいつも薄暗い。……だからここの人たちの平均

寿命は上流階級の人でも35、中産階級は23、下層の労働者たちはたった15歳だという。

（マンチェスターにて）この市には工場が多く、特に紡績織はヨーロッパで他に肩を並べられるところはない。蒸気機関を使用しているので、全市の石炭の煙が空を覆い、大気は暗く濁っている。

　19世紀の産業革命は石炭を燃料としていたので、工業都市では真っ黒な煤煙が都市全体をおおっていたんだね。産業革命の中心地であったリヴァプールやマンチェスターでは、このような大気汚染が起こっていたんだ。この資料から、みんなは現代につながるどんな問題をイメージする？

　そう、**環境問題**だね。21世紀を生きるぼくたちにとって、地球温暖化などの環境問題は人類の生存をかけた深刻な問題だ。それは産業革命からはじまっているのではないか？　では、19世紀のイギリスでは工業化による大気汚染は、どのような問題としてあらわれていたのだろう？

　岩倉使節団の記録のなかで、特に気になるのは、**大気汚染によって住民の寿命が縮まった**という話だ。この点をさらに資料的にほりさげよう。現代の歴史家は、19世紀中ごろにおけるイギリス各地の平均寿命を次のように分析している。

● **図1-4：19世紀中ごろのイギリスにおける平均寿命**

	知識職業階級・ジェントリ	商人・農民・小売商	機械工・労働者
ラトランド州（農村）	52歳	41歳	38歳
マンチェスター（工業都市）	38歳	20歳	17歳
ベスナル・グリーン（ロンドン労働者街）	45歳	26歳	16歳

出典：角山榮ほか『生活の世界歴史10』より

　ジェントリ（地主などで財をなした有力者）は富裕層で、右のカテゴリにいくご

とに貧しい住民層になる。これをみると、貧困層であればあるほど平均寿命が短いけれども、地域によって差が大きいことがわかる。農村よりも工業都市のほうが、圧倒的に平均寿命が短いんだ。ということは、**工業化による環境問題が、住民の健康をむしばんでいたのではないか**、と考えられるんだね。

　工業都市に住む労働者は、どのような生活を営んでいたんだろうか。次の資料は、19世紀イギリスの労働環境についての記録だ。

資料1-4　**1840年のイギリスの工業都市マンチェスターの状態**（『西洋史料集成』より）

　現在存在するごとき工業地域の圧迫された状態では、舗装されていない下水工事の悪い道路とか狭い横町小路、風通しの悪い袋町や地下室が、あらゆる身体上の害となるものの最大のものであり、十分な食料の欠乏が大都市の青年と老人、とくに青年を損なっている障害を、増大する有害な影響を示している。

　この資料からは、労働者が住んでいる地域の環境が劣悪で、住民の健康を害したり感染症を流行させる温床になっていたという見方を読み取ることができる。だからといって、工業化を規制しようとかひかえようという議論にはならなかったんだけど、このような**劣悪な環境から労働者を救い出そうという議論**は起こった。**社会主義**だ。

　社会主義は、「資本主義が労働者をどこまでも酷使する体制なので、これを転換させなければならない」という思想だ。もちろん環境問題だけでなく賃金や労働時間などの是正、そして資本主義社会そのものをひっくりかえそうという革命の思想にもなる。

　社会主義の主張は、現代でも過労死の問題などにつながっているし、社会主義という思想・運動がその後の世界史にあたえた大きな影響を考える

と、これも見過ごすことはできないだろう。工業化と労働問題との関係を探究するのもいいね。

　このように、産業革命によって発生した大気汚染は、都市労働者の健康と生命をおびやかす危険として認識されていたことがわかった。こうした環境問題が20世紀にどのように展開していくのか、そして私たちの時代の環境問題とはどのような点で共通し、またちがっているのかを考えながら学んでいくのが、歴史総合ならではの学びになると思う。

4　なぜ日本では、イギリスにくらべて産業革命が短期間で達成されたのだろうか?

　では最後に、日本との比較から工業化の歴史を考えよう。日本では明治維新後に工業化が進んでいった。イギリスではだいたい半世紀以上をかけてじっくりと産業革命が進行していったけど、日本では1868年に明治維新がなってから、1880年代半ばにはもう紡績業や鉄道を中心に産業革命がおこった。わずか20年だ。**日本はなぜこんなに短期間で産業革命を実現できたのだろうか?**

　明治日本は、さっきも見たように、新政府が発足してから岩倉具視を代表とする使節団を欧米に派遣し、その近代化の様子を視察した。欧米で近代化のイメージをだいたい得た彼らは、帰国後つぎつぎと新しい近代化政策を実行していく。ここからさっきの問いに対するひとつの答えを導くことができるね。

　そう、欧米の産業革命をモデルにして、その考え方や機械を導入すればよかったから、はやく実現できたんだ。**政府が主導して、欧米からすすんだ技術をそのまま導入して工業化を推進する。**日本だけじゃなく、ドイツやロシア、それにオスマン帝国や中国（清）も、同じように先進技術を後から導入して、手ばやく産業革命を進めていったんだ。

　じゃあ、何でもイギリスとかをマネしたのかというと、そうではない。イギリスをマネしたところと、日本独自のところがある。**イギリスと日本の**

産業革命は、どこが同じでどこがちがうのだろうか？ 品目で比較してみよう。

イギリス産業革命のおもな工業品目は何だった？ そう、綿織物だね。綿花は栽培できないから輸入して、紡績と織布を機械化して大量生産した。日本はどうだろうか？ 教科書を確認してみよう。「輸入機械を用いた綿紡績業が1870年代後半に政府主導ではじめられ、1880年代に近代産業の中心は政府から民間に移行した」とある。やはり**イギリスと同じように、機械による紡績業をおこした**ということだ。

でも、教科書には別の産業にも多くの説明がなされている。**生糸**だ。「国産の製糸器械と、農家の副業である養蚕業で生産された繭からつくられる生糸を輸出する製糸業は、明治期における貴重な外貨獲得産業として重要な位置を占めた」とある。**明治時代に日本は生糸を工業生産して、大量に輸出していた**んだ。イギリスでは製糸業は登場しない（ちなみに、フランスやイタリアでは製糸業の機械化がすすんだ）。これはイギリスと日本の大きなちがいだね。

綿糸と生糸は、明治日本の輸出においてどれくらいの重要性をもったんだろうか？ 日本の輸出割合の円グラフを見てみよう。日本で産業革命が定着したころの1885年と、それから14年後の1899年の比較になっている。

● **図1-5：明治日本の輸出品の割合**

出典：東洋経済新報社編『日本貿易精覧』より

共通しているのは、どちらも生糸が主要な輸出品だということだ。他には緑茶があるけど、1899年には消えて、かわりに綿糸や絹織物が大きな

シェアをしめている。ここからわかるのは、生糸は一貫して日本の主要な輸出産業だが、政府が力を入れた綿の紡績業も徐々に生産力を拡大したことだ。紡績業はイギリスに見られるように産業革命の中心的な産業だから、明治日本は**軽工業の工業化を実現していった**のだということが分かるね。

　ほかにも石炭などの資源開発や鉄鋼・機械工業の発展など、日本の工業化にはさまざまな側面があるけど、どの時期にどのような産業がおこったのかをみて、その理由を歴史的に考えるようにしていこう。

チャレンジ！　　教科書をつかって、つぎの問いも深めてみよう！

1. 工業化にはどんなメリットとデメリットがあるだろうか？

2. 産業革命初期の女性労働では、イギリスと日本とのあいだにどのようなちがいがあっただろうか？　なぜそのちがいが生まれたのだろうか？

3. 社会主義はどうして必要とされたのだろうか？　そして現在も必要だろうか？

市民社会の成立 ——市民革命

メインの問い	市民革命によって、自由で平等な市民社会は実現したのだろうか？

概念	**市民社会**（市民革命）

　想像してみよう——ある日突然、あなたの家にこわそうな役人がやってきた。「あなたの財産を没収する、さっさと出ていきなさい」と命じられた。大勢の人が同じ目にあい、反対のデモや集会が開かれたけど、それは禁止され、参加した全員が逮捕され、集会で演説した人は処刑されてしまった。それから誰も自由に発言することができなくなった——。

　みんなは、こんな社会をどう思う？　ありえない。そうだね、現代日本ならありえない。でも、どうしてありえない？

　中学の公民で学習したことを思い出そう。それは憲法や法律で、私たちの財産や生命、言論の自由や結社の自由といった**基本的人権が保障されている**からだ。こんなふうに、**法的に平等な権利をもつ自由な個人**のことを「市民」という。今回のメイン概念である**市民社会**とは、そうした市民によって構成される社会ということになる。

　みんなが自由で平等に権利をもっている社会——それはいつできたんだろうか？　というか、実現できているんだろうか？　これは社会において差別がないってことだよね。でも私たちの社会に差別がないって本当だろ

うか？

　たぶんみんなは、「いや差別は今でもある」と答えるだろう。女性に対する差別、外国人に対する差別、障がい者に対する差別などなど、現代の日本でも差別はいたるところにある。

　ということは、平等な「市民」なんて現実には存在していない、「市民社会」なんてあくまで理想にすぎないということになる。しかし一気に100％完全に自由で平等な理想の市民社会が実現できるわけじゃない。**市民社会の理想は、どの時点でどの程度まで実現できたか、逆に実現できなかったのはどんな部分か、それはなぜ実現できなかったのかを、歴史的に検**証すれば、いまの私たちの社会が理想のどの地点までたどり着いているのかを知ることができるはずだ。

　そこで、ここでのメインの問いは「**市民革命によって、自由で平等な市民社会は実現したのだろうか？**」とした。もちろんこの問いには、「いいや実現しなかった」という反語の意味がふくまれている。その中身を歴史的に検証していこう。

1　市民革命によって何が変わったのだろうか？

　歴史上、市民社会をつくるために人々がとった行動は、革命だった。その**市民革命**の代表が、18世紀後半の欧米で起こったアメリカ独立革命とフランス革命だ。

　すべての教科書にかならず掲載されている資料に、アメリカの「独立宣言」とフランスの「人権宣言」がある。これも中学校のときにさんざん読まされたと思うけど、あらためて見なおしてみよう。それぞれの冒頭には似たようなことが書いてあるよね。

資料 2-1 **アメリカ独立宣言より**（1776 年 7 月）

　われわれは、次のような真理をごく当たり前のことだと考えている。つ

まり、すべての人間は神によって平等につくられ、一定のゆずり渡すことのできない権利を与えられており、その権利のなかには生命、自由、幸福の追求が含まれている。

資料 2-2 人および市民の権利宣言（人権宣言）より（1789年8月）

第1条　人は、自由、かつ、権利において平等なものとして生まれ、生存する。社会的差別は、共同の利益にもとづくものでなければ、設けられない。

第2条　すべての政治的結合〔国家のこと〕の目的は、人の、時効によって消滅することのない自然的な諸権利の保全にある。これらの諸権利とは、自由、所有、安全および圧政への抵抗である。

　資料を読むと、少しニュアンスはちがうけど、**人間は生まれながらにして自由で平等**であり、そのように生きる権利（基本的人権）が守られるべきだと書いてある。日本国憲法といっしょだね。

　ただ、今の日本のように、国家がそうした権利をすんなり認めてくれればいいけど、歴史をひもとくと現実はそんなに簡単じゃなかった。特に18世紀までは、市民の権利を制度的に保障してくれる国家なんて、ほとんど存在していなかった。そこで人々は命がけの実力行使で、つまり革命によって制度や社会を変えるしかなかったんだ。

　では、**市民革命によって何がどのように変わったんだろうか？**

（1）身分制社会から市民社会に変わった

　革命以前の社会では、そもそも人々は平等じゃなかった。フランスだと貴族と平民との関係がそれにあたる。貴族は生まれながらにしてさまざ

な**特権**をもっていて、平民を支配する立場にあった。身分は生まれた家柄によって決まるから、いかに平民に能力があって貴族が無能でも、その支配関係は決して入れかわらない。これを**身分制社会**という。

　特に商業をいとなんでいて利益をあげたい平民の富裕層（ブルジョワ）は、平民の経済活動が制限されていることにものすごく不満だった。彼らには能力も財産もあり、無能な貴族にまかせるよりも、**貴族の特権をなくして自分たちが政治をおこない、自由に経済活動ができるようになるほうが、利益も多くなるし国もゆたかになる**と考えていたんだ。このような考え方を**自由主義**という。アダム・スミスとかが有名だよね。

　この自由主義は経済的な意味だけじゃなくて、政治や社会の分野でもあてはめられていく。言論や出版、集会、職業選択、恋愛や結婚する自由などが保障されるのが、市民社会だ。それらが禁じられていると、最初に想像してもらったような不自由な社会になる。

　つまり市民革命のいちばんのポイントは、**身分制社会から市民社会に変わること**だと言えるね。

（2）君主の主権がなくなり、市民が政治に参加できるようになった

　さっき言ったように、市民が自分たちの要求を政治に反映させるためには、自分たちが政治に参加しなければいけない。だから市民社会になると、**市民みずからが政治に参加するようになる**。そのために**議会**をつくり、選挙で選んだ市民の代表を政治の場に送りこむ。いまの私たちの政治体制、民主主義になるんだね。

　それまでは、国王や皇帝などの君主が絶対的な権力をもっていた。それでは市民の政治はできないから、市民革命がおこると、ときとして君主そのものが殺されたり追放されたりする。まさに革命という感じだね。

　でも、現代の民主主義の国のなかにも、日本の天皇やイギリス国王のように君主がいる国はある。どのようにして君主と民主主義が両立しているんだろうか？

そうだね、君主に権力をあたえず、市民が政治の実権をにぎるようにする。君主は「国民の象徴」になってもらう。イギリスでは17世紀にピューリタン革命と名誉革命というふたつの革命がおこって、一度は君主政が廃止されたけどまた復活した。でもこの後の国王は、「君臨すれども統治せず」といって、内閣や議会に権力をゆだねることにしたんだ。

　19世紀には多くの欧米諸国で市民社会が成立するけど、ほとんどの国では君主政や身分制がのこっていて、市民にあたえられた権利は限定的だった。国王がいなくなって国民主権の国ができたところなんて、これから紹介するアメリカとフランスくらいだ。

　つまり**市民社会の成立には時代や国によってさまざまなパターンがある。**その時代、その場所で、特定の条件のもとで歴史は動いていく。歴史総合が公民（公共）とちがうのは、**歴史的条件がちがえば概念のあらわれかたも変わってくる**と考えるところだと思う。

　だから、「市民社会の成立」といったけれども、「フランス革命によって成立した市民社会」と「現代日本の市民社会」は、市民社会という言葉こそ同じだけど、内容はまったく異なる。たとえば、「市民」にどんな人間が含まれるのかという、そもそものところからちがうんだ。そんなふうに、当時の時代状況のもとでどんな市民社会がつくられていったのかを考えながら、アメリカ独立革命とフランス革命というふたつの革命を見ていこう。

　くり返しになるけど、歴史総合において重要なのは人物や事件そのものじゃない。**それらが市民革命（市民社会の成立）においてどのような意味をもったのか**を考えることが重要だ。だから、すべての経緯を網羅的にあつかったりはしない。

2 アメリカ独立革命によって、自由で平等な市民社会は実現したのだろうか?

(1) 市民革命としてのアメリカ独立革命

　まず**アメリカ独立革命**から考えていこう。これは普通の革命とはちがって「独立革命」だ。独立したのはイギリスが支配していた「13植民地」とよばれる北アメリカ東部の植民地。彼らは1775年に独立戦争を起こし、1783年に独立を勝ち取った。こう聞くと、ただ植民地が独立したという事件であり、市民革命の要素はないように見える。**アメリカ独立革命は、なぜ市民革命だと言われているのだろうか?**　これをサブの問いにしよう。

　そもそも、北アメリカ植民地は、なぜ独立しようとしたのだろうか?

　それは本国であるイギリスの植民地政策に大きな不満をもっていたからだ。植民地側は、どんな不満をもっていたんだろうか?　次の資料は、1765年にイギリスが植民地に新しい税金を課した印紙法という法律に対して、アメリカ植民地側が出した決議の一部だ。

資料2-3 **印紙法に対する植民地議会の決議より**(1765年)

　　人民が直接に、または代表を通じて付与した人民自身の承諾なくして、いかなる租税も人民に課してはならない。

　印紙法はイギリス本国の議会で可決されたんだけど、そこにアメリカ植民地の代表はいなかった。資料からわかるように、自分たちが払う税金についての法律が、なぜ自分たちの代表ぬきで決められるのか、というという不満があったんだ。**自分たちに参政権がないことに対する不満**であることがわかるよね。でも、イギリス本国は植民地にそのような権限を認めなかった。

もうひとつ資料を見てみよう。これは独立戦争が勃発したばかりの1776年にトマス・ペインというアメリカ人が書いた『コモン・センス（常識）』というパンフレットの一部だ。戦争勃発当初、アメリカ植民地ではイギリスからの独立に消極的だったり、反対する人もいたけど、このパンフレットによって人々の独立への世論が高まったと言われている。すごいインフルエンサーだったんだね。どんなことを言っているんだろうか？

資料2-4 **トマス・ペイン『コモン・センス（常識）』より（1776年）**

　イギリスとの結合から受ける損失や不利益は測りしれない。……なぜならいささかでもイギリスに従属したり、依存したりしていると、大陸はただちにヨーロッパの戦争や紛争に巻き込まれるからだ。……ヨーロッパはわれわれの貿易市場なので、どの国とも偏った関係を結ぶべきではない。……しかしイギリスに依存して、その政治の天秤のおもりに利用されているかぎりは、そうはいかないのだ。

　イギリス本国と結びついていることで、政治や経済の活動が制限され、さまざまな不利益が起こるのだと言っている。つまりイギリスの植民地であることによって生じる束縛から自由になりたいという主張だ。「**植民地の政治は植民地の住民自身で決定されなければならない**」「**イギリス本国による政治的・経済的制約から自由になりたい**」これらはまさに市民革命の原理であることがわかるね。

（2）アメリカ独立宣言における「市民」

　独立戦争中に植民地側が採択したのが**アメリカ独立宣言**だ。この章の冒頭で少し紹介したけど、アメリカ独立革命の性格がよくあらわれている文書なので、あらためて読み取りをしてみよう。こういう資料を見たら、重

要だと思うところにどんどんアンダーラインをひいてみるといいね。

資料2-5 **アメリカ独立宣言**（1776年7月4日）

　われわれは、次のような真理をごく当たり前のことだと考えている。つまり、すべての人間は神によって平等につくられ、一定のゆずり渡すことのできない権利を与えられており、その権利のなかには生命、自由、幸福の追求が含まれている。またこれらの権利を確保するために、人々のあいだに政府をつくり、その政府には被治者の合意のもとで正当な権力が授けられる。そして、いかなる政府といえどもその目的を踏みにじるときには、政府を改廃して新たな政府を設立し、人民の安全と幸福を実現するのに最もふさわしい原理にもとづいて政府の依って立つ基盤をつくり直し、また最もふさわしい形に権力のありかをつくり変えるのは、人民の権利である。

　冒頭の基本的人権についてはいいね。その権利を人民に確保するのが政府の目的であると言っている。そして次にすごいことを言ってるね。「いかなる政府といえどもその目的を踏みにじるときには、政府を改廃して新たな政府を設立」できるのだと！

　これは、本国イギリスのような、人民のためにならない勝手な政治をさせないという独立革命の経緯を反映したものだけど、同時に、**市民の人権を守ることが政治の最大の目的なのであり、それに反する政府は認められない**という、市民社会の原則をしめしたものだとも言える。

　このように、市民社会においてもっとも重要なのは市民の基本的人権だ。**では独立したばかりのアメリカ合衆国では、誰が「市民」だったんだろうか？**　その国に住んでいる人民すべてだろうか？

　18世紀末のアメリカにはどんな人々が住んでいるだろうか。革命を起こした白人男性とその家族。アフリカから奴隷として連れてこられた黒人た

ち。もともとアメリカに住んでいて白人たちに土地をうばわれた先住民（白人たちは「インディアン」と呼んだ）。かれらすべてが「市民」にふくまれるだろうか？　どう思う？

　アメリカの歴史にくわしくなくても、「そうじゃないんじゃないか、黒人や先住民には市民の権利は認められていなかったんじゃないか」と思うんじゃないかな。資料で確認してみよう。これは1787年に制定されたアメリカ合衆国憲法の一節だ。

資料2-6　**合衆国憲法より**（1787年制定）

第1条（議会）
　第2節　下院は各州人民が2年ごとに選出する議員で組織される。……
　　　　下院議員および直接税は、連邦に加入する各州の人口に比例して、各州のあいだに配分される。各州の人口とは、年期契約労役者を含む、自由人の総数をとり、課税されないインディアンを除外し、それに自由人以外のすべての人数の5分の3を加えたものとする。

　アンダーラインをひいた、「各州の人口とは、年期契約労役者を含む、自由人の総数をとり、課税されないインディアンを除外し、それに自由人以外のすべての人数の5分の3を加えたものとする」という文言は、現在の憲法では無効とされている。アメリカの歴史の中で、この部分は問題があることが確定したんだ。どういった問題があるのだろうか？

　ここの部分は課税対象に関する規程なんだけど、「自由人」と「インディアン」「自由人以外」をはっきりと区別しているよね。つまり**「インディアン」や「自由人以外」つまり黒人奴隷は、憲法が保障する平等な市民からは除外された**ということなんだ。実際、かれらには選挙権は与えられていない。

　これがアメリカ建国当初の「市民」の範囲なんだ。そこにはいろいろな

歴史的背景があるけれども、「すべての人間に生まれながらに権利がある」などと言いながら、あきらかな限界があったこともおぼえておこう。その後の歴史の中で黒人や先住民の人権がどのように獲得されていくのか、注目してほしい。

3 フランス革命は、なぜ1789年に 終わらなかったのだろうか？

　次に、**フランス革命**を見てみよう。さっき見たアメリカ独立革命では、イギリス本国の制約から自由になることを目的として市民社会へと移行した。そこに身分制の問題はない。だって植民地には国王や貴族がいないからね。でもフランス革命はもっとストレートに、国王による絶対王政を打倒して身分制社会を打破し、市民社会を実現しようとする革命だった。

　かくして1789年7月、市民が圧政の象徴であったバスティーユ牢獄を襲撃してフランス革命が勃発し、国民の代表による国民議会が政治をおこなう体制ができた。ここで注意すべきは、フランス革命はこの1789年の革命で終わったわけではなく、1799年のナポレオンの権力掌握までさまざまな政治体制が出現して続いていくというところだ。**なぜフランス革命は1789年に終わらなかったのだろうか？**

　このような歴史的事件の長期間の変化を追う場合は、年表をつくるとわかりやすい。いかに概念を重視する歴史総合といえど、歴史的経緯を理解しないとどうしようもないから、こういうオーソドックスな年表整理もとても重要だ。そのさいに、**「何が、どう変わったのか？」を考えながら年表にまとめる**ことが大事だ。

フランス革命年表

1789年　三部会招集──絶対王政から身分制議会に移行……(1)

　同年　国民議会発足──身分制議会から市民の議会に移行……(2)

1791年　憲法制定──王政の中身が立憲君主政に移行……(3)

1792年　王政廃止──共和政への移行……(4)

1793年　恐怖政治──共和政が急進化……(5)

1794年　ロベスピエール処刑──共和政が穏健化……(6)

1799年　クーデタによりナポレオン独裁体制に移行（1804年に皇帝に）

　歴史総合にしてはずいぶん複雑な過程を追っているけど、せっかくだからしっかり理解していこう。フランス革命は毎年のように政治体制が変化して、しかも**それぞれの変化に大きな歴史的意義**がある。ここでは、市民社会の成立にとってどのような意味があったのかを考えながら経緯を追っていこう。

（1）三部会の招集──絶対王政から身分制議会に移行

　フランス革命がおこる発端は、財政難だった。革命前のフランスには3つの身分があり、特権身分である第一身分（聖職者）と第二身分（貴族）は、ばく大な所領や財産をもっているにもかかわらず、税金が免除されていた。人数は多いが財産は少ない第三身分（平民）だけが税金を払っていたんだ。平民はこうした貴族の特権に不満をもっていた。

　こういう状況で、国王のルイ16世は、貴族への課税を審議するために、1789年に**三部会**を開催する。三部会は3身分の代表議員による議会だ。国王としては財政難を解決するために、国で一番お金をもっている貴族に課税すればいいと思った。そこで国王と平民の利害が一致した。課税したいのは国王と平民、反対するのは貴族だ。

　身分制議会である三部会は、特権身分も入っているから、まだまだ市民社会にはほど遠い。でも**国王だけに権限があった絶対王政から議会に権力の一部が移ったこと、平民の代表も入っていたこと**を見ると、それなりに大きな変化だったことがわかる。身分制社会から市民社会へと移行する前

段階という感じかな。

（2）国民議会の発足──身分制議会から市民の議会に移行

　しかし三部会は、貴族代表の反発により審議がすすまず、平民の代表だけが分離して**国民議会**をつくった。国民議会の目的は憲法をつくることだ。すでに２年前にアメリカで合衆国憲法ができているから、かれらにとって憲法の制定が何を意味するのかは明白だった。**憲法によって貴族の特権を廃止し、平民中心の国家につくりかえる**ということだ。三部会の目的とは全然ちがっているのがわかるね。

　これには貴族だけでなく、さすがの国王も反発し、弾圧しようとしたところ、逆に平民側がバスティーユ要塞を襲撃し、地方の農民たちも暴動を起こした。革命はパリで起きたけど、フランス国民の大多数は農民だったから、この農民の暴動というのは大きいよね。国民議会が国民の圧倒的支持を得たということなんだから。こうして国民議会は、革命への国民的支持を背景に、「**人権宣言**」を発表したり、封建的特権を廃止したりしたんだ。

　「人権宣言」についても、あらためて資料で確認してみよう。アメリカ独立宣言のときを参考にして、この文書からフランス革命の特徴を読み取ってみよう。**それぞれの条項についてタイトルをつけてみるのもいいかもしれない**ね。

資料2-7 **人および市民の権利宣言（人権宣言）より**（1789年）

第1条　人は、自由、かつ、権利において平等なものとして生まれ、生存する。社会的差別は、共同の利益にもとづくものでなければ、設けられない。

第2条　すべての政治的結合〔国家のこと〕の目的は、人の、時効によって消滅することのない自然的な諸権利の保全にある。これら

の諸権利とは、自由、所有、安全および圧政への抵抗である。

第3条　すべての主権の淵源は、本質的に国民にある。いかなる個人も、国民から明示的に発しない権威を行使することはできない。

第4条　自由とは、他人を害しないすべてのことをなしうることにある。したがって、各人の自然的諸権利の行使は、社会のほかの構成員にこれらと同一の権利の享受を確保すること以外の限界をもたない。これらの限界は、法律によってでなければ定められない。

第6条　法律は、一般意思の表明である。すべての市民は、みずから、またはその代表者によって、その形成に参与する権利をもつ。……

第17条　所有は、神聖かつ不可侵の権利であり、何人も、適法に確認された公の必要が明白にそれを要求する場合で、かつ、正当かつ事前の補償のもとでなければ、それをうばわれない。

　各条文にタイトルをつけるとすると、第1条は「基本的人権」、第2条は「国家が守るべき権利」、第3条は「国民主権」、第4条は「自由」、第6条は「法律と市民」みたいになるかな。もちろん正解はひとつじゃないよ。

　ちなみに、人権宣言は前文と17条からなる。教科書にはそこからいくつかの条文をピックアップして掲載している。つまり抜き出された条文には、教科書作成者が読み取ってほしい何らかの意味があるってことだ。たとえば第17条はたいていの教科書にのっているけど、他の条文をすっ飛ばしてわざわざ第17条をのせるんだから、ここには重要な意味がこめられているんじゃないかな。それは何だと思う？

　第17条のタイトルは、まちがいなく「所有権」だ。そういえば第2条にも国家が守るべき権利のなかに「所有」がふくまれているね。これはつまり、市民の財産が国王や貴族にうばわれることがあってはいけないという、お金もち（ブルジョワ）にとっての最重要項目だったんだ。国民議会がどん

な人々の利益を守ろうとしたのかが見えてくるんじゃないかな。

　ちょっと話を戻そう。国民議会の意義は、平民だけが三部会から抜け出したことで、**議会から特権身分がなくなり、市民の議会による政治がおこなわれるようになった**ということだね。さらに、市民の権利を定めた人権宣言は、国民議会がめざす市民社会のありかたをしめすものだった。これをもって市民革命がはじまった。

（3）憲法の制定——王政の中身が立憲君主政に移行

　国民議会は1791年に憲法を制定して、解散した。憲法にもとづいて選挙がおこなわれ、立法議会という新しい議会が招集された。こうして、王政の中身が**立憲君主政**に変わった。すでに国民議会の段階で実質的に市民が政治の主体になっていたけど、**憲法にもとづく議会制民主主義が正式にできた**ということだ。

　しかしここで注意してほしいのは、おかざりとはいえ、まだ国王は存在しているということだ。国王は存在するけれども実質的な権力をもたず、議会に政治をゆだねた。これはイギリスにおける「君臨すれども統治せず」を思い出させるね。

（4）王政の廃止——共和政への移行

　しかし、革命を阻止したい外国とのあいだに戦争が勃発して苦戦が続き、フランスは危機におちいってしまった。この事態に対処するべく、議会は、1792年に国王一家を拘束して**王権を停止し、共和政に移行**したんだ。共和政というのは、君主が存在せず、国民だけで政治をおこなう体制のことだ。翌年、その存在すら許されないということで、ルイ16世は処刑されてしまう。

　立憲君主政から共和政に変わったというのは、それまで1000年以上にわたって続いていた王国の歴史の終焉であり、歴史的な大転換だったと

言える。

　じゃあ、国王がいないだけで、この共和政では、それ以前の立憲君主政と同じ議会だったんだろうか？　そうではないよね。1791年の憲法は国王の存在が前提になっているから、国王がいなくなったら憲法や議会の制度そのものをつくり変えなくてはいけない。

　こうして立法議会は解散され、**男性普通選挙**によって選出された国民公会が招集された。**普通選挙で選ばれたということは、財産をもたない貧しい市民も選挙権をもち、彼らの代表を選んだ**ということだ。まだ女性には選挙権があたえられていないけど、市民社会の理想に一歩近づいたという感じだ。

（5）恐怖政治の開始──共和政の急進化

　こうして、国民の多くをしめる貧しい市民の代表としてジャコバン派（山岳派）という勢力が政権を掌握した。その指導者**ロベスピエール**は独裁体制をしき、貧しい市民のための改革を次々と打ち出していく。でも彼は同時に、改革に反対する人々を大量に処刑する**恐怖政治**を実行した。

　ロベスピエールはなぜ独裁体制をしいて恐怖政治をおこなったんだろうか？　それは、ロベスピエールや彼の支持者たちにとっての理想的な政治を実現するために、反対勢力を排除する必要があったからだよね。身分制社会から市民社会への転換はそもそも社会を根底からひっくり返す大事業だから、一気に実現しようとすると反発が大きい。その反発を封じ込めるために、ロベスピエールは恐怖という手段をとったんだ。

　でも、たぶんみんなはロベスピエールのやったことに違和感をもつんじゃないかな。いくら理想のためとはいえ、反対する市民を大量に処刑するというのは市民社会の原則に反してはいないだろうか？　処刑された国王一家やブルジョワだって人間なのに、かれらの人権はどこにいった？

　こんなふうに**民衆の支持を得て登場した独裁者が暴走して、悲劇的な結果をまねく**という事態は、その後の20世紀にもたびたび起こってしま

う。恐怖政治の歴史は、第Ⅱ部のテーマ「大衆化」にもつうじる問題を提起するんだ。歴史総合でロベスピエールの政治をあつかうのには、ちゃんと意味があるんだね。

（6）ロベスピエールの処刑——共和政の穏健化

　フランスの市民も、ロベスピエールの政治がゆきすぎたものであると痛感した。1794年にクーデタがおこり、ロベスピエールは処刑されてしまった。革命のゆきすぎが是正され、穏健な共和政に落ちついていく。

　教科書にはのっていないけど、じつはこのとき男性普通選挙から財産制限選挙に戻っている。穏健な共和政とは、**貧民を排除したブルジョワ市民の政治になった**ということなんだ。ただし、あくまで市民が中心なので、王政を復活させることはなかった。ここからナポレオンが皇帝になるまで、まがりなりにも共和政はつづくことになる。

　さて、冒頭の問いに戻ろう。フランス革命はなぜ1789年に終わらなかったのだろうか？　今までまとめた(1)〜(6)を見ると、それぞれ革命の目的がちがうことがわかるね。なぜ、時期ごとに革命の目的が変わっていったんだろうか？　考えてみよう。

　ヒントを出そう。**それぞれの革命を実行しようとした人々の身分や財産は、同じだっただろうか？**　それぞれの革命の主体を考えてみよう。(1)三部会は国王が招集し、貴族がコントロールしようとした。(2)国民議会と(3)立法議会の主体は平民、特に財産をもつブルジョワ市民だった。(4)国民公会と(5)恐怖政治は財産をもたない市民だったね。(6)穏健共和政は前と同じくブルジョワ市民になる。他にも地方で暴動を起こした農民たちもいたね。

　つまりフランス革命では、**さまざまな立場の市民がそれぞれの自由や権利を勝ち取ろうとして、主導権を奪いあい、複数の革命が入り乱れた**結果、1789年では終わらないことになった、とまとめることができるね。

4　現代的視点から考える——なぜフランス革命において女性は差別されたのだろうか？

　しかしこのように複数の市民が革命をになったにもかかわらず、最後まで革命の主体にならなかった市民がいた。それは**女性**だ。革命が急進化したロベスピエール独裁のときですら、実施されたのは男性普通選挙であって、女性に参政権は与えられていなかったよね。

　フランス革命や市民社会の成立というテーマをあつかうさいに、現代的な視点として重要なのが、**市民社会においてなぜ女性は差別されてきたのか**という**ジェンダー**の問題だ。市民社会の原理では、同じ人間として平等であるはずなのに、なぜ女性は長年にわたって家庭で家事や子育てをすることが当然視され、職場や政治の舞台に上がることができなかったのか？　これは性別の特質ゆえではなく、そのような役割を果たすように強いる社会構造の問題だというのが、ジェンダーの考え方だ。

　そうであるならば、その市民社会の原点ともいえる、フランス革命における女性の位置づけを考えることで、市民社会がもつ問題点を歴史的に浮き彫りにできるかもしれない。次の資料を読んでみよう。これは第三身分の立場によりそって革命を推進してきたシェイエスという聖職者がつくった人権宣言構想の抜粋だ。

資料2-8 **シェイエスの人権宣言案より**（1789年7月）

　すべての人々は、その人身、その財産、その自由等の保護についての権利をもつ。しかし、すべての人は公権力の形成において能動的役割を果たす権利をもたない。すべての人々が能動的市民ではない。すくなくとも現状において女性、子供、外国人、公的施設を支持するために何も貢献しない人々もまた、公の事物に積極的に影響を与えるべきではない。すべての人々は社会から利益を受けることができる。しかし、公的施設に貢献する人々だけが、社会的大事業の真の株主と同様である。彼ら

だけが、真の能動的市民であり、社会の真の構成員である。

　こういうテキストを読んで評価するときは、**むずかしい言葉や言い回しの正確な意味をしっかりと読み取って、理解することが大切だ。**シェイエスは、「女性、子供、外国人」などは「能動的市民ではない」と言っている。彼は、すべての人間に人権があることを最初に述べているけど、「市民」はどうやら一様ではないらしく、「能動的市民」と「能動的でない市民」にわけている。

　「能動的でない市民」は、「公的施設に貢献していない」人々と同列になっている。「公的施設」というのはわかりにくい表現だけど、「公権力」という言葉と結びついているみたいだから、おそらく国家や政府のことを意味するんだろう。つまり、「女性、子供、外国人」などには参政権を与えないという主張だと読み取れるね。

　なぜシェイエスは女性に参政権を与えるべきでないと主張したのだろうか？　いろいろ考えられるけど、「能動的」という言葉に注目してみよう。女性は能動的でない、つまり受動的な、男性の言うことを聞くだけの存在なのだと考えているんじゃないだろうか。これが人権宣言をつくった人々にとっての女性像だった。

　では、こんなふうに女性を政治から排除することに反発する意見は、フランス革命当時になかったのだろうか？　もちろんあった。それが、グージュの『女性および女性市民の権利宣言』だ。この資料はほとんどの教科書に掲載されてるよ。

資料2-9 **オランプ＝ド＝グージュ『女性および女性市民の権利宣言』より**

　第1条　女性は、自由なものとして生まれ、かつ、権利において男性と平等なものとして生存する。社会的差別は、共同の利益にもとづくのでなければ、設けられない。

第3条　あらゆる主権の淵源は、本来的に国民にあり、<u>国民とは女性と男性との結合</u>に他ならない。いかなる団体も、いかなる個人も、国民から明示的に発しない権威を行使することはできない。

第6条　法律は、一般意思の表明でなければならない。<u>すべての女性市民と男性市民は</u>、みずから、またはその代表者によって、その形成に参加する権利をもつ。法律は、すべての者に対して同一でなければならない。……

　これが人権宣言のパロディであることがわかるかな？　資料2-7（P54）と見比べて、どこがどう変えられているかアンダーラインをひいて確認してみよう。そしてグージュがなぜこうした文書を発表したのか、シェイエスの資料をふまえて考えてみよう。

　グージュは、人権宣言の主語を「女性」にすることで、人とか市民とか国民には当然女性も含まれるはずだという当たり前の事実を、目に見えるようにしめしたんだ。女性の権利は男性と同様に生まれながらのものであって、国家や社会への貢献によって与えられるようなものではない、ということを言いたかったんじゃないだろうか。

　歴史総合ではさまざまな資料を読み取るけど、ただそこに何が書いてあるのかを読み取るだけでなく、**なぜ当時そのようなことが言われていたのか、現代の視点からどのような問題があるのか、その問題は現在どのようになっているのか**を、事実にもとづいて考えていくと、さらに思考が深まっていくよ。

5 明治維新は市民革命だったのだろうか？

　最後に、近代日本の市民社会の成立について考えてみよう。日本の近代は1868年におこった明治維新からはじまる。それまでの、ペリーが来航してから江戸幕府が大政奉還するまでの経緯については、中学校の歴史でだいたいのことは知っているだろうし、あとの第4章でもあつかうから、ここでは省略するね。

　ここで問いをたてよう。**明治維新は市民革命だったのか？**——この問題については歴史学で長い論争があるけど、みんなはフランス革命などと比較しながら自由に考えてみてほしい。まず、最初に検討した「市民革命で変わったこと」が日本にあてはまるかどうか、考えてみよう。

（1）明治維新によって、身分制社会から市民社会に変わったのか？

　江戸時代には、武士が支配階級で、将軍の臣下である大名が各地方の藩を統治していた。農民・職人・商人などは支配される側にいた。「えた・ひにん」などとよばれる被差別身分もあった。武士もふくめてあらゆる人の身分は生まれたときから決まっていて、基本的に変えることはできない。典型的な身分制社会だ。これが明治維新でどうなったか、おぼえているかな？

　そう、この身分制はなくなって、華族と士族と平民という3つのカテゴリーに再編されたんだね。これで市民社会ができたと言えるだろうか？華族や士族は世襲だから、かたちを変えただけで、あたらしい身分ができたにすぎないと見ることもできる。もうちょっと中身を検討してみよう。

　まず、明治時代の華族・士族は支配階級だろうか？　江戸時代には大名が各藩の土地と人民を支配していたけど、1869年の版籍奉還と1871年の廃藩置県によって、それらの支配権をうしなった。1876年には秩禄処分といって、士族への俸給が全廃された。**これらの改革は、市民社会の形成にとってどんな意味をもったんだろうか？**　ただ用語をおぼえるんじゃ

なくて、その近代化における意味を考えるんだよ。

　これらの改革は、華族や士族がもっていた支配身分としての特権を廃止し、権利において平民と平等にしようとしたんだと解釈できる。士族の称号はただのかざりで、平民と同じように就職して働かなければならない。華族・士族・平民のあいだの結婚は自由で、職業選択の自由もある。なるほど、これは市民社会をめざした改革だといえるんじゃないかな。

　ただし、華族という存在が微妙だ。華族は、世襲の爵位に応じた俸給が国からあたえられ（これはもちろん税金だ）、財産の保障などさまざまな特権があたえられた。政治の中枢にいたのは華族だったし、国会が開設されたあとも、「貴族院」として議員になる特別な資格をあたえられている。**華族があたらしい特権身分なのはあきらか**だよね。そういう意味では、明治維新で身分制社会は消滅しなかったといえるね。

（2）明治維新では、君主の権力がなくなり、市民が政治に参加できるようになったのか？

　次に、市民の政治への参加についてはどうだろうか。江戸時代に政治をおこなっていたのは、中央では将軍、地方では大名だ。将軍は王様というわけではないけど、世襲の絶対的な権力者という意味では君主政に近いといえるね。

　その将軍が1867年に大政奉還をした、つまり国家の統治者としての権利を天皇にかえした。ということは明治時代には天皇に統治権があるということだ。1889年に発布された大日本帝国憲法でも、元首である天皇に統治権があると明言されている。そこに「市民」や「国民」の文字はない。つまり、**明治維新では天皇が統治し、市民中心の政治にはならなかった**ってことだね。

　でも、**憲法で天皇に統治権があるって言うけど、それは本当だろうか？**天皇は直接政治をせずに、ぜんぶ政府や国会にまかせているよね。国会は、衆議院については市民の代表が選挙でえらばれる。政府はどうやってつく

られるのかというと、天皇が任命するシステムで、大臣になれる人は主に薩長藩閥出身のごくかぎられた人々だ。ということは、君主の権力は小さくなり、市民の政治参加は限定的に認められていったと言える。

　というわけで、明治時代には市民社会をつくろうとしたけど身分制はのこり、市民も政治的権利を十分にもつことはできなかったから、明治維新は市民革命ではなかったと解釈することができる。他方で、ある程度は市民も政治参加できたんだから、市民革命だったと主張することもできるだろう。

　市民革命という概念は、歴史的に見ればグラデーションのようになっていて、はっきりとした結論を出すことができないものだ。どこまで市民の権利が認められたか、それはなぜかということを歴史的に検証すること自体が大切なんだね。

チャレンジ！　　教科書をつかって、つぎの問いも深めてみよう！

1. 人権宣言は、植民地の黒人奴隷たちにどのような影響をあたえただろうか？

----

2. 市民社会では、家族のかたちや男女の役割はどのように変化しただろうか？

----

3. 19世紀の市民社会で権利を保障されなかった女性やマイノリティは、現代では平等な社会に生きていると言えるだろうか？

近代国家の形成
——国民国家とナショナリズム

| メインの問い | 国民国家はどのようにして
形成されたのだろうか？ |
| --- | --- |
| 概念 | 国民国家　国民・民族　ナショナリズム |

　突然だけど、みんなは自分のことを何人だと思う？　「日本人」と答える人が多いと思うけど、そうではなく私は韓国人とか、イギリス人とか答える人もいるかもしれないね。そんなふうに**自分が何人だと考えることができるのは、なぜだろう？**

　生まれた国だから？　ふだんしゃべっている言葉から？　親とか先祖がそうだから？　国籍がそこだから？　見た目から？　文化や習慣から？——じつはその基準は人によってさまざまだ。さまざまな理由で、私たちは自分が「日本人」だと確信し、その日本人集団の一員としてふるまっている。

　こういう集団を、英語でネーション（nation）という。ネーションは「**国民**」と訳されるときもあるし、「**民族**」と訳される場合もある。「国民」という場合には、同じ国家に属しているという意味でつかわれるし、「民族」という場合には、同じ言語や文化・習慣でくくられる場合が多いんだ。

　このネーションは、その訳語からわかるように「国家」と結びつけられることが多い。**同じ国民を構成要素とする国家**を「**国民国家**」（nation-state）

という。「日本という国に住んでいるのは日本人だ」ってことだ。

　「そんなのあたり前だよ」って思うかもしれないね。でも、**ひとつの「国民」のなかに複数のことなる「民族」がふくまれる**のは、世界的に見るとよくあることだ。たとえばアメリカ合衆国の国民はアメリカ人だ。でも彼らのほとんどは移民の子孫だから、「アイルランド系」「ドイツ系」「アフリカ系（黒人）」「アジア系」「ヒスパニック」などと出身民族ごとに区別されている。こういったちがいによって差別されることも多い。

　こんなにバラバラでも、彼らは同じ「アメリカ人」だと意識しているんだ。考えてみるとすごいことだよね。なぜそんなことが可能なんだろうか？それはアメリカ合衆国という国家があって、そこで**同じ教育を受けて、同じ言葉（英語）をしゃべり、同じ土地で育ったという共通の国民意識**があるからだ。

　アメリカのように、共通の「国家」という枠組みがあって、そこにさまざまな「民族」があつまって「国民」をつくるパターンがある。アフリカやアジアでは、「民族」は同じなのに、ちがう植民地から独立したからちがう国民国家になったというケースも多い。国民国家のあり方は、十国十色。スパッとわりきれるもんじゃない。ほんとにややこしい！

　ややこしいけど、この問題は現代世界に生きる私たちにとって、避けてはとおれない。みんながこうして勉強している今も、世界のどこかで戦争が起こっていて、その原因は民族対立だったりする。遠い世界の話じゃなくて、日本でも在日朝鮮人に対する差別などの問題もある。

　そんなややこしいけど重要な問題を、どう考えればいいんだろうか？　**国民国家のあり方が国によってちがうのであれば、その国ごとにどのように国民国家が形成されたのかを検証していく**しかない。つまり、歴史だ。

　「国民国家とはこういう意味だ」というような概念理解は、この場合あんまり意味がない。歴史的に考えることこそが、国民国家の理解ではいちばん重要なんだ。それぞれの個別の民族状況や歴史的な経緯があって、国民のあり方やつくられ方はことなってくる。この章では、こういった観点から19世紀の近代国家成立の歴史を学んでいこう。

1 なぜ19世紀にヨーロッパで国民国家が 成立していったのだろうか？

そもそも、**なぜ19世紀に国民国家があちこちで成立していったんだろうか？** 国民国家ができるということは、住民のあいだに**国民意識**が生まれるということだ。その発端は国によってさまざまなんだけど、一つ言えることがある。すくなくともヨーロッパ大陸では、**フランス革命が発端になった**ということだ。どういうことか、フランス、スペイン、ドイツについてどのように国民意識が生まれたのか考えていこう。

(1) ナポレオンとフランス国民意識

前章の内容の復習になるけど、市民社会では、市民が自分たちの権利を国家に保障してもらうために、みずから国民として政治に参加するようになるんだったね。

この場合、**国民とはどういった人たちのことをさすんだろうか？** それまで政治をになっていた貴族やエリートとはどうちがうんだろうか？ このことはけっこう重要なので、フランス革命のときの資料を見て考えてみよう。資料2-8（P59）で女性に対してひどいことを言っていたシェイエスさんに、またご登場いただこう。彼は『第三身分とは何か』という、フランス革命にすごく大きな影響を与えたパンフレットで、こう言っている。

資料3-1 **シェイエス『第三身分とは何か』より**（1789年）

　一国の国民の存続と繁栄のために必要とされるものは何か。民間の仕事と公共の職務である。……社会を支えている仕事はこのようなものである。それをになっているのは誰か。第三身分である。……
　国民とは何か。共通の法律のもとで生活し、同じ立法府によって代表される人々の共同体である。……したがって、第三身分は国民として

の属性をすべてそなえていると言える。第三身分でない者は国民とはみなされない。第三身分とは何か。すべてである。

　シェイエスによれば、第三身分とは、貴族などの特権身分ではない平民のことだ。つまり、**ふつうに働いて生活しているふつうの市民こそが国民**であり、それ以外は国民ではない、と断言している。すべての国や時代の国民概念にあてはまるかというと、そうではないんだけど、豊かな人も貧しい人も、すべての人々がある国や民族に所属しているという意識を持つ、それが国民ということなんだ。

　フランスでは革命によってすべての身分がなくなり、シェイエスの言うとおり第三身分は国民になり、国民国家が成立した。ロベスピエールが処刑されたあと、しばらく穏健派の政権がつづいていたけど、1799年にクーデタをおこした将軍**ナポレオン**が独裁権をにぎって、1804年に国民投票で皇帝になった。共和政が終わって、ナポレオンの帝政がはじまったんだ。

　皇帝になったナポレオンは、近代以前のルイ16世のような国王とはどうちがうんだろうか？　よく教科書にのっている有名な絵を見て考えてみよう。

● **図3-1：ダヴィド画「ナポレオンと皇妃ジョゼフィーヌの戴冠」**（部分）

この絵はナポレオンの戴冠式をえがいたものだ。ナポレオンは何をしているかな？　冠をささげもって、誰かにかぶせようとしているね。その冠を受けようとひざまずいているのは、当時のナポレオンの妻ジョゼフィーヌだ。つまり、ナポレオンが自分で皇妃の冠をあたえようとしている。その前にナポレオンは、帝冠を自分で自分にかぶせたと言われている。実はこうした行動は、それまでのフランス王国ではありえなかったんだ。

　「王権神授説」という言葉があるけど、絶対王政のころまでの国王は、神さまからみとめられて国王になれたんだね。だから国王の戴冠式には、かならずローマ教皇とか大司教といった教会のえらい人が儀式をおこなって王冠をさずける。でもナポレオンの戴冠式では、ローマ教皇は一応まねかれたけど何もせず、後ろのほうでしょんぼりしている（笑）。なぜナポレオンは、神から帝冠をあたえられるという形にしなかったんだろうか？

　それは彼が神ではなく国民によって選ばれた皇帝だったからだ。彼は国民投票による圧倒的な支持を得て皇帝になった。皇帝には、**フランス国民をひとつにまとめる強力なシンボルとしての意味**があった。だから、神からではなく自分で帝冠をかぶせ、皇妃にも冠をさずけたんだね。

　軍事的勝利によって皇帝までのしあがったナポレオンは、ひきつづき軍事的勝利をつみあげることによってしか国民の熱狂的な支持を維持することができない。こうしてナポレオンはフランス国民軍をひきいてヨーロッパじゅうで戦いつづける。陸戦では連戦連勝、向かうところ敵なしだ。

（2）スペインの反フランス・ナショナリズム

　この**ナポレオン戦争は、征服された国にどんな影響を与えただろうか？**

　ナポレオンは戦争に勝っても、あまり領土を拡大しようとはしなかったけど、自分の思いのままに動いてくれる国家につくりかえたり、自分の親族や部下をその国の国王にしたりした。その結果どうなったか？

　ヨーロッパの各国に、反フランス感情がめばえたんだ。征服者であるフランスを「敵」とみなし、それに抵抗するために「国民」の団結をもとめ

る。「敵」への憎悪を燃料にして、国民感情がわきあがる。**ナショナリズ**
ムの誕生だ。

　この絵は見たことがあるかな？　スペインのゴヤという画家が描いた、
「マドリッド、1808年5月3日」という絵だ。この日この場所で何があっ
たのか？　絵から読み取ってみよう。

● **図3-2：ゴヤ画「マドリッド、1808年5月3日」**

　軍服を着たフランス兵が、まるごしのスペインの民衆に銃口をつきつけ
ているね。みんなはこの絵を見てどんな感情をもつだろう？　おそろしい
感じ？　たしかに人が殺されているところを描いた絵は怖いね。でも、も
し自分がスペイン人だったら、このフランス兵に「怒り」をおぼえるんじ
ゃないだろうか。ゴヤは、**スペイン人の反フランス感情に火がついた、ま**
さにその瞬間を描いたんだ。

　反フランスのナショナリズムに燃えたスペインの民衆は、フランス軍に
対してゲリラ戦をつづけ、ナポレオンはこれに大いに手こずることになる。
とくに、**国民意識を一般民衆がもった**ことは、国民国家の成立を考えるう
えで重要だ。数の少ない貴族やエリートだけでなく、人口の圧倒的多数を
占める一般民衆が「自分はスペイン人だ」という意識をもつことで、国家
と国民との関係はより強固になるよね。

（3）ドイツ・ナショナリズムの誕生

　つぎに、ドイツのナショナリズムについて考えてみよう。このころ、ドイツという国は存在しなかった。ドイツ語を話す人々の国は、プロイセンとかオーストリアとかザクセンとかバイエルンとか、たくさんあった。長らく、神聖ローマ帝国という帝国が、これらの国々をゆるくたばねていたけど、それもナポレオンに滅ぼされた。

　ナポレオンは神聖ローマ帝国を解体して、プロイセンやオーストリアのような大国は同盟国にして、それ以外のドイツの中小諸国にはフランスに服属する「ライン同盟」というグループに入らせた。フランスに完全に屈服したんだね。

　すると、それまでバラバラが当たり前だったドイツ語を話す人々のあいだに、「おれたちはドイツ人だ、フランス人にしたがってられるか」という意識が生まれた。このころ、プロイセンの哲学者フィヒテは、「ドイツ国民に告ぐ」という講演を、あちこちでおこなった。その一節を読んでみよう。

資料3-2 **フィヒテ『ドイツ国民に告ぐ』より**（1807～1808年）

　私がドイツ国民の生存を維持する唯一の手段として提議するのは、これまでの教育制度の抜本的改革です。……われわれは新しい教育によってドイツ人をひとつの全体へと形成し、その全体がそのすべての個々の部分において同一の問題によって動かされ、生かされているようにしたいと望みます。……このようにしてわれわれのもとに、いわゆる大衆教育ではなく、真のドイツ国民教育が生じることになるのです。

　この部分では、フィヒテは何をもとめている？──「教育制度の抜本的改革」だね。彼は**国民教育**という言葉をつかっているけど、教育は国

民国家にとって重要なポイントなんだ。明治日本もそうだけど、すべての近代国家は、わざわざ莫大な国家予算をかけて義務教育を国民にほどこす。**なぜ国民に対する教育が必要なんだろうか？**

　フィヒテの言葉からわかるのは、これまでバラバラだったドイツ人をひとつにまとめるために教育を統一せよということだね。いきあたりばったりの教育じゃなくて、ドイツ国民をつくるための教育をしなければいけないから、それは国家として統一された教育じゃなくちゃいけない。

　そこで彼の言う「国民」に注目してみよう。この段階では、**ひとつの「ドイツ国家」は存在しないにもかかわらず、「ドイツ国民」がイメージされている**のがおもしろいね。ドイツの場合、国家という枠がなくても国民がひとつにまとまることはできると考えられたんだ。

　ドイツ人という民族はそれまでにも存在していたけど、それがひとつの国民というまとまりとして意識されたのは、ナポレオンの征服がきっかけだったんだ。だからある歴史家は、近代ドイツの歴史を語るとき、「はじめにナポレオンがあった」と言ったんだよ。

　というわけで、最初に出した問い、「なぜヨーロッパでは、19世紀に国民国家が成立したのか？」という問題については、**ナポレオン戦争によって各地でフランスに反発する国民意識が生まれたから**、というふうに言えそうだ。もちろんこれはひとつの解釈であって、唯一の正解ではないよ。

2 ヨーロッパ諸国では、国民国家は どのように形成されたのだろうか？

　こうしてナポレオン戦争という共通の体験によって、19世紀の初頭にはヨーロッパ全土の人々のあいだに国民意識が生まれ、ナショナリズム運動がまきおこった。その結果、1870年代までには、ヨーロッパの地図は次のような感じになった。

● 図3-3：1870年代のヨーロッパ

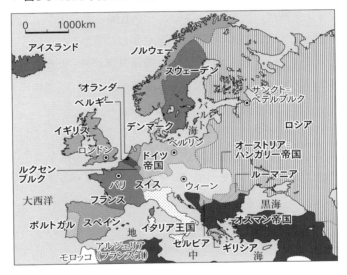

　世界の歴史を理解するためには地図がかかせない。世界の地理関係の理解に役立つのはもちろん、**歴史上の地図と今の地図では国家や国境がぜんぜんちがう**からね。

　イギリス、フランス、スペインといった西ヨーロッパの諸国は、今とほとんど変わらない。でもドイツから東はかなりちがうのがわかるかな？　そう、ポーランドやチェコといった東ヨーロッパ諸国がなくて、ドイツの東隣はすぐロシアなんだね。オーストリアもやたらでかい。

　なぜこのとき、このような国境線になっているのか、東ヨーロッパの諸

民族はどうしているのか、そうしたことが気になるけど、それらは世界史探究で思いっきりほりさげて勉強できる。歴史総合では、**諸国がどのような国民国家として成立したのか、その国家と国民と民族はどのような関係にあったのか**を考えていこう。

(1) ドイツの統一

　前項でドイツの話をしたから、そのままドイツに国民国家が成立するまでの歴史について、ごく簡単に説明しておこう。

　ナポレオン失脚後、ドイツではプロイセン王国とオーストリア帝国が圧倒的な大国として君臨していたけど、あいかわらずバラバラだった。何度も言っているように、**ドイツにはすでに国民意識があったから、それにあわせてバラバラなドイツ諸国を統一する必要があった**。戦国時代というわけじゃないけど、天下統一みたいな感じだね。

　市民が中心になって平和的に統一しようという動きもあったけど、失敗した。結局、プロイセンとオーストリアのどちらが主導権をにぎって統一するかという話になった。そしてプロイセンが、ビスマルクという有能な宰相のもとで、戦争による積極的な統一政策をおしすすめ、オーストリアとの戦争に勝利して、主導権をにぎることになった。

　プロイセンはドイツの北部を統一したけど、南部はまだプロイセンに反発していた。そしてプロイセンは、フランスと戦争してこれに勝利し、南部ドイツ諸国をもしたがえて、全ドイツを統一し、1871年に**ドイツ帝国**を樹立した。

　ここで疑問がおきないかな？　**プロイセンはなぜフランスと戦争をする必要があったんだろうか？**　ドイツ統一をするのに、外国のフランスは関係ないじゃないか。

　これは、ドイツ・ナショナリズムのはじまりを思い出してみると手がかりになるよ。ドイツ人はどうして国民意識を持つことになった？　それはナポレオン支配に対する反発だったよね。外国を「敵」とすると、国民は

ひとつになるんだ。プロイセン宰相ビスマルクは、反フランス感情を利用してドイツ・ナショナリズムをもりあげて、ドイツ統一を実現するために、わざわざフランスとの敵対関係をつくりだしたんだ。

　というわけで、ドイツの場合は先に存在していたドイツ国民意識にあわせてドイツ国家統一を実現した。だからドイツ帝国が成立したときには、すでに国民と国家の一体性が強い国になっていたとみることができるね。

　では、民族との関係はどうなんだろう？　そのことを考えるために、つぎにオーストリアの国家建設を見てみよう。

(2) 多民族国家オーストリアの国家建設

　オーストリア帝国は、ハプスブルク家というドイツ人の君主がおさめる国家だ。でも図3-3を見ればわかるとおり、その領土はあまりにも広大で、ドイツ人以外の民族の土地もふくんでいた。これはちょっと歴史総合の範囲をこえるかもしれないけど、オーストリア帝国の民族分布をしめす地図を見てみよう。

● **図3-4：オーストリア＝ハンガリー帝国の民族分布**（1910年）

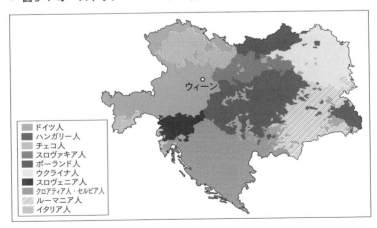

これをみれば一目瞭然、ドイツ人が住んでいるのはウィーンを中心とす

る現在のオーストリアだけで、あとはチェコ人やハンガリー人、ポーランド人、ルーマニア人など、複数の民族の土地なんだ。ひとつの民族が複数の国家にわかれていたドイツとは逆に、**複数の民族がひとつの国家に統一されていた**んだね。

こういう**多民族国家**は、近代以前の帝国では決してめずらしくない。だって近代以前には、諸民族は国民意識をもっていなかったんだから。チェコ人の民衆は、自分たちの王様がドイツ人でも一向に気にしなかったんだ。でも、近代になって諸民族が国民意識にめざめてしまうと、この多民族国家の統一は非常にあやうくなる。

ドイツ帝国はドイツ人が大多数をしめる国民国家になった（もちろんポーランド人など少数民族も多くいた）んだけど、オーストリアはそうはいかない。**近代になって民族意識が高まったとき、どうすれば多民族国家を維持することができるだろうか？** これは現代世界にもつうずる難問だ。

オーストリアの場合、国家構造を変えるほどの大改革をして、何とかしようとした。オーストリア帝国の内部で、ハンガリー王国に自治をあたえたんだ。オーストリア皇帝はハンガリー国王をかねているから、帝国は分裂しない。ドイツ人につぐ最大の民族であるハンガリー人に大幅な自治をあたえることで、民族感情を満足させ、帝国の分裂をふせごうとしたんだ。こうして成立した国を**オーストリア＝ハンガリー帝国**という。

もちろんこれに対しても、ハンガリー人以外の民族は反発しないのかとか、いろいろ疑問がわいてくると思う。それらはぜひ自分たちで調べてみてほしい。いずれにせよ、オーストリア＝ハンガリー帝国は**近代的な多民族国家**という、国家と国民と民族が複雑にいりくんだ国家体制になったんだ。

（3）イタリア統一

イタリアもドイツと同じように国家がバラバラで、統一して国民国家をつくらなければならなかった。イタリア半島は古代ローマ帝国が崩壊して

以来、統一国家がなかったけど、やはり19世紀にナショナリズムがもり
あがり、統一への機運が高まった。

　ドイツ統一におけるプロイセンと同じように、イタリア統一の中心になっ
ったのは、サルデーニャ王国だ。図3-3（P73）をもう一度見てみよう。イ
タリア半島の西の海上にふたつ大きめの島があって、南のほうがサルデー
ニャ島だ。でも北イタリアにも領土があって、王国の首都もそこにあった。

　着実に領土を拡大していったサルデーニャは、南部の両シチリア王国
を征服したガリバルディの協力もあって、1861年にイタリア統一を達成
し、**イタリア王国**が成立した。イタリア人の国民国家の誕生だ。

　こうしてみるとドイツとほぼ同じような流れに見える。でも、イタリア
の国民統合のあり方について、問題はなかったのだろうか？　次の資料は、
イタリア統一運動にかかわったサルデーニャのある政治家の回想だ。

資料3-3　ダゼリオ『わが回想』より（1867年）

　イタリアはその領土を大部分、再征服した。外国勢力との戦いは首尾
よくいったが、それが最大の困難ではなかった。……イタリアはほかの
人民のようには国民になることができず、うまく秩序づけられたり統治
されたりせず、外国勢力のみならず内部のセクト主義者に対しても強力
ではなく、自由ではなくきちんとした道理をもつことができない。

　この政治家は、「イタリアはほかの人民のようには国民になることができ
き」なかったと言っている。ということは、イタリアでは**統一によって「国
家」はできたけど、すぐにそれに対応する「国民」の意識はできなかった
のではないか**という解釈ができるね。先に国民意識があって統一されたド
イツとは逆の国民国家統一パターンといえるだろう。

3 アメリカ合衆国という国民国家は、どのようにつくられていったのだろうか？

国民国家のあり方が十国十色だといった意味が、理解できたかな？　次に検討していくアメリカ合衆国も、特徴的な国民国家だ。アメリカの「国民」がどうできていったのかを考えるためには、3つのステップがある。

まず、領土が西に拡大する「西漸運動」（フロンティアの拡大）の段階。次に、国民が分裂して争った南北戦争。最後に、黒人などの非白人をどのように「国民」として統合していくかという段階だ。3つ目はまだ先の時代になるので、ここではふたつ目までを、時代を追って考えていこう。

（1）フロンティアの拡大と「明白な天命」

独立時のアメリカの領土は東のほうだけで、いまのように広大な領土はもっておらず、そのほかの土地はフランスやスペインの植民地だった。アメリカはそれらの土地を徐々に獲得していった。図3-5を見てみよう。

● **図3-5：アメリカ合衆国の発展**

アメリカ合衆国の最初の領土は東部だけだ。それから19世紀のなかばまでのあいだに、買収したり併合したりして、西へ西へと領土を拡大していく。これを西漸運動と言い、獲得していく土地を**「フロンティア」**と呼んだ。

　まず、言葉が気になるね。え、気にならない？　言葉の意味を気にしだすと、歴史を深く考えられることが多くなるよ。つまり、<u>なぜアメリカ人は、西へと拡大する土地を「フロンティア」と呼んだのだろうか？</u>　Frontierを英和辞典でひいてみよう。「辺境、(アメリカ合衆国西部が未開拓のころの)開拓地と未開拓地との境界地帯、西部辺境、最先端の新分野、未開拓の領域」とある。つまり、「これから開拓されるべき未開の領域」ということだ。

　アメリカ人にとっての「フロンティア」＝未開拓地のイメージはこうだ。まだアメリカ人が住んでいない場所に進出して、土地を耕して作物をつくり、工場をつくり、町をつくり、鉄道をひいてインフラ整備する。つまり近代化し、アメリカ人の土地にしていく。このイメージを典型的にあらわした絵がある。

● 図3-6：**「アメリカの進歩、明白な天命」**

　この絵は多くの教科書にのっているので、絵の読み取りをする機会があるだろう。みんなはこの絵を見て、まずどこに目がいくかな？　うん、ど

真ん中に巨大な女性がいるね。光り輝いているし、どうやら女神のようだ。この女神、何かを手にもっているね。まずは本がある。本というのは「文明の知恵」を象徴するんだ。

それからもうひとつ、何か線のようなものをひいているのがわかるかな？この線は何だろうか？　よく見ると、線は後ろにつながっている。何に見える？　そうそう、電信柱だね。つまりこれは電線だ。電信柱の近くには、鉄道が走っている。電信や鉄道はまさに近代化の象徴だ。

では反対側、女神がむかう先には何が見えるだろうか？　半裸の先住民（アメリカ人は彼らをインディアンと呼んだ）が追いたてられている。手前ではアメリカの農民たちが土地を耕している。

この絵のタイトルは、「アメリカの進歩、明白な天命」という。「明白な天命」（Manifest Destiny）は、アメリカが西に拡大するのは神からあたえられた使命だという、このころに言われていたスローガンだ。さあ、ここまで読み取った情報から、**アメリカの西漸運動がどのような特徴をもっていたのか**を考えよう。

西漸運動は、先住民の土地をうばいとって彼らを追放し、その場所をアメリカ人の手によって近代化し、開拓するという特徴をもっていた。実際、アメリカ政府は**先住民強制移住法**を制定して、先住民を無理やり西に追いやって特定の土地に住まわせた。移住の途上でおおぜいの人が死んだ。これを「涙の道」という。

こんな政策、非人道的だよね。でも当時のアメリカ人はそうは思わなかった。どうしてだと思う？　「アメリカの進歩、明白な天命」の絵から考えてごらん。そう、**先住民の土地を開発し文明化するのは、神様からあたえられた自分たちの崇高な使命だと思っていた**からだ。彼らは征服し、開拓することを文明の「進歩」だと考え、これを全面的に肯定したんだね。

先住民が住む西部の土地は、アメリカ人にとって未開拓の、近い将来に自分たちによって文明化されなければならない場所と考えられたからこそ、「フロンティア」と呼ばれたんだ。

（2）南北戦争による国民の分断と再統合

　こうして1848年にはカリフォルニアが併合され、アメリカの領土は西海岸にたっした。カリフォルニアで金鉱が発見され、ヨーロッパからも多くの人々が一攫千金をねらってアメリカにわたり、徐々に西部の人口も増えていった。アメリカの発展は順調のように見えた。

　でも、じつはアメリカの北と南で、国のあり方について国民の考え方は二分されていた。南部では外国に輸出するための綿花やタバコのプランテーション、つまり黒人奴隷をつかった大農場が大きな富を生みだしていて、その状態を変えたくないと思っていた。北部では工業化がすすみ、黒人を奴隷ではなく自由な労働者として雇って、ついでに保護貿易で国内産業を保護して、もっと利益をあげたいと思っていた。

　この南北の対立は、ちょっとややこしいけれども、南北それぞれの地域がどのようにして利益をあげようとしていたのかという、経済的な視点から考えるとわかりやすくなると思う。**南北それぞれの立場を、自分でわかるように図式化する**と良いだろう。

　アメリカという国家のあり方、経済のあり方、奴隷制度の是非について南北で国民意識のちがいが大きくなってしまったんだ。こうして対立するふたつの国民意識が激突し、1861年に**南北戦争**が勃発した。北部と南部で別々のアメリカ国家が生まれ、戦争した。ひとつの国民国家が、ふたつの国家に分裂したんだ。**南北戦争は、南北で分断されたアメリカの国民意識が戦争で決裂し、国民が再統合される歴史なんだ。**

　南北戦争は北部の勝利に終わった。その結果、アメリカ国民はどのように再統合されたか、わかるかな？　当然、北部の主張にしたがって統合された。南部の奴隷制は廃止され、黒人たちにはアメリカの市民権、たとえば参政権があたえられた。

　しかし、北部の手によって黒人奴隷が解放されても、南部の人々がすんなりしたがったわけではない。制度的に白人と黒人が平等になっても、南部の白人たちは黒人をかつて奴隷だった時と同じように、いやそれ以上に

差別した。黒人への人種差別が蔓延するんだ。

　南北戦争後、なぜ黒人たちは奴隷身分から解放されたのに、人種的に差別されることになったんだろうか?　これは現代のアメリカにまでつづく大問題だ。ここでは深くふれないけれども、是非関心をもって調査して、考えてみてほしい。

　アメリカの国民国家は、先住民を追放しながらその領域を拡大し、いったん南北に分裂しつつも再統合された。しかし南北の国民意識は簡単には統一されないし、国民として統合されたはずの黒人もはげしい差別にさらされ、市民としての人権があたえられないままだった。統一された国民国家としては問題を多くかかえていたんだ。

4　日本には最初からひとつの国民が　　あったのだろうか?

　いや、それにしても国民国家をつくるのは大変だ。ドイツやイタリアのようにそもそも国がバラバラで統一されていなかったり、オーストリアのように多数の民族がいたり、アメリカのように先住民との対立や人種問題があったりと、ひとつの国民をつくるためにいろいろな障害をのりこえなきゃいけない。

　じゃあ日本の場合はどうだろう?　江戸幕府によって日本は統一されていたし、島国で民族問題も外国との戦争もなかったから、**最初からひとつの国民があって、明治政府は楽だったと思う?**　もちろんちがう。ここでは、国民国家をつくるために明治日本が直面した問題を、いくつか考えていこう。

(1) 徴兵令と士族の反乱

　第2章でふれたけど、明治維新によって日本の身分制はなくなった。華族はあいかわらず特権身分だったけど、士族は特権をすっかりうしなって

平民と変わらなくなってしまった。

　特に重要なのが**徴兵令**だ。ふつうの平民が兵士となって戦うということだけど、それまで武器を持って戦うのは武士の専権事項だったんだ。それを平民にうばわれた格好になってしまった。これに対して士族たちは西南戦争をはじめ、全国各地で反乱を起こしたけれども、おもに平民によって構成された新しい軍隊によって、ことごとく鎮圧されてしまう。この**士族の反乱は、日本の国民形成にとってどんな意味を持っただろうか？**

　士族も平民も同じ国民としてあつかおうとする新政府の政策に反発して、国内最大の武装勢力が反乱を起こすというのは、構図はぜんぜんちがうけれども、アメリカの南北戦争のような内戦だ。明治政府にとって、士族は国民の一体化を妨害しようとする障害だったけど、それがとりのぞかれたということだね。

　特に象徴的なのは、士族の反乱を、徴兵された国民の軍隊が鎮圧したということだ。軍隊は教育とならんで国民形成の柱になるものなんだ。**なぜ軍隊は国民形成にとって重要なんだろうか？**　教科書にのっている資料でいうと、有名な福沢諭吉の『学問のすゝめ』にこんな言葉がある。

資料3-4　福沢諭吉『学問のすゝめ』より（1872年）

　国の人民が主人と客分の二つに分れ、主人は……よいように国を支配し、その他の者はみな何も知らない客分では……いったん外国と戦争などがあれば……われわれは客分だから命を捨てるのは身に余るとして、逃げ去る者が多いだろう。これでは……とても一国の独立はできない。もちろん国の政治をなすのは政府で、その支配を受けるのは人民だが、これは便宜的に双方の持ち場を分けただけだ。国全体の名誉にかかわることは、人民の務めとして、政府だけに国を預け、横から見物するという道理はない。

福沢は、人民が国のお客さんになっていては、戦争になっても戦ってくれず、国を守りきれないと言っている。人民も国家の一員として戦うことでお客さん気分ではいられず、自分ごとになる。つまり国民になる。軍隊への動員によって国民が国家に所属しているという意識が強まるということを言いたいんだね。

（2）琉球とアイヌの統合

　つぎに、日本人における民族の問題について考えてみよう。この問題について、江戸時代と明治時代の決定的なちがいとして、明治時代には沖縄と北海道が日本の領土に組みいれられたということがある。つまり、**日本とは言語も風習も大きくことなる琉球人やアイヌなどの人々を日本国民として組みこんでいった**ということだ。

　日本人とは何か？　私たちはどのようにして日本人になったのか？　その内実はどのようなものなのか？　そうした私たちにとって本質的な問題について考える場合、琉球とアイヌの問題はとても重要だ。まず、琉球についてみていこう。

　琉球にはそもそも、14世紀に統一された琉球王国という独立国があって、中国に貢ぎものをおくって服属しつつ、日本との関係も深かった。江戸時代になると薩摩藩が進出して、薩摩と清の両方に服属することになった。しかし独立国にはちがいない。

　この状態は明治時代になると激変する。1872年、日本政府は独立国である琉球王国を「琉球藩」とし、さらに1879年には琉球藩と王府を廃止し、「沖縄県」を設置した。これで琉球王国は滅び、沖縄は日本の領土に組みこまれてしまった（**琉球処分**）。

　じゃあ、**歴史も文化もちがう琉球の人々を、どのように日本国民に組みこんでいったんだろうか？**　ある教科書にはつぎのように書かれている。

> 琉球処分後、政府は沖縄県に対し、急激な改革をさけて旧来の制度を
> 維持する旧慣温存政策を実施した。沖縄は日本の領土ではあるものの、
> 本土とは慣習が異なることがその理由とされた。
>
> （第一学習社『高等学校歴史総合』83頁）

　つまり日本政府は、本土の日本人とはことなる沖縄の言語や風習を、し
ばらくはそのままにしたということだ。これはまだ清朝が沖縄の日本帰属
をみとめていないという国際的事情もあっただろう。いずれにせよ、**沖縄
では民族的な特徴がのこされつつ、行政としては日本に組みこまれていっ
た**んだ。

　これに対して北海道のアイヌはどうだったのだろうか？　アイヌは北海
道の先住民族で、文字をもたず、独自の言語や死生観をもち、狩猟採集
を生活手段とする。本土の日本人とはまったくことなる民族だといえるだ
ろう。明治時代になると、日本政府は北海道の全土を北海道に組みこん
だ。もちろん、その地に住むアイヌも日本国民に組みこまれる。

　日本政府は何をしたか。まず、1877年に北海道地券発行条例をつくっ
た。その内容を資料から読み取ってみよう。

資料3-5 北海道地券発行条例（現代語訳、1877年12月13日制定）

> 　旧土人（*アイヌの人々*）が居住している土地は、その種類に関係なく、当
> 分すべてを官有地に編入する。……山、林、沢、原野などはすべて官有
> 地として、さしつかえない場合は、人々の要望により有料で貸しわたし、
> または売りわたしてもかまわない。

　この条例がどんな意味を持ったか、読み取れるかな？　**アイヌの土地を**

すべて国が取りあげるということだ。これはひどいね。アイヌはどこでどうやって生活すればいいんだろう？

　このあと政府は、1899年に**北海道旧土人保護法**を制定した。北海道の「旧土人」というのはアイヌのことだ。ひどい差別的な言葉だね。この法律は、アイヌをどのようにするための法律だったんだろうか？

資料 3-6 **北海道旧土人保護法**（1899年）

第1条　北海道旧土人にして農業に従事するもの又は従事せむと欲するものには、一戸につき土地一万五千坪以内にかぎり無償下付することを得。

第3条　第1条により下付したる土地にしてその下付の年より起算し十五箇年を経るも、なお開墾せざる部分はこれを没収す。

第9条　北海道旧土人の部落をなしたる場所には国庫の費用をもって小学校を設くることを得。

　そのまま読めば、アイヌに政府が「農業に従事する」という条件つきで無償で土地をあたえて、農業をしなければその土地は没収するという内容だね。それから小学校をつくると。この小学校ではアイヌの言葉ではなく、日本語だけで教育がおこなわれた。

　資料3-5とあわせて、**アイヌがどんな状況においこまれたのかを現実的に想像しよう**。まず、アイヌは先祖代々住んでいた土地をうばわれた。そしてその土地をやるから農業をしろという。でも、アイヌは狩猟民族だから農業になれていないし、その土地ももともと農地じゃないから、ゼロから開墾しなくちゃいけない。

　この状況は、アイヌにとってどんな苦しみがあっただろう？　まず、アイヌの伝統的な狩猟生活ができなくなった。それからあまり作物がとれないから、貧困にならざるを得ない。これのどこが「保護」だろう？

北海道旧土人保護法は、アイヌの文化を否定して、日本語や日本文化を強制して、**アイヌを日本人に同化していく**ための法律だったんだ。その結果、アイヌの文化はうしなわれてしまう。この法律が廃止されたのは、いまからほんの三十年ほど前だ。もはやアイヌの文化は、アイヌの子孫たちががんばって伝承をほりおこして復活させ、保存するものになっていて、生きた文化としては存在していない。日本は先住民のアイヌ文化を、国民統合の過程で抹殺したんだ。

　日本でも国民国家をつくるために、複数の民族を日本人のなかに統合していったことが理解できたと思う。そして何より重要なのは、琉球とアイヌ、それぞれの統合のされ方がちがっているということだ。私たちはかれらの歴史を学ぶことで、日本人のなかにある多様性を自覚して、それぞれの文化を尊重することができると思う。

　そこまで考えることができれば、みんなの「国民」というイメージはがらっと変わるんじゃないかな。歴史総合がたんなる歴史学習に終わらないためにも、ぜひ意識してほしい。

チャレンジ！　　教科書をつかって、つぎの問いも深めてみよう！

1. ウィーン体制は、なぜ自由主義とナショナリズムを弾圧したのだろうか？　また、なぜ弾圧したのにナショナリズムはなくならなかったのだろうか？

---

2. 東ヨーロッパの諸民族は、なぜ国家をもたなかったのにネーション（民族）意識をもつことができたのだろうか？

---

3. 19世紀の近代国家では、男女で国民教育のあり方にどのようなちがいがあっただろうか？

第4章 アジアの開港と開国
——世界市場と主権国家体制

メインの問い

欧米諸国は、東アジアにおける経済・外交関係をどのようにつくりかえたのだろうか?

概念

世界市場　主権国家体制

　いま、私たちの身のまわりは世界中から来たモノであふれている。スーパーにいって産地を見てみよう。アメリカやオーストラリア産の牛肉、ノルウェーやカナダ産の魚介類、東南アジア産の果物などなど、いろいろな食べ物が世界中から集まっているのがわかるね。それだけじゃない。みんながもっているスマートフォンとか、自宅のテレビや冷蔵庫はどうだろうか。電化製品のメーカーも、台湾とか韓国のものが多いんじゃないだろうか。

　こんなふうに**世界中のモノがどこでも簡単に手にはいるのは、なぜだろうか?**　「現代世界がグローバル化しているから」——そうそう、**グローバル化**というのはキーワードだね。歴史総合では、20世紀の後半をあつかう最終章でグローバル化がメインテーマになるんだけど、じゃあどうしてグローバル化したんだろうか?　グローバル化は、いつはじまったんだろうか?

　じつは、すでにこの「近代化と私たち」の時代からグローバル化ははじまっているんだ。そのきっかけは産業革命だったね。産業革命がどうしてグローバル化につながるのか、わかるかな?　産業革命というのは工業化

して機械で大量にモノをつくるようになったことだよね。その大量のモノは何のためにつくっている？

　そう、売るためだ。でも工業化すると、自分の国では売りきれないほど大量につくることができる。この、あまりまくった商品が無駄になると、資本家は大損だ。利益をあげるためにはどうすればいい？　海外に輸出すればいいよね。だから産業革命がおこって資本主義が成立すると、**資本家たちは自分たちの商品を売るための市場をもとめて、世界に進出していくん**だ。こうして**世界市場**がつくられていく。

　日本にペリーがやってきたのも、日本を世界市場に組みこむためだ。江戸幕府は鎖国していたから、アメリカは軍艦をひきつれて無理やり条約をむすばせた。こうして日本は「開国」し、欧米諸国との外交関係がはじまる。日本だけじゃなく、アジア諸国は軒並みこういった条約をむすばされるか、そうでなければ植民地にされてしまう。植民地の問題については第6章であつかうよ。

　軍事力を背景に、無理やり世界市場に組みこみ、外交関係をひらかせる。考えてみると不思議じゃない？　ただアジア諸国と経済関係や外交関係をむすぶだけなら、平和的な関係だよね。**なぜ欧米諸国は、軍事的な圧力をくわえる必要があったんだろうか？　それによってアジア諸国と欧米諸国との関係は、どのように変化したんだろうか？**　そして**東アジアの国際関係は、どう変化したんだろうか？**

　というわけで本章は、国際経済と国際政治についての話になるんだけど、こういう話は、理論的で抽象的な理解力がもとめられるように思いがちだ。でもそうじゃない。国際経済や国際政治の全体像を理解しようなんて、雲をつかむような話で、現代世界の理解にもつながらない。

　それよりも、**できるだけ具体的な歴史をつみあげることが大事だ。**イギリスと中国、アメリカと日本、日本と中国など、それぞれの関係がどのように変化したのかを、資料を読みときながら考えることで、これらの諸国間の関係のなかに、いくつかのパターンがわかってくる。そのことを意識して勉強していこう。

1 アヘン戦争によって東アジアの国際秩序は どのように変化したのだろうか？

（1）アヘン戦争の勃発

　まずは中国の清の開港についてみていこう。清朝は17世紀に建国され、中国を統一した中国最後の王朝だ。清は、ヨーロッパ諸国との貿易港を広州だけに限定して、貿易関係をコントロールしていた。

　この貿易の管理体制は、イギリスとの戦争にやぶれることでくずれてしまう。そう、**アヘン戦争**だ。アヘン戦争は、清で禁止されているアヘンという麻薬をイギリスが中国で販売して清と対立し、1840年に勃発した。その結果、イギリスが勝利し、清とのあいだに南京条約などの条約をむすぶことになった。では、**なぜイギリスは戦争をしてまでアヘンを売ろうとしたんだろうか？**

　まず、歴史総合の教科書にかならず書かれている、アヘンをめぐるイギリス・インド・清の**三角貿易**の図を読みといてみよう。教科書によってはその前の、イギリスと清との二国間の貿易の図ものっている。こういうのだ。

● **図4-1：片貿易と三角貿易**

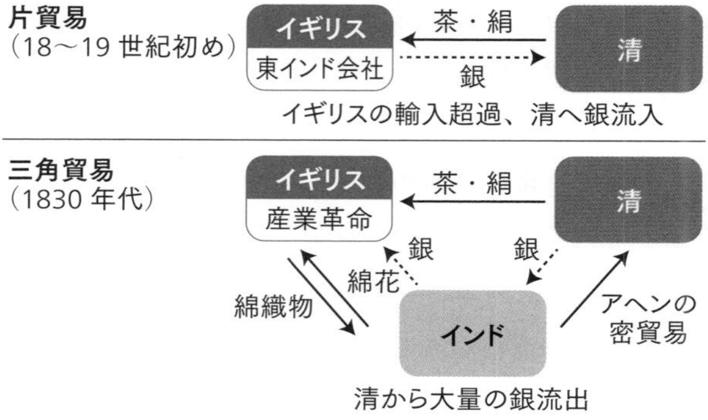

片貿易
（18〜19世紀初め）

| イギリス
東インド会社 | 茶・絹 →
銀 | 清 |

イギリスの輸入超過、清へ銀流入

三角貿易
（1830年代）

| イギリス
産業革命 | 茶・絹 → | 清 |

綿織物　綿花　銀　銀　アヘンの密貿易

清から大量の銀流出

まず上の片貿易と書いてある図から見てみよう。これはアヘンが導入される前のイギリスと清の貿易だ。イギリスは清のどんな商品を輸入しているだろうか？　茶（紅茶）と絹と書いてあるね。イギリスでは18世紀から**紅茶**が大ブームになって、みんなも知っているとおりイギリスの国民的な飲料になった。ところが、じつは紅茶に適した茶葉は、このころ中国でしか生産できなかった。だからイギリスは中国から大量の紅茶を輸入したんだ。

しかし、イギリスには中国に輸出できる魅力的な商品がないので、代金として銀を払いつづけていた。これはようするに**清だけが一方的な利益を得る貿易（片貿易）で、イギリスはずっと赤字**。何とかしたかった。

そこで目をつけたのが、インド産のアヘンだ。イギリスは植民地インドの農民にアヘンをつくらせて、清に密輸出し、紅茶を買うための銀を現地調達する。この三角貿易によって中国の銀はどんどんイギリスに流出し、中国人がどんどんアヘン中毒になっていった。

清にとってこのアヘン三角貿易のデメリットは何だろうか？　もちろん人民がアヘン中毒になるのもひどい話だけど、それだけじゃないね。銀の矢印に注目してみよう。**片貿易だとイギリスの銀が中国に一方的に流入していたけど、三角貿易では逆に中国の銀が一方的に出ていってしまう**。清の経済は銀を基軸通貨にしていたので、銀が不足すると国の経済も崩壊してしまうおそれがあったんだ。

（2）南京条約からアヘン戦争の目的を読みとく

たしかにアヘンは三角貿易に欠かすことのできないパーツで、戦争勃発の重大な要因になった。でも麻薬のために清という大国に対して密貿易や戦争をしかけるなんて、リスクが大きすぎないだろうか。イギリスにはアヘン以外にも戦争をする目的があったんじゃないだろうか。

イギリスの戦争目的についてさらに考えるために、戦争の結果、1842年にむすばれた**南京条約**という条約の内容を見てみよう。みんなはこうい

う条約のような無味乾燥な契約の文章を読めと言われても、目が上すべりするかもしれないね。でも条約には、その国が「何をさせたいのか」という外交の目的がこめられている。その目的を読みとることが、条約文を読みとくコツだ。

　つまり、アヘン戦争の結果である南京条約を読みとけば、イギリスが清に対して何を要求し、実現したかったのかがわかるはずだ。

資料4-1　**南京条約より**（要約、1842年）

第2条　広州、福州、厦門、寧波、上海の5港を開港し、この5港にイギリスの領事を駐在させること。

第3条　香港島をイギリスに割譲すること。

第4条　没収したアヘンの賠償金として2100万銀ドルを支払うこと。

第5条　公行（外国貿易を独占した中国の特権商人の組合）を廃止すること。

　これを見ると、アヘンは主目的ではなかったことがわかるね。領土と賠償金はそのままの意味だね。第2条は、つまり開港の要求だ。清は外国貿易の港を、南方にある広州という港町だけに限定していたんだけど、それを5港に拡大しろと言っている。そして第5条では中国の特権商人の制度を廃止せよと要求している。これらをあわせると、**イギリスは清に対して貿易の拡大と自由化をもとめた**ということがわかる。

　イギリスは産業革命によって綿織物などを安く大量に生産できるようになった。これらの商品の販売市場として、膨大な人口と経済力をほこる中国は非常に魅力的だった。**イギリスの産業資本家たちはさらなる利益をあげるために、中国市場に進出しようとした**んだ。じつはアヘン戦争以前に、イギリスは何度か清と貿易自由化のための交渉をしようとしたけど、まったく相手にされなかった。だから戦争によってそれらを実現しようとした。そう考えると、南京条約自体はイギリスの貿易のやり方をみとめさせたと

いうもので、不平等条約ではない。

　ただ、南京条約のあとにもいくつかの条約をむすんで、イギリスは**清から関税自主権をうばってイギリスのいいなりの関税率にしたり、最恵国待遇を一方的にさだめたりした。**一方的（片務的）な最恵国待遇というのは、清が、イギリスよりも有利な貿易条件の条約を他国とむすんだ場合、同じ条件をイギリスにもあたえるというものだ。これらは、イギリスにとって一方的に有利な貿易関係をつくるための不平等な条項だ。

　それから、清はアメリカやフランスとも同じような条約をむすんだ。イギリスだけじゃなく、本格的に中国が世界市場に組みこまれていったことがわかるね。

　その結果、イギリスと中国との貿易関係はどうなったんだろうか？　イギリスの対インド・中国貿易の全体的な動きをしめすグラフを読みといてみよう。

● 図4-2：**イギリスの対インド・中国貿易の推移**

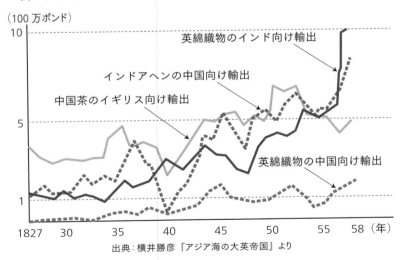

出典：横井勝彦『アジア海の大英帝国』より

　南京条約前後の変化を見るのだから、条約がむすばれた1842年に注目するんだよ。その年に縦線をひくとわかりやすくなるね。さて、一番下に

「英綿織物の中国向け輸出」がある。たしかに輸出は増えているけど、45年にはちょっと減っている。全体的に見ると、あまり変わっていないことがわかる。

　かわりにのびたのは、インド産アヘンの輸出量だ。ちなみに1840年にほぼゼロになっているのは、清がアヘンの取りしまりをしたからだ。そこからアヘン戦争前の水準まで回復し、さらに増えている。つまり、**イギリスの機械製綿織物は中国市場で苦戦し、思うような利益をあげられなかった。黒字はあいかわらずアヘンにたよりきりだった**。そこでイギリスは、さらなる開港と貿易自由化をすすめるために、1856年にフランスとともに**アロー戦争**（第2次アヘン戦争）をおこした。

　アロー戦争の結果は、アヘン戦争よりもさらに清に打撃をあたえるものだった。アヘン戦争のときは海で完敗したけど陸上ではまだあまり負けなかった。でもアロー戦争では皇帝のいる北京まで外国軍がはいってきた。こうして1858年に天津条約、1860年に北京条約というふたつの条約がむすばれた。

　その内容は、さらなる開港（11港）、外国公使の北京駐在、キリスト教の布教の自由、アヘン貿易の許可などだ。ここにきてやっとアヘン貿易が合法化されたというのは、イギリスの最大の目的がアヘンではなかったことを意味しているね。

　こうしてイギリスは、自分たちの商品を自由に中国で売ることができる関係を、清とのあいだにつくりあげた。清は強制的に世界市場に組みこまれたんだ。

（3）冊封体制と主権国家体制

　ところで、さきほどの南京条約やアロー戦争後の条約に、外交関係にかんする内容があることに気づいただろうか？　**開港地に領事をおくとか、北京に外国公使を常駐させる**というものだ。この条項にはどのような意味があるだろうか。

じつはこの条項は、欧米諸国と東アジア諸国との関係の変化を考えるうえで、けっこう重要な意味をもっている。領事や公使をおくというのは正式な国交のある国どうしでは、あたりまえのことだ。でもアヘン戦争以前にはあたりまえじゃなかった。

　アヘン戦争がおこるずっと前、1793年に、イギリスは清に自由貿易をもとめる使節をおくった。下の絵は、そのときの様子をイギリス人が想像して描いた風刺画だ。

● 図4-3：マカートニーと乾隆帝の会見の風刺画

　風刺画なので、中国人はものすごく悪そうに描かれていて、とくに左のほうにすわって使者と面会する皇帝は、でっぷりと太っていかにも傲慢そうだ。それに対してイギリスの使者は、ひざをついて礼儀正しく皇帝に要求をつたえている。この風刺画にあらわれている中国人蔑視の思想も興味深いけど、注目してほしいのは、このときの清とイギリスの関係がうかがえることだ。清とイギリスは対等な関係だろうか？

　ちがうよね。上下関係がある。どっちが上だと思う？　ひざをついているイギリス側が下で、清の皇帝のほうがあきらかに上位にあることがわかるね。使者は片ひざだけど、随員は頭を地面につけて平伏している。あと貢ぎものをもってきている。しかもイギリスの使節がここまでへりくだっ

たのに、皇帝はイギリスの要求をみとめなかったんだ。

　東アジアでは何百年も、**中国の皇帝に対して周辺諸国が貢ぎものをもっ
て忠誠をちかい**（これを朝貢という）、**皇帝がかれらの地位や安全を保障すると
いうかたちの国際秩序**が成立していた。これを**冊封体制**という。中国では
この伝統的な冊封体制があたりまえだったから、イギリスにもそういう関
係をもとめた。

　でも、ヨーロッパ諸国では17世紀ごろから、**主権国家体制**が成立して
いて、これが伝統的な冊封体制とはまったく相いれない体制だったんだ。
主権国家体制とは、**主権**（外国からの介入をうけない権利）**をもった国どうしが、国
際法のルールにもとづいて対等な外交関係をつくる国際体制**のことだ。

　だから、アヘン戦争以後、欧米諸国が中国に領事や公使をおくことがで
きるようにしたことは、以前のような上下関係ではなく対等な主権国家ど
うしの外交関係をもとめたということなんだ。清はアロー戦争後、しかた
なく総理衙門（各国総理事務衙門）という、ヨーロッパ諸国との外交関係を担
当する部署を設置することにした。

　ここでちょっと考えてほしいんだけど、**これで清が冊封体制から主権国
家体制に転換したといえるだろうか？**　もちろん、そうではなかった。清
が主権国家体制のルールにしたがったのは欧米諸国との関係だけで、東ア
ジアの朝貢国とは従来どおりの冊封体制を維持したんだ。完全に移行した
わけではないんだね。そのためその後、主権国家体制に転換した日本との
あいだで、琉球や朝鮮をめぐっていろいろな争いが生まれてくることにな
る。

2　開国したことで、日本と世界との関係はどのように変化したのだろうか？

(1) 日本の開国

　清につづいて、江戸幕府の日本が開国することになる。このあたりは小学校の社会科からずっとあつかっているから、経緯は理解してるよね。いつ、だれが、どこで、何をして日本は開国したか説明してみよう。

　1853年に、アメリカからペリー提督が浦賀沖にやってきて、開国を要求し、1854年に**日米和親条約**をむすんだ。ここからさらにほりさげていこう。ここではポンポンと問いと回答を書いていくけど、本当は自分で教科書を読みこんで、探究していくんだよ。

　なぜイギリスやロシアではなく、アメリカが日本に来たのか？──ヨーロッパでは1853年からクリミア戦争という国際戦争をやっていて、ロシア・イギリス・フランスといったおもだったヨーロッパ諸国が参加していた。アメリカはそれに無関係だったから、日本に先にアプローチすることができたんだ。

　なぜ1853年なのか？──ヨーロッパ諸国がクリミア戦争をやっている時期が進出の好機だったから、というのもあるけど、他にも理由がある。前に見たように、アメリカでは西部へのフロンティア拡大がすすんでいたけど、1848年にカリフォルニアを獲得して、西海岸、つまり太平洋にゆきついた。そこから東アジアに進出することになるから、この時期になったんだね。

　なぜアメリカは日本に開国をもとめたのか？　これはしっかり資料を読んでみよう。アヘン戦争のときと同じように、結果としての日米和親条約の内容から、アメリカの目的を考えるんだ。

第2条　伊豆の下田、松前の箱館（函館）の両港は、アメリカ船が薪水・食料・石炭など欠乏している品を日本で調達するためにかぎって渡来することを、日本政府は許可する。

第3条　アメリカ船が日本沿岸に漂着したときは救助し、漂流民を下田または箱館に護送し、アメリカ人が受け取れるようにする。

第9条　日本政府は、現在アメリカ人に許可していないことを他の外国人に許可するときは、アメリカ人にも同様に許可する。

第11条　両国政府は、やむをえない場合には、合衆国の領事を下田に駐留させることがある。もっともそれは条約調印から18か月後でなくてはならない。

　下田と函館の2港を開港するようにもとめているけど、もとめているのは「薪水・食料・石炭」の調達と漂流民の救助だ。じつはこれは、幕府が1842年にさだめた**薪水給与令**ですでにみとめていることだった。それから第9条は、清のときにもあった一方的な最恵国待遇だから、これは不平等な条項だ。第11条は下田への領事の設置で、まだ慎重な感じだけど、日本を主権国家体制に組みこもうとしていることがわかる。

　つまりアメリカのおもな目的は、アメリカ船のための補給ということになる。**イギリスが清にもとめたような自由貿易ではない**んだね。じつは自由貿易についてはつぎの日米修好通商条約でもとめることになるんだけど、ペリーの段階ではそうではなかったということだ。では、**なぜアメリカは日本での補給を必要としたんだろうか？**

　アメリカの目的をはっきりと記す文書がある。それはペリーが幕府にわたした大統領の国書だ。

資料4-3 ペリー艦隊が持参したアメリカ大統領の国書（1853年）

　　私が皇帝陛下に納得していただけるようペリー提督に命じましたのは
……合衆国と日本が友好にくらし、相互に通商をおこなうことを皇帝陛
下に提案する以外の何らの目的ももっていないということです。……

　　私は、もうひとつのことを皇帝陛下へ言及するようペリー提督に命じ
ました。多くのわが国の船舶が毎年カリフォルニアから中国へかよい、
そしてまた多数のわが国民が日本の沿岸で捕鯨業に従事しています。……
かかる全ての場合に、われわれが艦船を派遣して連れ戻すまで、わが不
幸な国民が親切に待遇され、そしてその財産が保護されるべきであると
われわれは要望し、かつ期待しています。……

　　これらのこと、すなわち、友好関係、通商、石炭および糧食の補給、
そして難破したわが国民の保護こそ、皇帝陛下の名高い江戸の都市を
訪問すべく、私が強力な艦隊とともにペリー提督を派遣した唯一の目的
なのです。

「皇帝陛下」というのは、国書をわたす相手だから江戸の将軍のことだ
ね。本当は皇帝じゃないんだけど、アメリカには、そこまで正確な情報は
まだなかった。2段落目にペリーを派遣した事情が書いてある。これによ
ると、「カリフォルニアから中国へ」かよう船があるから、そのための補給
が必要だったことがわかる。なぜ、アメリカの船は中国にむかったんだろ
うか？

　ここで、すでに学習した知識をむすびつけて考えよう。アヘン戦争のあ
と、中国はアメリカとも条約をむすんでいたね。それはイギリスと同じよ
うに、中国と自由に貿易するためのものだ。だから**太平洋を横断して中国
に行く途中で補給が必要になったときのために、日本を補給拠点として確
保しておきたかった**、ということになるね。

　もうひとつ書いてあるのが、捕鯨船のための補給や保護をもとめるもの

だ。いくつかの教科書には、このころ北太平洋の捕鯨がさかんだったと書いてある。欧米諸国はクジラの油を資源として重宝していて、広大な太平洋にのりだしていたんだ。そのための補給基地として、北太平洋沿岸の日本に目をつけたんだね。

（2）日米修好通商条約による変化

　大統領の親書には、実際の日米和親条約にはもりこまれなかった要求があることに気がついただろうか？　資料4-2と4-3を見比べてみてごらん。条約には何がたりないかな？──そう、「通商」つまり貿易関係だね。

　こんなふうに、**もともとの目的と実際の結果を比較して、何が実現できて、何ができなかったのかを分析すること**は、歴史の探究にとってとても重要だ。

　補給と遭難者救助だけなら、もともと薪水給与令を出していたんだし、幕府にも大した抵抗はなかった。でも貿易をひらくとなると、「鎖国」をやぶる大変革だから、抵抗が大きかったんだね。ペリーも、へたに幕府を刺激したくなかったから、この段階では貿易関係をひらくことはあきらめた。

　でも、つぎの**日米修好通商条約では自由貿易を受け入れ、日本は世界市場に組みこまれることになった**んだよね。これによって、日本と世界との関係はどのように変化したんだろうか？　例によって、まずは条約を見てみよう。

資料4-4　**日米修好通商条約より**（一部要約、1858年）

第1条　今後、日本の大君（将軍）とアメリカ合衆国は親交をむすぶべし。
　　　　日本政府はワシントンに居留する公使を任命し……合衆国の大
　　　　統領は江戸に居留する公使を任命する。……

第3条　下田・函館港のほか、神奈川と長崎、新潟、兵庫を開港する。

神奈川開港の6か月後に下田は閉鎖する。……日米双方の国民は、品物を売買することはすべていっさいさしつかえない。日本の役人は売買や支払いに干渉しない。

第4条　日本に輸入、日本から輸出する品物については、別に定めたとおりに日本の役所に関税をおさめる。アヘンの輸入は厳禁する。……

第6条　（日本で）日本人に対して罪を犯したアメリカ人は、アメリカ領事裁判所において取り調べのうえ、アメリカの法律によって処罰する。（日本で）アメリカ人に対して罪を犯した日本人は、日本の役人が取り調べのうえ、日本の法律によって処罰する。……

　第1条はわかるね。日米両国の首都に公使をおく。つまり日米間に近代的な外交関係を樹立し、日本を主権国家体制に組みこむものだ。

　第3条と第4条は自由貿易をさだめたものだ。貿易港もかなり増やしている。アメリカはついに要求をとおしたんだね。貿易の際に関税をおさめることになっているけど、中国と同じで、外国との協定で関税をさだめるもので、関税自主権がない。ここまでは清とだいたい一緒だ。

　アヘンの輸入が禁止されているのは、清とはちがうね。**なぜわざわざ、アヘン輸入禁止の条項をもうけたんだろうか？**　想像してみるとわかるよね。そう、アヘン戦争があって、その後も中国でアヘンの輸入が拡大して大変な被害をもたらしているからだ。そういった事態が日本でおこることは避けたいと、幕府は考えたんだろう。

　第6条はわかるかな？　中学でならったと思うんだけど、**領事裁判権**だね。治外法権ともいう。日本でおきたアメリカ人の犯罪を日本人が裁くことができないというのは、いまの沖縄の米軍基地の問題なんかを考えると、とても理不尽だ。なぜアメリカは対等な主権国家どうしの関係で、こんな不平等な条項をみとめさせたんだろうか？

　これは教科書には書いてないんだけど、**まだ身分制社会の日本と市民社**

会のアメリカとでは、**犯罪に対する処罰の基準があまりにもちがいすぎるから**だ。いままで学んだ近代化の内容をふまえれば、理解できるね。たとえば身分のちがいを知らずに武士に無礼をはたらいたアメリカ人が一方的に処罰されるのは、市民社会で近代的な刑法があるアメリカではありえないということだね。だから明治政府は、近代的な法律をととのえたあとに、条約改正をすすめようとしたんだ。

　このあと、日本はアメリカだけでなく、オランダ・ロシア・イギリス・フランスとも同じ内容の条約をむすぶ（安政五カ国条約）。日本はこれで本格的に、世界市場と主権国家体制に組みこまれることになった。

（3）開国による日本の経済や社会の変化

　日本の歴史にとって開国にはどのような意味があったんだろうか。それまで長崎などで外国との貿易や交流を制限・管理していたのが、自由に貿易ができるようになって、外国人も許可があればきめられた範囲なら自由に出入りできるようになった。横浜や神戸に外国人がたくさんやってきて、人々が見たこともない文化をもちこんでくる。これだけでも大変な変化だ。

　でも歴史総合では、近代化という大きな文脈で考えることが大事だ。**国際経済が近代化するというのは、世界中が世界市場に組みこまれるということだ。**それによって日本経済はどのような変化をすることになったのか？清のときと同じように、貿易についてのグラフを見てみよう。これは1859年から1867年、つまり日本が外国との自由貿易をはじめてから江戸幕府がたおれるまでの、日本の貿易額の推移をしめしたものだ。

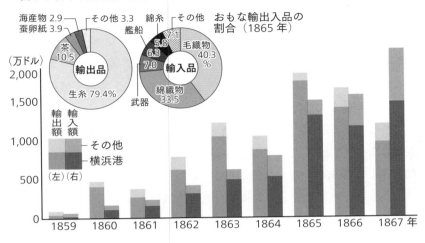

● 図4-4：日本の貿易額の推移

欧米諸国は、日本との貿易で何をいちばんほしがったんだろうか？　第1章で見たし（P41）、この輸出品の円グラフからも読みとれるね。圧倒的に生糸だ。棒グラフを見ると、貿易量はどんどん増えているのがわかる。では、輸出と輸入のどちらが多いだろうか。1867年以外は輸出のほうが多い、つまり貿易黒字だ。うきしずみはあるけど、1865年まで輸出額ののびはすごいものがあるね。

　では、このように**急速に輸出が増えていくと、国内の物価はどう変化するだろうか？**　まず、これまで輸出はほとんどなかったんだから、外国に売るぶん国内で売る商品は少なくなる。商品が手にはいりにくくなると、物価はどうなる？──そう、上がるよね。着物を買いたくても、商品が少ないうえに高くて手がでないという事態になる。着物だけでなく、他にも輸出しているからモノがどんどん高くなる。それに連動して、全体的な物価も高くなるんだ。

　これによって社会はどう変化しただろうか？　物価が上がると、生産者にとってはいいかもしれない。生産すればするほど高く売れるんだから。でも一般庶民はたまったものじゃない。ほかにも外国との金銀交換レートのちがいから金が国外に流出して金融が混乱したり、コレラが大流行したり

した。庶民の生活が圧迫されて、幕府への不満がひろがっていく。

　それから外国人への嫌悪感情もひろがる。どうしてこんなに急に生活が苦しくなったんだろう、外国人がやってきたころからおかしくなった、おれたちの生活が苦しいのは外国人のせいだ、幕府は外国人とつながっている、天皇の権威をかりて抵抗しよう——こんなふうにして尊王攘夷の思想が世論の支持をえていく。

　こうして見ると、**開国によって世界市場に組みこまれ、外国人との交流がはじまったことで**、**日本の経済や社会は混乱し、そこから生まれた対立軸を中心に幕末の動乱が展開した**ことがわかるね。尊王攘夷や討幕運動には、もっと複雑な背景や具体的な歴史的展開がもちろんあるんだけど、歴史総合では、世界とのつながりのなかで日本がどのように変化したのかをとらえることが大切だ。

3　現代的視点から考える——近代以降の日本・中国・朝鮮は、どのような関係からスタートしたのだろうか？

　さて、現代的視点なんだけど、今回のテーマそのものが、現代に生きる私たちにとって重要な問題でもある。それは**隣国である中国や韓国との関係**だ。

　いま、日本と中国、韓国との関係はどうなっているだろうか？　なんだかギスギスしているね。それは植民地支配や戦争の歴史、そして領土など、歴史的な問題がからんでいることが多いということはわかるね。これらの現在につながる日中韓の関係のおおもとは、近代以降の歴史にある。だからこれを学ぶ意義は大きい。

　歴史総合では現在につながる日中韓の関係史を追うことができるから、この本でもこれを現代的視点としてとりあげよう。日中韓はどのような関係からスタートしたんだろうか？

（1）日清修好条規

　すでに見たように、清は欧米とのあいだでは、主権国家体制の外交関係を受け入れたけど、朝貢国との冊封体制はそのまま変えなかった。たとえば清は、朝鮮王朝、琉球王国、そしてベトナムやタイ（シャム）などの朝貢国を、自分たちの属国だと見なしていた。

　いっぽう日本は、欧米がもとめた主権国家体制を全面的に受け入れた。つまり、清や朝鮮といった東アジア諸国とも条約をむすんで、近代的な外交関係をつくろうとしたんだ。1868年に発足した明治政府は、1871年、さっそく清とのあいだに**日清修好条規**という条約をむすぶ。どのような内容だったのか、少し条文を見てみよう。

資料4-5 **日清修好条規より**（1871年）

第1条　こののち大日本国と大清国はいよいよ友好関係を敦くし、天地とともに窮まりなかるべし。また両国に属したる邦土も、おのおのが礼をもって相待ち、いささかも侵越することなく、永久安全を得せしむべし。

　とにかく両国が対等な関係で、友好関係をむすぶことが言われているね。この条約は、日本と清とのあいだの対等な主権国家間の外交関係をさだめたものだということになる。では、**日清修好条規は、日本と清との関係をどのように変えたんだろうか？**

　日本はもともと清の冊封体制に入っていなかった。でもべつに清の伝統的な国際秩序に文句をつけるつもりもなかった。だから清は、日本とのあいだに条約をむすんだからといって、これまでの関係を変えるつもりはなかった。

　ところが、明治政府は主権国家体制のルールをおしすすめ、清と対立し

てしまう。それは琉球（沖縄）の問題だ。前に見たように、明治政府は琉球王国をほろぼして沖縄県として日本の国内に編入した。つまり、旧琉球王国までは日本の領土であり、沖縄の民は日本国民だと宣言したんだ。

　江戸時代、琉球王国は独立国だったけど、清に朝貢して属国になっていたし、日本の薩摩藩の支配も受けていた。これを「両属関係」というけれど、私たちから見ると、ずいぶんとあいまいな関係だよね。でもこれで200年以上、平和な時代がつづいていたんだ。ところが明治政府は、1872年に一方的に「琉球藩」を設置した。当然、清は日本に反発することになった。

　なぜ明治政府は、清の反発がおこることはわかりきっているにもかかわらず、それまで安定していた両属関係を解消して、沖縄を日本の領土にしたんだろうか？　このことを理解するためには、「**主権国家**」という概念を理解しなくちゃいけない。国際関係としての主権国家体制はもう説明したね。では、そのおおもとの主権国家とは何か。

　主権国家というのはヨーロッパで生まれた国家のあり方で、「**明確な国境で区切られた領土**」、「**その領土に住む国民**」、「**外国によって侵害されない決定権＝主権**」の三つの要素がすべてそなわった国家のことだ。

　開国してから主権国家体制に組みこまれた日本は、主権国家としてのこれらの要素を急いでととのえなければいけなかった。たとえば国境がはっきりしていなければ、外国から簡単に侵略されてしまう。

　だから北は北海道の択捉島までが日本の領土だととりきめ、アイヌは日本国民になった。そして南は、薩摩に従属する琉球王国までを領土だと決めて、琉球人は日本人になった。第3章で見たように、琉球人やアイヌをいそいで国民化したのも、この流れのなかにあったんだ。こうなると、「清の属国でもある」などというあいまいな関係はゆるされないんだ。

　1871年に、琉球の宮古島の島民が台湾に漂着して現地住民に殺されるという事件がおきた。台湾は清の領土で犯人は中国人、そして被害者は日本国民ということになるから、日本は外交ルートをつうじて清を非難し、なんと台湾に出兵した。清はびっくりして、しぶしぶ賠償金を支払った。

これを受けて、日本は1879年に沖縄県を設置した。

　**この琉球漂流民殺害事件と台湾出兵の経緯は、日本と清との関係にと
ってどんな意味があるだろうか?**　それは日本が主権国家として領土と国
民の範囲をさだめて、それを主権国家体制のルール、つまり外交と軍事力
をつうじて清にみとめさせたということだ。

　日本は主権国家体制のルールをつかいこなしはじめた。清はそんな日本
の変貌ぶりにとまどっていた。

(2) 日朝修好条規

　さらに日本は、おなじく清の属国だった朝鮮王朝とも、1876年に**日朝
修好条規**をむすんだ。最終的に日本は、朝鮮を植民地にしてしまうんだけ
ど、日朝関係の最初の段階であるこの条約では何をしようとしていたんだ
ろうか?　条文を読んでみよう。

資料4-6 日朝修好条規より（現代語訳・要約、1876年）

第1款（かん）　朝鮮国は自立した国で、日本と平等の権利をもつ。

第8款　以後日本国政府より朝鮮国指定の各港に、適切な時期に日本
　　　　の商人を管理する官（領事）を設置する。

第10款　朝鮮の貿易港で、日本人が朝鮮人に対して罪をおかした場合、
　　　　日本の官員が裁く。同じく、朝鮮人が日本人に対して罪をお
　　　　かした場合、朝鮮人の官員が裁く。それぞれ自国の法律で公
　　　　平に裁判をおこなう。

　まず、この条約の目的を考えてみよう。これまでに何度も見てきたパタ
ーンだから、すぐわかるね。第1款からは、日清間と同じく主権国家体制
をきずこうとしていること、第8款からは、朝鮮の港を開港してそこに領

事をおいて、世界市場に組みこもうとしていること、第10款は領事裁判権だから、日米間のような不平等条項をもうけたことがわかる。

　でももうひとつ重要な意味がある。**日朝修好条規は、日本と清とのあいだにどのような問題を引きおこしたんだろうか？**　琉球のケースをあてはめれば、この問いの意味がわかるはずだ。

　カギになるのは、第1款の「朝鮮国は自立した国」というところだ。自立しているというのは、清からも自立しているということ。つまり朝鮮は清の属国であるという冊封体制にゆさぶりをかけたんだ。

　日朝修好条規がむすばれる直前に、日本政府は森有礼を特命全権公使として清に派遣して、朝鮮との関係について話し合いをした。清の代表はこれからもたびたび登場する清の近代化の指導者、李鴻章だ。次の資料は、このときの森と李鴻章とのやりとりだ。いままでの学習内容をふまえて、このやりとりから李鴻章のとまどいを読みとってごらん。

資料4-7　**朝鮮をめぐる森有礼と李鴻章との会談より**（1876年）

森有礼「各国はみな、朝鮮は朝貢をして冊封を受けているだけで、中国が税金を徴収しているわけでも、その政治を管轄しているわけでもないので、属国とは思えないと言っております。」

李鴻章「朝鮮が数千年来中国に属していること、だれも知らない者はおりますまい。和約（日清修好条規のこと）にいう「属したる邦土」の文言のうち、「土」という字は中国の各省をさします。これは内地……であり、税金を徴収し、政治を管轄します。「邦」という字は朝鮮などの国をさします。こちらは……外国であり、徴税や政治はその国に任せてきました。」

　森は、「朝鮮はどう見ても清の領土じゃないだろう」と主張し、李鴻章は、「朝鮮が清の属国なのは大昔からの常識じゃないか、それに日清修好

条規の「邦土」には属国もふくまれているはずだ」と反論しているね。日本側では解釈がちがっていて、「邦土」は文字どおり主権国家の領土のことだと考えているんだ。

日本側が主権国家体制のルールを清の冊封体制にある朝鮮にあてはめたことで、清が反発しているという構図が、はっきり読みとれるね。欧米が東アジアにおしつけたルールを、日本は全面的に受け入れて、中国は部分的にしか変えようとしなかった。その結果、国際関係のルールどうしがぶつかりあってしまい、日本と清との対立に発展してしまうんだ。

アヘン戦争やペリー来航の衝撃は、欧米と東アジア諸国の関係を変えただけじゃない。東アジア諸国どうしの関係も変えてしまった。このすれちがいだらけのスタート地点を理解したうえで、このあとの日中韓の関係も考えていこう。

チャレンジ！　　教科書をつかって、つぎの問いも深めてみよう！

1. 開港・開国する以前の清と江戸幕府は、貿易を拡大することなく、どうやって人口の増大や経済の安定をなしとげていたのだろうか？

2. 欧米諸国が自由貿易をもとめて条約をむすんだとき、その条約はなぜ不平等条約になったのだろうか？　また、不平等になった原因から、どうすればその不平等な状態から脱することができるか考えなさい。

3. なぜヨーロッパで主権国家体制が成立したのだろうか？　主権国家体制で平和は実現できたのだろうか？

第5章

アジア諸国の近代化 ——立憲制

> **メインの問い**
>
> アジア諸国は、
> なぜ憲法を制定しようとしたのだろうか?
>
> ---
>
> **概念**
>
> 近代化改革　立憲制

1　アジア諸国は、なぜ近代化する必要があったのだろうか?

　これまで、ヨーロッパ諸国が工業化（産業革命）・市民革命・国民国家化という近代化をすすめていき、日本もまたそれをマネして近代化していったということを見てきたね。**日本はどうしてヨーロッパのマネをして近代化しようとしたんだろうか?**　中学校で習った内容から考えてごらん。

　「強い欧米に対抗するため」——そうだね。ペリーが来て以降、日本は開国させられて欧米の強さと豊かさに圧倒されっぱなしだった。でも、どうして黒船が来ただけで欧米は強いってわかったんだろうか?

　「蒸気船がすごい技術だったから」——そういう技術力の差を痛感したというのもあるだろうね。でももっと直接的に、欧米の軍事的な強さを思い知らされるような事件が、そのころ日本の近くであったんじゃない?

　「アヘン戦争で清が負けた」——そう、江戸幕府はそのことを知っていたよね。幕府は、清が負けるほどの軍事力を持つ欧米諸国と無謀な戦争

をして不平等条約をむすばされるよりも、開国をして平和な関係をつくったほうがいいと考えたんだ。

そして幕末の動乱のなかで、日本が欧米の強さを実感する出来事がいくつかあった。薩英戦争のような地域的な衝突とか、欧米からの武器の輸入とか。**近代化した欧米には勝てない。ならば自分たちも体制を変えて近代化しなければならない**。そうやって日本は、明治維新という**近代化改革**を徹底的におしすすめていったんだね。

この近代化改革というのは、国家制度としてはどんなかたちをめざしていったんだろうか？　日本だとどうかな？　1889年に大日本帝国憲法を発布して、**立憲制**の国家になったよね。これも欧米の制度を模倣したんだね。

これと同じようなパターンで、いくつかのアジア諸国が近代化改革をおこなった。オスマン帝国、イラン、タイ、中国（清）などだ。これらの諸国は近代化改革によって欧米諸国の軍事的圧力に対抗しようとして、最終的にはいずれも憲法を制定しようというところに向かう。

でも具体的な展開を見ると、各国の歴史はずいぶんちがうんだ。結論を言ってしまうと、オスマン帝国は憲法を制定したけどすぐに停止してしまうし、清は憲法の大枠をしめしただけで、まもなく滅亡してしまった。アジア諸国では、憲法をめぐる歴史にちがいが生まれた。それはなぜだろうか？

アジア諸国は、どのような近代化改革をしようとしたんだろうか？　アジア諸国は、なぜ立憲制をめざしたんだろうか？　なぜいくつかの国は、立憲制の確立に失敗したんだろうか？——こうしたさまざまな問いから、アジア諸国の激動の時代を見ていこう。

とりあげるのは、日本、オスマン帝国、清だ。なぜ日本を最初にやるのかというと、前章までに工業化や国民国家建設といった近代化改革について学んでいて、そのつづきから説明できるからだよ。それに、今回のトピックの立憲制について、歴史総合でいちばんくわしい説明があるのは日本なんだ。立憲制とは何なのか、なじみのある日本の事例で歴史的に理解してから、他のアジア諸国について考えていこう。

2 日本はなぜ立憲君主制を採用したのだろうか?

(1) 岩倉使節団がみた世界

　日本の近代化改革はどんな経緯をたどり、どんな特徴があったんだろうか?　明治政府は発足直後の1871年に、岩倉具視を大使とする使節団を欧米に派遣した。このなかには、大久保利通とか木戸孝允、それに伊藤博文といった明治政府の主要メンバーがかなり入っていた。

　目的は条約改正だったんだけど、ぜんぜん相手にされなかった。この岩倉使節団はまず近代化したアメリカ、そしてヨーロッパを直接見てきて、その後の日本の近代化の方向性を決定づけたと教科書に書いてある。では、**その近代化の方向性とはどのようなものだったんだろうか?**　岩倉使節団の資料をいくつか見てみよう。

資料5-1 **ビスマルクのスピーチを聞いた使節団の記録**（『米欧回覧実記』より）

　「『万国公法（国際法）』は、列国の権利を保全するための原則的取り決めではあるけれども、大国が利益を追求するにさいして、自分に利益があれば国際法をきちんと守るものの、もし国際法を守ることが自国にとって不利だとなれば、たちまち軍事力にものを言わせるのであって、国際法をつねに守ることなどありえない。……」

　この（ビスマルクの）スピーチは、たいへん意義深く、……よくよく味わうべき言葉だったというべきであろう。

　ビスマルクの言葉はすごいね。国際法は国益しだいでは守る必要などないと言っている。条約をむすんで主権国家体制にはいった日本にとって、条約だけでは日本を守れない、軍事力の強化が必要だと思っただろうね。じっさい、帰国後の岩倉具視はこんなことを言っている。

帰国後の岩倉具視の意見書（1873年）

　欧米視察の体験によって……実効実力（富国強兵のこと）がなければ国権を回復することは難しいことがわかった。……したがって、今後の国家目標は急いで結果をもとめることではなく、民力を厚くすることによって実効をたて、その実力をもって国権を回復することでなければならない。

　富国強兵によって日本を強国化することが重要だと言っている。どうやって？　──「民力を厚くすることによって」。**「民力を厚くする」とはどういう意味だと思う？**　いままでの学びとむすびつけて考えてみよう。

　それは国民の力をもっと国のために動員すること、つまり国民国家をしっかり強化するということじゃないかな？　じっさい、このころ西郷隆盛などのいわゆる留守政府は、地租改正、学制、徴兵令といった国民をつくるための改革をどんどんすすめていた。

　これにくわえて、欧米で条約改正交渉にあたった使節団は、近代国家とみとめられるために法律をいそいで整備することにしたり、工業化を政策として強力におしすすめた。そのためにお雇い外国人をたくさん雇ったりした。

（2）なぜ日本は立憲制を採用したのか？

　そして何より、大日本帝国憲法を制定し、立憲制へのあゆみを強めたことが重要だ。ここで立憲制の概念を理解しておこう。立憲制とは、憲法にもとづいて統治される政治体制のことだ。じゃあその憲法というのは、何のために必要だったっけ？

　フランス革命のことを思いだしてみよう。フランスでは絶対王政があって、これをくつがえして立憲君主制になった。これは憲法によって国王の

権力を制限するためのものだ。つまり、**君主の権力をどのように制限し、そのうえでどのように統治するのかをさだめる**のが、憲法なんだ。

　日本もフランス革命のこの段階とおなじく、立憲君主制になるんだね。つまり、天皇という君主は存在するけれども、その権力は憲法によって制限される。このように、**わざわざ君主の権力を制限して国民の発言力を高めるような立憲制を、なぜ日本は採用したんだろうか?**

　帝国書院の教科書のコラムには、岩倉使節団に参加した木戸孝允と大久保利通が、帰国後に憲法制定をめざしたことが書かれている。

木戸と大久保が目指した憲法

　岩倉使節団の副使であった木戸孝允と大久保利通は、帰国後、ともに憲法の制定をとなえた意見書を作成している。木戸は、憲法で天皇の独裁を認め、そこから徐々に国民の開化をうながして、やがて天皇と国民がともに国をおさめるべきと説いた。他方で大久保は、より日本の伝統に即して天皇と国民両方の権力を規定する君民共治の憲法をとなえた。ふたりのあいだには、どのような憲法を最初につくるかという点ではちがいもあるが、その目指す方針は「国民の政治参加を認めていく」ということで一致していた。

（帝国書院『明解歴史総合』72頁）

　帰国した木戸と大久保は、**憲法を制定することで国民を政治に参加させる**ことをめざした。これはさっきの岩倉の言うところの「民力を厚くする」とつながっているね。天皇の権力をどうするのかという問題については、ふたりの意見はわれていた。

　木戸と大久保は、憲法が制定される前に死んでしまった。ふたりのあとをついで明治憲法の制定に尽力したのが、同じく岩倉使節団にいた伊藤博文だ。伊藤は、板垣退助らが民撰議院設立の建白書を出して自由民権運動がもりあがるなか、政府の主導で憲法をつくろうとした。そしてヨーロ

ッパにわたって、とくにドイツで憲法のことを勉強した。その伊藤が憲法
発布後にした演説を見てみよう。

第 Ⅰ 部

資料5-3 **伊藤博文の演説**（1889年2月27日）

> 　人民を無知で愚かな状態にしておいては国力を増進するうえで妨げに
> なるので、知識と道徳を向上させなければなりません。……そうします
> と、人民も自分の国がどういうものか、自分の政治がどういうものか、他
> 国の政治がどういうものか……ということを知るようになってくるので、
> その人民の状態にふさわしい支配（政治）を行わなければなりません。……
> 統治者たるべき者は主権者、すなわち君主であります。その君主の働き
> はどういうものかというと、その権力は政府の各機関を通して働かなけ
> ればなりません。そうであるならば、その組織構造によって権力の発動
> と運用を規制するのが、憲法というものの優れたところでありましょう。

　国力を強めるためには国民が知識をもたなければならない。だから教育
をする。その結果、国民は政治について理解するから、それにふさわしい
政治が必要だと。やはり、「民力」＝立憲制という考え方がうかがえるね。
これらのことから、**富国強兵のためには国民全体の力が発揮されなくちゃ
いけない、そのために憲法が必要なんだという論理**がみちびきだせる。

　でも、伊藤は国民に権力をあたえよと言っているだろうか？　そうでは
ないよね。主権は天皇にある、そしてその天皇の「権力の発動と運用」を
政府の諸機関が規制するのが憲法なんだと言っている。天皇と国民に同
じような権力をあたえようと言った大久保とは、ずいぶんちがうね。

（3）大日本帝国憲法における立憲制の特徴

　ではいよいよ、1889年に発布された**大日本帝国憲法**を見ていこう。憲

法の条文なんて、何を見ればいいのかちょっとわかりにくいよね。でも立憲制について理解していれば、考え方は簡単だ。憲法は君主、つまり天皇の権力を規定し、制限するものなんだ。だからここでの問いはこうだ。大日本帝国憲法では、**天皇の権力はどういうもので、それをどう制限しようとしたんだろうか？**

資料5-4 大日本帝国憲法（1889年2月発布）

第1条　大日本帝国は万世一系の天皇之を統治す

第3条　天皇は神聖にして侵すべからず

第4条　天皇は国の元首にして統治権を総攬し此の憲法の条規に依り之を行ふ

第5条　天皇は帝国議会の協賛を以て立法権を行ふ

第8条　天皇は公共の安全を保持し又は其の災厄を避くる為緊急の必要に由り帝国議会閉会の場合に於て法律に代るべき勅令を発す……

第11条　天皇は陸海軍を統帥す

第29条　日本臣民は法律の範囲内に於て言論著作印行集会及結社の自由を有す

第33条　帝国議会は貴族院衆議院の両院を以て成立す

第37条　凡て法律は帝国議会の協賛を経るを要す

第55条　国務各大臣は天皇を輔弼し其の責に任ず……

第64条　国家の歳出歳入は毎年予算を以て帝国議会の協賛を経べし……

　というわけで、天皇の権力について書いてあることを、順番にあげていこう。「万世一系の天皇」が統治者で、神聖で、元首で統治権をぜんぶ持っていて、立法権を行使し、緊急のときには勅令を発して、陸海軍を統帥

する権限がある。すごいね。もう天皇がぜんぶの権力を持っている。これを**天皇大権**というんだ。だから日本は天皇主権の国家なんだと。

でも、天皇は制限のない権力者なんだろうか？　たとえばある教科書にはこんな問いがのっている。「**ヨーロッパで憲法調査をおこなった伊藤博文は第4条が重要であるとしたが、それはなぜだろうか?**」　どう思う？

第4条には、「憲法の条規に依りて」統治するとある。つまり憲法の規定によって天皇の権力は制限されるということだ。前の資料5-3を読みなおすと、伊藤の意図がはっきりわかるよね。じゃあ憲法の規定では、どういうふうに制限されている？　第5条は立法権だけど、何か条件がついていないかな？　——そう、「帝国議会の協賛を以て」だね。第8条の緊急勅令は？　——「帝国議会閉会の場合に於て」。うん、つまり開会しているときは議会が法律で対応するんだ。それから第55条には、大臣が天皇を「輔弼」するとある。輔弼というのは天皇の政治をサポートすることだよ。つまり実際に政治をおこなうのは天皇じゃなくて大臣なんだ。

つまり天皇大権といっても、ほとんどの権限は別の機関がとりおこなうことになっているから、天皇が独裁的に権力を行使することができないように規定されているんだ。でもひとつだけ、**憲法の制限のない天皇大権があるね**。第11条、天皇の**統帥権**だ。これも実際には、第55条によって大臣が輔弼することになっているんだから、制限があるはずなんだけど、解釈次第でどうとでもなりそうだよね。これはあとで問題になるから、ちょっとおぼえておいてね。

さて、大久保が重視して伊藤が軽視した、国民の権力はどうだろうか？　私たちにとってもそうだけど、国民は議会をつうじて政治に参加できる。明治憲法では帝国議会のことだね。憲法によれば、帝国議会は立法権、つまり法律をつくる権限をもっていて（第5条、第37条）、国家予算を審議できる（第64条）。とりあえず近代国家の基盤になる議会制民主主義の格好がととのっているようにも見えるね。

でも、**帝国議会の議員は、すべての国民の代表だといえるんだろうか?**
教科書にはさまざまな説明がなされているから、さがしてみよう。たとえ

ば、帝国議会は二院制で、貴族院と衆議院からなる。貴族院というのは文字どおり貴族だけで構成される議会だ。まあ国民の代表ではないよね。身分制議会だ。それから選挙権も直接国税15円以上をおさめる満25歳以上の男性のみ。財産制限選挙かつ男性のみで、その対象は全国民の1.1%だった。

　それに、天皇を輔弼する首相や大臣は、元老という国家の重鎮みたいな政治家が指名して天皇が任命するかたちだった。だからいまの議院内閣制とはぜんぜんちがう。憲法が制定されたばかりのころは、国民の権力はかなり限られていたことがわかるね。

3　オスマン帝国の近代化改革は、 なぜ失敗したのだろうか？

　つぎに**オスマン帝国**の近代化を見ていこう。オスマン帝国については中学歴史でも少し取りあげるから、名前くらいは聞いたことがあると思うんだけど、なにしろ日本とはなじみのうすいイスラームの歴史だから、念のためにどんな国だったのか簡単に説明しておこう。

（1）前史──最盛期のオスマン帝国

　オスマン帝国は現在のトルコのもとになったイスラームの国で、**スルタン**という称号をもつ君主が支配していた。16世紀のスルタン、スレイマン1世の時代に最盛期をむかえて、その繁栄を維持した。そのときの領土を見てみよう。

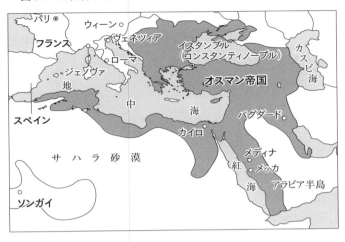

● 図5-1：16世紀のオスマン帝国

　広いねえ。**現代世界の国と比較してみると、最盛期のオスマン帝国のなかにはどれくらいたくさんの国がふくまれると思う？**　教科書の見開きに世界地図があるはずだから、それと比較してあげてみてごらん。

　まずトルコ、イラク、シリア、サウジアラビアといった中東の国がほとんどふくまれるね。もちろんイスラエルも。それからアフリカに目を向けると、エジプト、リビア、チュニジア、アルジェリアといった北アフリカのほとんどすべての領域にわたっている。さらにロシア方面を見ると、カスピ海と黒海のあいだの、ジョージアとかアゼルバイジャンといった国ぐにもそうだし、クリミア半島をふくむウクライナの南部も支配している。

　それから注目すべきは、ヨーロッパ南東部のギリシア、バルカン半島からルーマニア、ハンガリーにかけてを支配していること。1529年には今のオーストリアの首都ウィーンを包囲している。ヨーロッパのキリスト教の国々にとって、オスマン帝国がいかにおそろしい脅威だったかわかるね。

　首都は**イスタンブル**。この街はかつてコンスタンティノープルとよばれ、ビザンツ帝国という、ローマ帝国からつづくキリスト教の国の都だったんだけど、15世紀にオスマン帝国が征服し、みずからの首都にした。オスマン帝国はイスタンブルが国家にとってとても重要な位置にあったから、こ

の地を帝国の首都にしたんだけど、なぜ重要かわかるかな？

　イスタンブルはヨーロッパ側にあるんだけど、小アジアにつき出た半島につくられていて、地中海と黒海をむすぶ海峡のなかにある。**物流・移動という点からみて、イスタンブルにはどんなすぐれたところがあるだろうか？**　そう、黒海や地中海の船の往来を全部管理できるね。じゃあ、陸上の移動はどうだろうか？　ヨーロッパとアジアを移動するときのもっとも重要な結節点になるよね。イスタンブルは、まさにヨーロッパとアジアをむすぶネットワークのもっとも重要なポイントだったんだ。

　こんなふうに、オスマン帝国はアジア・アフリカ・ヨーロッパにまたがる広大な領土をほこり、それらのあらゆる富を集めることのできる抜群の立地から、長く繁栄してきたんだ。

　他にもオスマン帝国が繁栄した要因には、宗教的に寛容だったとか、家柄にこだわらない人材登用とか、ユダヤ商人やアルメニア商人の活躍とか、軍隊や法律の整備など、さまざまなものがあるんだ。教科書や資料集にたくさんのヒントがあるので、自分で探究してみよう。

（2）オスマン帝国の衰退

　ところが19世紀になると、オスマン帝国は近代化したヨーロッパ諸国に圧迫されて、どんどん領土が削られていってしまう。次の地図は、19世紀から20世紀にかけてオスマン帝国の領土がどれくらい削られていったのかをしめしている。「1915年のオスマン帝国領」の部分が、残された領土だ。

● 図5-2：オスマン帝国の領土の減少

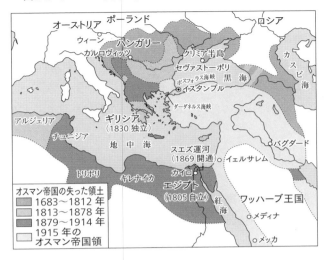

　めっちゃ削られてるね！　いまやオスマン帝国が支配するのは現在の中東諸国だけだ。**なぜこれほどまでに領土が減ってしまったんだろうか？**

　普通に考えたら、オスマン帝国の軍事力がヨーロッパ諸国よりも下になって、戦争に負けたから、ということになるね。実際、17世紀にはオーストリアに負けてハンガリーをうばわれ、18世紀にはロシアに負けてクリミア半島をうばわれている。でもそれだけが、領土の減った原因じゃない。

　エジプトに注目してみよう。地図のなかに、「1805年自立」とある。じつはこの少し前にナポレオンの軍隊がやってきていて、エジプト人はフランス革命の影響を受けたんだ。つまり、エジプトに**ナショナリズム**が生まれて、オスマン帝国からの自立をめざした。

　ほかにも同じような例が地図にないかな？　ギリシアにも「1830年独立」とあるね。ここもヨーロッパの影響を受けてナショナリズムがもりあがり、独立戦争をおこした。オスマン帝国は広大であるだけに、内部に多数の民族がいる。かれらが**ヨーロッパの近代化の影響を受けてナショナリズムにめざめ、オスマン帝国を内部からつきくずしていったんだ。**

（3）オスマン帝国の近代化改革

　こうした衰退を食いとめるために、オスマン帝国はかなりはやくから近代化改革を進めようとした。まず1839年にスルタンが近代化改革をするという勅令を発した。この近代化改革をタンジマートという。改革の内容はどのようなものだったのだろうか？　勅令の資料を見てみよう。

資料5-5 ギュルハネ勅令（1839年）

　今後、朕の至高なる国家にして神に加護された国土のよき統治のためにいくつかの新しい法の制定が必要かつ重要とみられ、その必要な諸法の基本的な諸事項は、生命の保障、名誉と財産の保護、租税の賦課、ならびに必要とされる兵士の徴集方法および服役期間からなる。

　資料から改革の内容をさすと思われる部分を抜き出して、どんな改革だったのか読み取ってみよう。「いくつかの新しい法の制定」というのは改革ぽいけど、法の内容がわからないね。次に法の内容が書いてある。「名誉と財産の保護」というのは、フランス革命と共通するものがないかな？そう、**財産権の不可侵**だね。

　それから税制改革、そして「兵士の徴集」ということから、日本と同じような**徴兵制による近代的な国民軍の創設を目指していることがわかる**。つまり「国民」をつくろうとしたんだ。こうした国民は、もちろん法のもとで平等な権利をもつ。総合すると、経済と軍隊を近代化しようとしたということになる。

（4）ミドハト憲法における立憲制の特徴

　タンジマートのあと、オスマン帝国では憲法制定の機運がもりあがり、

1876年に近代的な憲法が制定された。これは大日本帝国憲法よりも13年もはやい。ミドハト＝パシャという宰相が主導したので、ふつう**ミドハト憲法**という。欧米のような近代化をつきつめていった結果、オスマン帝国はアジアではじめて立憲制を採択することになったんだ。

　ミドハト憲法にはどのような特徴があるだろうか？　さっきの明治憲法で考えたことを同じ基準で読みとってみよう。つまり、**ミドハト憲法においてスルタンの権力はどのようなもので、それをどのように制限しようとしたのだろうか？**

資料5-6 **オスマン帝国憲法（ミドハト憲法）より（1876年）**

第4条　スルタン陛下はカリフ位によりイスラームの守護者であり、全オスマン臣民の元首にしてスルタンである。

第5条　スルタン陛下の御人身は神聖であり、かつ、無答責である。

第7条　……外国との条約締結、宣戦および講和、陸海軍の統帥、軍事行動の指揮、イスラーム法および法律の執行、行政諸部局の事務に関する規則制定の命令……は、スルタンの神聖なる大権に属する。

第8条　オスマン国籍を有する者はすべて、いかなる宗教宗派に属していようとも例外なくオスマン人と称される。オスマン人の資格は、法律の定めるところにより、取得または喪失される。

第9条　すべてオスマン人は個人の自由を有し、他者の自由権を侵さない義務を負う。

第10条　個人の自由はいかなる類の侵害からも保護される。何人も法律の定める理由および手段を用いては、いかなる口実によっても処罰されない。

第11条　オスマン帝国の国教はイスラーム教である。この原則を遵守し、かつ国民の安全と公共良俗をおかさない限り、オスマン帝国領において認められるあらゆる宗教行為の自由、ならび

　君主、つまりスルタンの権限はどのようなものだろうか？　第4・5・7条を見ると、すべての政治的権限はスルタンにあるから、スルタンの専制政治を憲法が保障しているように見える。でも、第42条と第53条では二院制の議会の設置が定められていて、法律をつくって政治をおこなう議会制民主主義の部分も保障されている。この議会はスルタンの絶対的権力をある程度制限することになるね。

　スルタンには、日本やヨーロッパの君主にはない独特の属性があることがわかるだろうか？　第4条を読みといてみよう。「スルタン陛下はカリフ位によりイスラームの守護者」とある。カリフとは、イスラームが誕生したころからあるイスラームの宗教的な最高指導者の称号で、地上において神アッラーを代弁する人間のことだ。カトリックで言えばローマ教皇のようなものだ。つまりスルタンは政治的にも宗教的にも最高権力者であることを、憲法が保障していることになる。第7条で普通の法律とは別にイスラーム法の執行権をさだめているのも、スルタンの宗教的権限についてのべているんだ。

　そうすると、ミドハト憲法にどのような特徴があったのかという問題を考えるためには、イスラームという宗教の要素について考えなければならないということになる。**宗教について、他にどのようなことが言われているだろうか？**

　まず第8条によれば、宗教にかかわらずオスマン帝国の国籍があればオ

スマン人という国民とされている。第9条と第10条では個人の自由権を保障していて、第11条では国教をイスラームとしているけれども、信教の自由も保障している。つまりオスマン帝国の国民は、**宗教に関係なく市民権を持つ個人としてあつかわれる**ということだ。

それからおもしろいのは、**オスマン人**という考え方だ。オスマン帝国の支配民族はトルコ人で、宗教はイスラームだけど、国内にはそれ以外にも多数の民族や宗教をかかえているから、「トルコ人」「イスラーム」を国民の構成要素にしてしまうと、帝国は分裂してしまう。**オスマン帝国の国民を統合するために、どのような共通のアイデンティティが考えられるだろうか？**

それはもうひとつしかないね。「オスマン帝国で生まれ育った人々である」ということだ。だからトルコ人という民族でもイスラームという宗教でもなく、「オスマン人」という国籍にもとづくネーションが創造されたんだ。

このようにミドハト憲法は、日本やヨーロッパと比べてもかなり近代的な国民国家をつくるために整備されていることがわかる。その反面、スルタンの政治的・宗教的権力もはっきりとさだめられていて、前近代的なスルタンと近代的な国民が対立しているね。

結局、**このミドハト憲法はすぐにスルタンによって停止させられてしまった。**スルタンの権力が大きすぎるからそういうことができるし、その権力を制限しようとする議会なんてスルタンにとっては邪魔だったんだね。

ミドハト憲法は1908年に革命がおこるまでお蔵入りとなる。その間、近代化も中途半端になってしまい、諸民族の独立運動はやまず、ヨーロッパ列強は経済的にも軍事的にも圧迫を強め、「瀕死の病人」とまで呼ばれるほど衰退した。オスマン帝国の近代化は失敗したと言っていいだろう。

4 なぜ清の近代化は、
立憲制にゆきつかなかったのだろうか？

（1）洋務運動

　最後に清の近代化について考えよう。清はアヘン戦争にやぶれたあと、太平天国の乱という内乱がおこり、アロー戦争でも敗北した。これを受けて、清でも近代化をすすめるようになった。これを**洋務運動**という。

　洋務運動では、軍隊や学問の近代化をすすめた。それに軍需費用をねん出するために、民間資本を活用して汽船運輸会社や紡織会社をつくり、経済の近代化もすすめていった。**なぜ清は、軍隊や学問の近代化が必要だと考えたんだろうか？**　洋務運動をすすめた中心人物である李鴻章の言葉を見てみよう。

資料 5-7 **李鴻章の同僚あての書簡**（1875年）

　総合的に考えて、西洋の学は中華の学にまさる。どうしてその道をひらいてはいけないのか。もう夷人（西洋人）が内地にはいり北京に駐在しているというのに、まだ夷夏の防（西洋の侵入から中国を防ぐ）などとさわぎたてるなら、さだめし「夷をもちいる」下策によらない攘夷の秘策があるのだろう。……中国は……今後、自強できればなんとか自立できようが、自強できなければ、どうなるか知れたものではない。

　李鴻章は、西洋の学問がすぐれていることをみとめ、「夷をもちいる」つまり西洋の学問を採用しろと主張しているね。何のために西洋の学問が必要だと言っているかな？　──「自強するため」。そう、自強、つまり自分を強くするためだ。だから洋務運動では軍隊の近代化が強力にすすめられたんだ。

一方で、教科書には洋務運動について、ある特徴が書いてある。「彼ら（李鴻章など）の多くは、欧米がすぐれているのは兵器・工場・汽船・電信などの実用的な技術であって、政治制度など統治の本体にかかわるところでは中国のほうがすぐれているとする「中体西用」の考え方をとった」（山川出版社『歴史総合　近代から現代へ』61頁）。

つまり技術や学問で強くなれるものは西洋のものをもちいるけど、制度は変えないということだ。日本と比較するとわかりやすいよ。日本では幕府をこわして新政府をつくり、近代的な法律を整備して内閣を組織し、憲法をつくって議会をひらいたよね。それに形式的には身分制をなくして、平民に教育をほどこして国民国家をつくっていった。でも清はそういう制度的な近代化をほとんどしなかったんだ。

なぜ清は、伝統的な政治制度を変えようとしなかったんだろうか？　この問いはよく教科書にあるんだけど、まあはっきりとした答えがあるわけではない。いままで学んできた内容をもとに、説得力のある解釈を考えてみよう。

ぱっと思いつくのは、変える必要を感じなかったから、というものだ。前章で見たように、清は冊封体制を変えずに、欧米や日本とだけ特別ルールをもうけることにした。これまで何百年もうまくいっていた国際体制を、なぜ変える必要があるのか、本当に理解できなかったんだ。同じように、これまでうまくいっていた政治制度を変える必要はない、と考えるのは自然だね。

ほかにもいろんな理由が考えられる。**政治制度を近代化すると、中国国内でどんなことが起こるだろうか？**　フランスで起きたことを参考にすると、想像しやすいと思うよ。たぶん清の宮廷がぞっとするようなことが起きるだろう。そう、革命だ。中国人の考え方が近代化して革命が起きてはたまらない。だから憲法をつくったり国民を育成したりすることは拒否した、という説も説得的だよね。

（2）変法運動とその失敗

　では、清ではけっきょく憲法を制定しようとしなかったんだろうか？じつはそうじゃない。1895年に日清戦争に負けたあと、清は1898年に**変法運動**という第二の近代化改革をおこなう。戊戌の変法ともいうよ。この改革は、清を立憲君主制にあらためることを目的にしていた。改革を推進した康有為という人物の言葉を見てみよう。

資料5-8　康有為『日本変政考』(1898年)より

　大から小になったのはトルコで、強から弱になったのはペルシアで、存から亡になったのはインド・ビルマ・ベトナム……です。いずれも保守的で変化がなく、君主がひとり威張っていて民と隔絶していた国なのです。亡から存になったのはシャム〔タイのこと〕で、小から大になったのはロシアで、弱から強になったのは日本です。いずれも新しい制度にあらため、君主が民と交流している国です。そのうち効果がもっとも早く、文明がもっとも備わっていて、わが国ともっとも近いのは、まさに日本です。

　康有為は世界のことをすごく広い視野で見てるね。それで、一番評価しているのが日本だ。**康有為は、日本の近代化のどこをもっとも評価しているんだろうか？**「新しい制度にあらため、君主が民と交流している」ところだね。これはつまりどういうこと？　国民が政治に参加していること、君主の独裁制ではなくて立憲君主制を採用したことを評価しているんだ。

　それで康有為は皇帝・光緒帝の支持を得て、改革をすすめていった。ところがこの改革は、わずか100日で終わってしまう。保守派の西太后が改革派を弾圧してしまったんだ。このあと欧米列強の中国進出は、「半植民地化」といわれるほどすすんでしまい、清は第三の近代化改革に着手し、

ついに憲法制定を宣言する。しかし時すでに遅し。辛亥革命がおこって、1912年に清は滅亡してしまった。

なぜ、清は立憲制にたどりつけなかったんだろうか? これまでの経緯から考えると、清の保守派は、西洋の知識や技術は取り入れるけれども、立憲制という制度は採用しないという洋務運動の精神にずっととらわれていたことになるね。ではなぜ、清は制度的な近代化を拒否したのだろう?

いままで勉強した内容を思いだしながら整理してみよう。制度面での近代化改革にはいくつかポイントがある。それは、①市民社会の原則を取り入れること、②国民の政治参加をみとめること、③立憲制により君主の権力を制限すること、といったところだね。それぞれのポイントについて、清にとってどのような問題があったのか、自分で探究してみよう。

チャレンジ! 　教科書をつかって、つぎの問いも深めてみよう!

1. エジプト、イラン(カージャール朝)、タイ(シャム)は、どのように近代化しただろうか? それぞれの近代化は成功だったか失敗だったか、またその原因を考えなさい。

2. 「五箇条の御誓文」は、どのようにして国会開設の出発点になったのだろうか?

3. 自由民権運動は、なぜ士族から農民にいたるまで、はばひろく展開したのだろうか?

4. 朝鮮王朝は、近代化とどう向きあい、どのような帰結にいたったのだろうか?

第6章

世界分割の時代——帝国主義

メインの問い	植民地化が拡大することによって世界はどう変わったのだろうか?
概念	帝国主義　植民地　「文明化」

1　なぜ、ヨーロッパ列強は世界中を支配したのだろうか?

　この章でとりあつかうのは**帝国主義**の時代だ。帝国主義とは、**工業化によって経済成長をとげた軍事的に強大な国家**（列強）**が、アジアやアフリカなど世界の広大な部分を植民地にし、従属させる動き**のことだ。

　みんなは、圧倒的な軍事力を持っている強い国が、そうでない国、つまりわずかな軍事力しか持っていない弱い国にせめこんで、支配してもいいと思う?

　まあ、普通に考えてよくないよね。それだと小国はすぐに滅ぼされてしまうし、何でも大国の思うがままになってしまう。銃を持ったヤクザが街全体を思うがままに支配したらどうなる?　力が強いいじめっ子が先生をもしたがえてクラスを支配したらどんなことになる?　ひとことで言えば無秩序。弱者の人権は無視され、お金はまきあげられ、強者のために無限に奉仕させられる。最悪だね。

でも、この最悪なことが世界的に国家規模でくりひろげられたのが、帝国主義の時代なんだ。ヨーロッパ列強には支配する力があった。アジアやアフリカの諸国には支配をはねかえす力がたりなかった。第4章で見たように、あの清朝の中国ですら、イギリスやフランスにやぶれて屈服した。多くの国々が列強に征服されてしまったのもわかるよね。

（1）「文明化の使命」と人種主義

　たぶんみんなは、ちょっともやもやした気分になっているんじゃないだろうか？　そんな弱肉強食の世界なんていやじゃない？　なぜヨーロッパ人はそんなひどいことを平気でできたんだ？　植民地では、ヨーロッパ人が現地の人を奴隷のように働かせたけど、**なぜ自分たちが支配者で他人を支配できるという傲慢な考えができたんだ？**

　この疑問にこたえるひとつの考え方が、当時あった「**文明化の使命**」というものだ。これは、ヨーロッパ列強は近代化を達成化した＝文明化したので、世界じゅうのまだ文明化していない諸国に文明をつたえる使命がある、という考え方だ。図6-1は、1911年にフランスがモロッコを支配するときに出た雑誌の挿絵だよ。

● 図6-1：『ル・プティ・ジュルナル』1911年11月19日より

この絵には、「フランスはモロッコに文明、富、平和をもたらす」と書いてある。光り輝いている女神の手からはお金がこぼれ落ちている。アフリカの黒人たちはそれを驚きの表情で見つめたり、右下では本を読んでいたりする。この絵からどんなことが読み取れるだろうか？

　この絵を見て何か思いださない？　前にアメリカの西漸運動のときに登場した、「明白な天命」の女神（P79）と似ているね。やはり「文明」は女神で表現されるんだ。あのときは、先住民の土地を開発するのは神様からあたえられた使命だということだったね。今度も同じように考えてみよう。**つまり、アフリカ人を文明化するのは、ヨーロッパ人の崇高な使命なのだ**と言いたいんだね。お金は経済開発によってもたらされる富、本は文明の知恵だ。

　こうやってヨーロッパ人は植民地支配を正しいとする論理を身につけた。この論理をはっきりと表明している欧米人の発言はたくさんあるけど、ある教科書にのっているフランスの首相による1885年の発言を見てみよう。

資料6-1 **フランス国会での首相の演説**（1885年）

　ここで明らかにしたい第2の点は、この（植民地の）問題には人道的で文明論的な側面があるということです。……優等人種は、劣等人種に対して、権利を保持しています。優等人種が権利を保持しているのは、優等人種には義務も課せられているからです。すなわち、劣等人種を文明化するという義務です。

　みんなはこの発言を読んで、どんな言葉が気になった？　「優等人種」とか「劣等人種」とかいう、すごい言葉が出てきたね。ここで言う優等人種って誰のこと？　あきらかに自分たち白人のことだよね。そして劣等人種というのは「文明化」されていない、つまり「野蛮」なアフリカやアジアに住む人々をさすということになる。

それにしても、**人間を「優等」と「劣等」にわけて、自分たちは「優等」に属している**なんて、ずいぶんと差別的だ。こういう考え方を**人種主義（レイシズム）**という。人種主義にはいくつかのパターンがあるけど、この場合はヨーロッパの白人が植民地支配をするときに、支配者である自分たちはすぐれた人種で、支配されている側はおとった人種だと認識している。優劣の基準は「文明化」しているかどうか、ということになるね。

というわけで、ヨーロッパ人には「文明化の使命」があるから、世界中を支配する権利があるし、アジアやアフリカの人々を「文明化」させる義務があるという考え方があった。だから彼らにとって、自分たちが世界を支配するのはあたりまえだったんだね。

（2）帝国主義の利益

こうしてヨーロッパ人は、何の良心の呵責（かしゃく）もなく、世界の支配者になった。でもそれはまあ、建前だよね。本音では、支配者になるといろいろなうまみや利益があるから支配する。じゃあ、どんな利益があったんだろうか？

このことを考えるために、イギリスの政治家セシル・ローズの発言とされるものを見てみよう。ローズは南アフリカの植民地化を推進した典型的な帝国主義者だ。

資料6-2 **ローズの談話**（1895年）

きのう、ロンドンのイーストエンド（労働者地区）に行き、失業者の集会をたずねた。そこで絶叫調の演説をきいた。弁士は「パンをよこせ！」とひっきりなしに叫び声をあげていた。私は帰り道、目の当たりにしたことを胸の内で反芻（はんすう）し、帝国主義が重要だということを以前にもまして確信した……。私の念願は、社会問題を解決することである。つまり、連合王国の住民4000万人が血で血を洗う内戦におちいるのを防ぐこと

である。そのためには、われわれのように植民地政策にたずさわる者は、新たな土地を手に入れなければならない。そうすれば、そこに余剰人口を移すことができる。また、工場や鉱山で生産される商品を売りさばくための新たな販路もみつかる。これは私の持論だが、帝国は胃袋の問題である。もし内戦を望まないのであれば、帝国主義者にならなければならない。

ローズはなぜ、「帝国主義が重要だ」と主張しているんだろうか? まず「新たな土地を手に入れて、余剰人口を移すこと」。イギリスでは貧しい失業者が食料を要求するほど、ふえすぎた人口に食料供給が追いつかなくなっているという問題があったと。もうひとつは「工場や鉱山で生産される商品を売りさばくための新たな販路」を手に入れること。こちらのほうが「利益」という感じがするね。

　イギリスはいちはやく産業革命を実現して、産業を機械化してどんどん商品をつくっていった。イギリス国内だけでは消費しきれないから、海外に売るしかない。ヨーロッパ諸国も工業化しているから、売るなら工業化していない（つまり「文明化」していない）アフリカなどの海外の地域に販売する必要があるのだと。

　そうやってたくさんの工業製品を生産するためには、もちろん原料が必要だ。イギリスだけでは大量の原料をまかなえないから、海外から原料を手に入れる必要がある。それから国内で食料危機が起こっているなら、海外から食料を輸入する必要もある。これらのすべてを、普通の貿易でまかなうこともできたはずだけど、イギリスをはじめヨーロッパ列強は、植民地にすることが市場や原料を独占するためにもっとも効率的だと考えたんだ。

　工業化した経済をさらに発展させるために、販売市場や食料・原料を独占する。これが一番シンプルな帝国主義の利益だ。とりあえずこれだけ理解しておいて、あとは地域や時代ごとに応用して考えていけばいい。

（3）帝国主義の世界

　こうして世界は、工業化して経済的・軍事的強国となったヨーロッパ諸国に分割されていった。教科書にはよく、世界分割の地図がのっている。

● 図6-2：世界の分割（20世紀初頭）

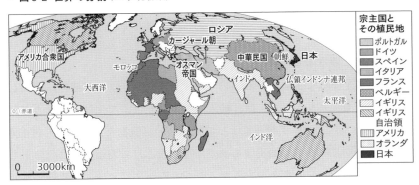

　この地図を見て、うんざりした人もいるんじゃないかな？　これ全部おぼえなくちゃいけないの？　世界のことなんてぜんぜんわからない！　世界史めんどくさすぎる！　ぜったい日本史探究にする！　って思わなかった？　（笑）

　とりあえず安心させておこうと思うんだけど、歴史総合について言えば、世界のどこがどの国の植民地になったかなんて、こまかく全部おぼえる必要は、まったくないよ。

　歴史総合では、**帝国主義によって世界がどう変わったか、植民地化されたことでそれらの地域がどのような影響を受けて、どのような歴史をあゆむことになったのかを理解すること**が大事なんだ。

　そんなふうに帝国主義の意義や影響を考えていくと、どこがどこの植民地だったのかなんて知識は、自然と身についていくものだ。だって知識は考えるためにあるんだから、考えることができれば知識も身につくんだね。

2 イギリスによって植民地化されたインドは、どう変化したのだろうか？

（1）インドの植民地化

　なぜイギリスは、インドを植民地にしようとしたのだろうか？　この問題については以前、第1章のイギリス産業革命のときにグラフを見て考察したんだけど、おぼえているかな？　すっかり忘れてしまったよ！　という人は、P33をみなおしておこう。

　インドはすぐれた手織りの綿織物をイギリスやヨーロッパ諸国に輸出していた。でもイギリスとしては、輸入するよりも自国で生産したほうが利益になるということで、工業化によって機械製の綿織物を大量生産し、1820年代にはついにインドに輸出するまでになったんだったね。

　その結果、インドの産業はどうなっただろうか？　インドの政治家ネルーはのちにこう言っている。

資料6-3 **インドの手工業について**（ネルー『父が子に語る世界歴史』より）

　布生地を主とするイギリス製品の普及浸透は、インド手工業を死滅せしめた。……1834年に、イギリスのインド総督は、「その惨状は、経済史上未曽有のものである。木綿職匠の骨は、インドの原野を白色に染めている」と報告したという。

　「職人の骨で原野が白くなった」とは、かなり大げさな表現なんだけど、マルクスも引用した有名なフレーズだ。インドの主要産業だった手織りの綿織物職人が失業し、生きていけなくなったという状況がわかるね。

　もしみんながインドの政治家だったら、こういう状況になったときどうする？　抵抗するよね。イギリスの商品が入ってこないように貿易を制限

するとか。独立した国だったらそういったことが可能だ。イギリスにして
みればそういう保護貿易政策はやっかいだ。だからイギリスはインドを植
民地化した。

　でも、**なぜイギリスはインドを植民地化できたんだろうか?**　インドは古
代から文化が発展し、経済力や人口も巨大だ。実際長いあいだ、イギリス
はカルカッタなどの貿易拠点をもっていただけで、在地権力と契約して普
通に貿易していただけだった。それだけで十分利益が出た。この貿易を独
占していたのが**イギリス東インド会社**だった。

　このころインドを支配していたのは**ムガル帝国**で、最盛期には全インド
を統一する大帝国だった。このムガル帝国が盤石なうちはイギリス東イン
ド会社もただ貿易をするしかなかったが、18世紀ごろから帝国内部の地
方領主たちが自立していき、バラバラになっていく。ムガル帝国が衰退し
て分裂状態にあったので、イギリス東インド会社は軍隊を動員して侵略し、
徐々に支配領域を拡大することができたんだ。

　当然、インド人はイギリスの支配に不満を持った。それで、1857年に
インド大反乱（シパーヒーの乱）がおこったんだけど、イギリス軍によって鎮
圧され、翌年ムガル帝国も滅亡した。ついにイギリスは、インド全土を植
民地にしたんだ。

(2) 植民地インドの経済の変化

　こうしてイギリスに直接支配されることになったインドは、どのように
変化したんだろうか?　経済と社会にわけて考えてみよう。

　インドの産業構造はどのように変化したんだろうか?　これはもうさっ
き見たからわかるね。インドの国産綿織物産業は壊滅し、綿花を輸出する
ようになった。この動きは、植民地化によってさらに加速する。

　イギリスはインドに機械製綿織物を輸出し、インドからはその原材料の
綿花を輸入する。そのためインドの農民たちは綿花の栽培を強制された。
それから中国に輸出するアヘンもインドで生産させた。こうして見ると、ヨ

ーロッパ列強が何のために外国を植民地化するのかがわかってくるね。

工業化したヨーロッパ列強が、自国の工業製品を一方的に販売するための独占的な市場を手に入れて、植民地では原料や農産物などの一次産品を生産させるためだ。このことは、帝国主義の構造を理解するために大事なポイントだ。

さて、もうひとつ地図を見てみよう。これはインドの作物と鉄道網をしめした地図だ。この鉄道網は、もちろんイギリス資本がわざわざつくったものだ。**なぜイギリスは鉄道をインド全土にはりめぐらせたんだろうか？**

● **図6-3：19世紀インドの農作物と鉄道**

この地図は、作物の産地と鉄道網の両方を記載している。このふたつの要素をむすびつけると、何か見えてこないかな？　そう、綿花や茶の産地にそって鉄道がしかれているね。イギリスがほしい一次産品を効率よく輸出するために鉄道がつくられたんだ。すべてはイギリスの利益のため。そう考えると、鉄道の起点がカルカッタ、マドラス、ボンベイというイギリスの拠点の港町であることもわかるよね。

こうしてインドは植民地化されたことで一次産品の生産・輸出国になり、イギリスの利益にそって開発されていったんだ。このように、**植民地支配**

によって輸出用の一次産品の生産に特化されてしまった経済構造を、**モノカルチャー経済**という。モノカルチャー経済は帝国主義の重大な帰結で、現在もつづく世界の貧困や飢餓の原因にもなっていくんだ。

(3) 植民地インドにおける英語教育

つぎに社会の変化について考えよう。モノカルチャー経済になってしまったインドでは、とくに農村の生活ががらっとかわってしまったというのは、すぐ想像できるよね。

それから教科書によく説明されているのが、英語教育だ。つぎの資料は、植民地インドでの言語教育をどうするか、イギリス人が話しあった記録だ。

資料6-4 **インドの教育に関する覚え書き**（1835年）

　英語はサンスクリットやアラビア語よりも知る価値があること。……この国の原住民を完全な英語の使い手に仕立てあげることは可能であること。

　……さしあたり、われわれが全力をもって取り組まなければならないのは、われわれとわれわれが統治する何百万もの人びととのあいだを媒介しうる階級を創出することである。その階級の人びとは、血筋や肌の色ではインド人であるが、趣味、意見、道徳、知性においてはイギリス人なのである。

サンスクリットは古代インドの言語で、アラビア語はイスラーム世界の共通語だ。ムガル帝国はイスラーム国家だったから、アラビア語がひろまっていたんだね。この記録を書いたイギリス人は、インド人の言語をどうしようとしているんだろうか？

インド人を「完全な英語の使い手に仕立てあげる」ことを目的にしてい

るようだ。**イギリスは、何のためにインド人に英語教育をほどこそうとし**
たんだろうか? 「われわれとわれわれが統治する何百万もの人びととのあ
いだを媒介しうる階級を創出する」ためだと言っているね。

　つまり、イギリス人がインド人を統治しやすくするために、英語の話せ
るインド人エリートをたくさん育成する必要があった。このためにインド
にイギリス流の学校や大学がつくられ、英語によるエリート教育がおこな
われたんだ。

　こうして、あたらしいインド人のエリート層が誕生した。英語を自在に
あやつり、洋服を着て、さまざまな近代的学問や技術を身につけた彼らは、
イギリスの植民地統治の手足になってはたらいていく。

　でも彼らは、近代的教育を受けたことで、**インド人としての民族意識に**
もめざめていくんだ。有名なガンディーやさっき資料で出てきたネルーな
んかもそうだ。彼らはイギリスによる理不尽な支配と搾取に反発して、イ
ンド独立運動を展開していくことになる。

3 東南アジアは、植民地化によって どう変化したのだろうか？

　東南アジアは日本にも近いし、のちに太平洋戦争で日本軍が進出していく地域でもあるので、その近代史はとても重要だ。東南アジアは交易や文化の交差点で、むかしから中国・インド・イスラームの影響を受けて複雑な発展をとげてきた。そのあたりは世界史探究で勉強するとして、歴史総合で重要なのは植民地化だ。

　教科書にはだいたい、つぎのような地図がのっている。

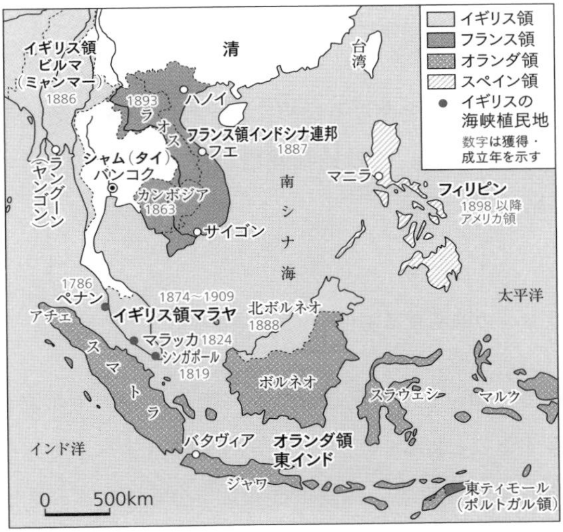

● **図6-4：東南アジアの植民地化**

　独立を維持したのはタイだけで、現在のベトナム・ラオス・カンボジアはフランス領、ミャンマー・マレーシア・ブルネイはイギリス領、インドネシアはオランダ領になった。フィリピンはスペイン領からアメリカ領にかわった。

　例によって、「これ全部おぼえるの？」とうんざりするかもね。まあ、いきなり全部おぼえなくていいから、どう変化したのかだけ考えていこう。**ど**

こがどこの植民地だったか、確認する必要があるときに地図をみなおしてメモしていこう。そうしているうちに自然におぼえていくよ。

（1）オランダ領東インドの強制栽培制度

　まず、インドネシアのジャワ島について考えよう。現在のインドネシアは、オランダの植民地になっていた。当時はインドネシアじゃなくて、**オランダ領東インド**と呼んでいた。

　オランダは、最初は17世紀、ジャワ島のバタヴィア（現在のジャカルタ）をアジア貿易の拠点にしていたんだけど、だんだんと領土をひろげていって、コーヒーやサトウキビなど、もともとジャワ島にはない商品作物をもちこんで、農民たちに栽培させて優先的に買い取り、ヨーロッパに輸出して利益をあげたんだ。

　オランダはもっと利益をあげるために、一般的に**強制栽培制度**とよばれる植民地政策を実行した。この強制栽培制度とは、どのような制度だろうか？　資料を見てみよう。

資料6-5 **オランダの強制栽培制度**（19世紀中ごろ）

1. 住民の耕地（田園）の一部をヨーロッパ市場向けの生産物の栽培のために供与することについて住民と契約を締結すべきである。
2. 供与すべき割合は村落の総耕地面積の5分の1たるべきである。
4. 供与されるべき土地は地租を免除する。
5. 栽培された生産物は政府に引き渡さねばならない。そしてその評価価格が地租納税義務より多額なるときは、その差額は住民の収入となすべきである。
7. 土着民はその首長の指導下に労働すべきものである。

この資料からは色々なことがわかる。まずは強制栽培制度の内容を正確に理解しよう。この資料から強制栽培制度の内容を3行でまとめよ、みたいなワークができるね。解答例としては、こんな感じだ。

　「強制栽培制度は、農村の5分の1の耕地でヨーロッパ輸出用の作物を栽培させるもので、その土地の税金を免除したり、税金との差額が住民の収入になった。」

　そのうえで、つぎの問いを考えよう。**ジャワ島の住民にとって強制栽培制度のメリットとデメリットは何だろうか？**　メリットは、土地の税金が免除されて、税金との差額が住民の収入になるところだね。デメリットはわかるかな？　強制栽培制度という名前からわかるように、何らかの強制性がある。それは何だろう。

　まず、耕地の5分の1を提供させられる、それから作物が植民地政府から指定されるという強制性だ。少なくともこの土地では、指定された商品作物以外を栽培することはできない。でもそれは結果的には農民の利益にもなるし、全部の土地というわけではないから、そこまでひどい搾取ではない気がするね。だから最近では、強制性を強調せず、「政府栽培制度」という言い方をすることがある。でもそういう見方も一面的かもしれない。

　では、**この強制栽培制度によって、ジャワ島の社会はどう変わっただろうか？**　コーヒーやサトウキビといった商品作物をつくればつくるほど、住民の利益は増えた。するとジャワ島の農業構造における商品作物の割合が増えて、さっきのインドみたいにモノカルチャー経済になっていくんだ。

　モノカルチャー経済の傾向は、たとえば米などの食料生産が減少するという結果を生んだ。利益にはなっても、商品作物では腹をみたすことはできない。農民たちは定期的に米不足になやむことになってしまった。モノカルチャー経済には、こういう弊害もあるんだ。

(2) フィリピンの植民地化

　フィリピンは16世紀にスペインが進出して、マニラという拠点をつく

って、やっぱり徐々に支配を拡大していった。18世紀にはタバコ栽培が強制されたんだけど、これも植民地化がモノカルチャー経済化をともなうというパターンだね。

　フィリピンの人びとは当然この支配に不満だった。だから、近代的なネーションの考え方を身につけた人のなかから、フィリピン独立運動がおこることになる。ホセ＝リサールという革命家は、その代表人物だ。彼が書いた『ノリ・メ・タンヘレ（われにさわるな）』という小説があるんだけど、その序文を読んでみよう。

　『ノリ・メ・タンヘレ』は、フィリピン生まれのスペイン人の父とフィリピン人の母のあいだに生まれた主人公が、祖国フィリピンの現状を変えようと奮闘する物語だ。**リサールは、この小説でどんなメッセージをつたえようとしたんだろうか？**

資料6-6　**ホセ＝リサール『ノリ・メ・タンヘレ―わが祖国に捧げる―』より**
　　　　（1887年）

　私が近代文明のただなかにあって、あるいはおまえの思い出にふけろうと思い、または他の国ぐにと比較しようと思って、なんどおまえの姿を思いおこそうとしたことだろう。しかしそのたびごとに私の前にあらわれたなつかしいおまえは、……苦しんでいる姿で目の前にあらわれるのだった。

　私たちのものであるおまえの健康をこい願うがゆえに、また最善の治療法を探しもとめるために、……おまえの現状を、何の手加減もせずに、忠実にここに描き出してみようと思う。

　この序文にある「おまえ」って、何をさすと思う？　人じゃなくて擬人化したもので、「思いおこす」「なつかしい」「苦しんでいる」何か――そう、祖国フィリピンだね。フィリピンはどうして苦しんでいるんだろうか？

——植民地になっているからだ。植民地化されて苦しんでいるフィリピンという「祖国」を、スペインからすくわなければならないと、リサールは主張しているんだね。

　リサールはスペイン政府にとらえられて、まだ35歳のわかさで処刑されてしまった。スペインも独立運動に危機感をもつくらい、フィリピン人の反発は強まっていたわけだ。その後、1898年にスペインはアメリカとの戦争にやぶれて、フィリピンを手ばなすことになる。そのときフィリピンは独立を宣言した。勝者アメリカがみとめてくれたら独立できたはずだけど、アメリカはそれをみとめず、独立政府を軍事力で鎮圧したんだ。

　こうしてフィリピンは、スペインの植民地からアメリカの植民地になった。もちろん、フィリピンの独立運動は弾圧されながらも、ずっとつづいていくことになるんだ。

　こういう歴史から、みんなに知っておいてほしいことがある。それは、帝国主義というものが、支配される側にとってはほんとうに最悪で、どんな植民地でも多かれ少なかれ抵抗運動や独立運動がおこったということだ。**なぜ、現地の住民は植民地化に対して反発したんだろうか?**

　このことを考えることは、歴史総合ではあんまり意識されていないみたいだけど、朝鮮半島や台湾を植民地化した歴史をもっている日本にすんでいる私たちにとって、ものすごく重要だと思う。だからすぐに答えを出そうとせずに、つぎに日本の場合を考えてみよう。

4 日本はどのようにして
    植民地帝国になったのだろうか?

　帝国主義の時代、植民地化をする側にあったのはだいたい欧米諸国だったけど、唯一、非欧米の国が植民地をもつ「帝国」になった。それが日本だ。だからこれまでに見てきた、文明化の使命とか人種差別とかモノカルチャー化とか独立運動とか、植民地化にまつわる問題は、日本に全部あてはまる。

　だからこの帝国主義というのは、世界と日本をつなぐ歴史総合の真骨頂だと思う。日本は「帝国」になった、つまり欧米諸国という「文明」と同じ意識をもつようになって、同じような行動をとっていくんだ。だからここでも同じ問いが生まれる。**日本の帝国主義は、植民地化された人びとをどう変えたんだろうか?**

(1) 日清戦争の目的

　日本が植民地をもっていたというのは、もちろん知っていると思うけど、どこが最初だったのかはわかるかな?　朝鮮半島じゃないよ。そう、台湾だ。台湾は**日清戦争**のあとにむすばれた下関条約によって、日本の植民地になった。でも日清戦争が勃発する原因は朝鮮半島をめぐるあらそいだったから、朝鮮半島のことも意識しないといけない。

　日清戦争は日本やアジアの近代にとってものすごく重要な戦争だ。まず、近代の日本がはじめておこした対外戦争だ。それ以前に日本が対外出兵したのは16世紀末の豊臣秀吉の朝鮮出兵だったから、約300年ぶりだ。中国はびっくりしただろう。**どうして日本と清が戦争することになったんだろうか?**

　日本と清の対立については第4章で勉強したよね。両国は何をめぐって、なぜ対立した?　——沖縄の領土や朝鮮の独立をめぐって対立した、それは日本が主権国家体制のルールを、冊封体制下にある清の属国にも適

用しようとしたからだったね。当時の外務大臣陸奥宗光ののこした記録か
ら、こうしたことを読み取ってみよう。

資料6-7　陸奥宗光の外交記録（陸奥宗光『蹇蹇録』）

　　日本と清が朝鮮においてどのように各自の権力を維持しようとしてき
　たのかという点については、まったく異なって一致しない。日本は当初
　から朝鮮を一個の独立国とみとめて、古くから清と朝鮮とのあいだにあ
　ったあいまいな宗族関係（中国の皇帝に従う名目的な関係）を断絶させようと
　してきた。これに反して清は、昔からの関係を根拠に、朝鮮は清の属国
　であることを広く表明しようとしている。また、実際の清と朝鮮との関
　係は、通常の国際法で確定している宗主国と属国との関係に必要な要
　素を欠いているにもかかわらず、せめて名義上だけでも朝鮮は清の属国
　であることをみとめられるよう努めている。

　日本は朝鮮を独立国とみなして、清の属国であることをみとめない、と
いうか近代的な主権国家体制のルールである国際法のもとではそういう関
係はさだめられてないという、意見の対立があるんだと言っている。
　でもちょっときれいごとに聞こえない？　**戦争をおこすには建前**（ここで
は朝鮮の独立）が必要だけど、基本的には国益のためにやるものだというのは、
みんなも直感的にわかるよね。つぎの資料は陸軍大臣の山縣有朋の発言だ。
ここから日本の本音を読みとろう。

資料6-8　山縣有朋『外交政略論』（1890年）

　　国家が独立自衛する道は2つある。第一は主権線を守り、他国の侵害
　を許さないこと。第二は利益線を守り、自国の地の利を失わないこと。
　何を主権線というか。領土のことである。何を利益線というか。隣国と

の接触の情勢が、わが主権線の安危と密接に関係する区域のことである。……わが国の利益線の焦点は実に朝鮮にある。

　ずばり、朝鮮半島は日本の利益線だと言っているね。領土以外に日本の安全を守るために必要な利益、それは朝鮮半島を支配することだと。近代日本が主権をまもり発展するために外国である朝鮮を支配するというのは、どうも矛盾するようだけれども、これが容認されたのが帝国主義の時代なんだ。

（2）日本人の中国イメージの変化

　1894年、朝鮮でおこった甲午農民戦争を鎮圧する名目で、清軍と日本軍が朝鮮半島に出兵し、両者が激突して日清戦争が勃発した。この戦争によって日本や東アジアはどう変化したのか、その意義はどのようなものかを考えていこう。

　というのも、戦争というのは相手国との関係を決定的に変化させるし、同時に戦争している国の国民にも大きな影響をあたえるからだ。とくに近代日本にとって日清戦争ははじめての対外戦争だったから、こういうことを考えるのはとても重要だ。**日清戦争によって日本人の中国イメージをどう変えたのか？　日本人のあり方はどのように変化したのか？**　この問題を考える資料が、教科書にのっているので読んでみよう。

資料6-9　**あるジャーナリストの回顧**（生方敏郎『明治大正見分史』）

　その時まで、私たちが見たもの、聞いたもので、支那（中国の蔑称）に敵意をもつか支那を軽んじたものはただのひとつもなく、支那は東洋の一大帝国として見られていた。……

　戦争のはじめにもった不安の念が人々からのがれるとともに、勝に乗

じてますます勇む心と敵を軽蔑する心とが、誰の胸にも湧いてきた。……

　忠君愛国の標語が学校で叫ばれたそもそものはじめは、このころ、すなわち明治24、5年ごろであったろう。だから、はじめそれは学校児童のみの標語だった。それが家庭にまで入り来り、町内のどんなものにまでもゆきわたったのは、日清戦争中のことであり、戦争が人々の神髄にまでこれを打ち込んだのだった。

　まず、中国に対するイメージはどう変化した？　「東洋の一大帝国」だったのが、「敵を軽蔑する」ようになったことがわかるね。そして日本人のあいだに「忠君愛国」という考え方が浸透するようになった。戦争で大国である清に勝利していくごとに、愛国心がものすごく高揚していったんだ。

　明治維新以降の日本は、国民国家をつくるために教育や徴兵制を導入してきたけど、その集大成が日清戦争だった。戦争によって日本人は国民としてつよく団結心をもつことになったんだ。**なぜ、戦争は愛国心やナショナリズムを高揚させるんだろうか？**　これは歴史というよりは政治学みたいだけど、ナポレオン戦争やこの日清戦争の事例から、自分で深めてみると、歴史的に考察できると思うよ。

　さて、ここまで読みとったうえで、さらに疑問が出ないかな？　日本は古代から1000年以上にわたって中国を模範にして発展してきた。それにもかかわらず、**なぜ日清戦争によって、中国は模範から軽蔑すべき対象へと変わってしまったんだろうか？**

　これはいろいろな意見を出しあっていいんだけど、まずは教科書にのっている資料から考えてみよう。まずは当時の新聞にのった風刺画だ。

　日本兵が朝鮮人をかかえて、中国人に「文明」の弾丸を撃ちこんでいる、という図だ。ものすごくストレートな絵だから、素直に考えてみよう。**この絵は日清戦争がどういう目的の戦争だと言いたいんだろうか？**

　「まだ文明化していない清を文明化するための戦争」——うん、欧米の「文明化の使命」のかたちだとそうなる。欧米の場合、植民地化することで文明化することになるけど、日本と清の場合は弾丸を撃ちこむ、つまり戦争で思い知らせるような方法だね。

　では、**日本兵はなぜ朝鮮人をかかえているのだろうか？**　教科書に書いてあるんだけど、当時朝鮮王朝の内部では、清とのむかしながらの属国関係をつづけようとする勢力と、日本をモデルにして近代化しようとする勢力とがはげしくあらそっていた。この背景を知っていれば、この絵が意味するところは明らかだね。日本が文明の力で清から朝鮮をうばいとる、ということだ。

　この絵をふまえたうえで、なぜ日本人が中国を軽蔑するようになったのか考えよう。それは清が文明化せず、いつまでも朝鮮を冊封体制でしばりつけ、みずからも近代的な制度をとりいれない、旧態依然としたおくれた国だという位置づけで戦争がおこなわれたからだ。清を軽蔑するようになる基準は、「文明化」なんだ。

（3）台湾と朝鮮の植民地化

　かくして日本は日清戦争に勝利し、1895年の下関条約で遼東半島と台湾、澎湖諸島を領土にした。遼東半島はロシア・ドイツ・フランスの三国干渉で返還させられたけど、台湾は日本の領土になった。

　さてここで問題だ。**台湾は日本の一部として併合されたのか、それとも植民地になったのか？**　ちがいがわからない？　そうだよね。じゃあ資料を読んでみよう。日本のはじめての海外領土をどう支配するのかというのは、さすがにこのとき論争になったんだ。

資料6-10　台湾植民地統治についての外務次官原敬（たかし）の意見（1895年）

　台湾にかんする諸種の問題を議するにさきだち、第一に左（下）の二案をいずれにか決定されんことを希望す。
甲　台湾を植民地すなわち「コロニイ」の類とみなすこと。
乙　台湾は内地と多少制度を異にするもこれを植民地の類とはみなさざること……
　乙案によるときはあたかもドイツの「アルザス、ロレーヌ」におけるがごとく、また仏国の「アルジェリア」におけるがごとく……台湾の制度なるべく内地に近からしめついに内地と区別なきにいたらしむることを要す。

　原敬といえばのちの「平民宰相」だね。このころは外務次官をやっていたんだね。それはいいとして、甲案と乙案のどっちが併合でどっちが植民地かわかる？　「甲案が植民地で、乙案が併合」──そのとおり。で、原は乙案のほうは、台湾の制度をなるべく内地にちかづけて、最後はおなじにすると説明してるね。

　じゃあ、実際はどっちになったんだろうか？　これはじつはイギリスの

お雇い外国人の意見を参考にして、インドのような植民地にすることにした。つまり、甲案だ。インドの場合、本国から総督が派遣されて植民地支配の全権をにぎる。植民地住民に参政権はないし、教育や開発も本国の都合にしたがわなきゃいけない。

台湾には**台湾総督府**が設置されて、天皇から統治をまかされた。これはまぎれもなく植民地だ。

じゃあつぎに、韓国についてみていこう。日清戦争から日露戦争にいたる流れは、自分でまとめていこう。この過程のなかで、日本はじょじょに韓国（朝鮮は、日清戦争後に大韓帝国という清の属国ではない独立国になった）の支配をつよめていく。そしてついに、1910年に**韓国併合条約**をむすんで、韓国を完全に植民地にしてしまった。こうして、日本は欧米とおなじ植民地帝国になったんだ。

さて、ここで問題だ。「韓国併合」というからには、さっき考えた枠組みでいうと乙案、日本の一部に併合したんだと考えられるよね。韓国併合条約にはどう書いてあるだろうか。

資料6-11 **韓国併合条約**（1910年）

第1条　韓国皇帝陛下は韓国にかんする一切の統治権を完全かつ永久に日本国皇帝陛下に譲与す。

第2条　日本国皇帝陛下は前条に掲げたる譲与を受諾しかつ全然韓国を日本帝国に併合することを承諾す。

韓国は天皇に統治権を譲渡するとか、日本帝国に併合すると書いてある。ということはやっぱり併合だったんじゃないか。では、**さっきの原敬の乙案のように、制度を日本と同じにしたんだろうか？**

こういうときは教科書を読んでみよう。朝鮮にも台湾とおなじように**朝鮮総督府**がおかれて、日本人の総督が統治したと書いてある。当初は住

民に参政権はなく、自己決定権もない。ゆえに、じつは徴兵の対象にもならない。日本人とおなじ「国民」にはなっていないんだ。つまり実際は併合ではなく植民地だったんだね。

　いやそうじゃない、条約で併合といっているんだから併合なんだという人もたくさんいるけど、**歴史において当時の公式見解と実態とどっちが大事かといったら、それは実態のほうなんだ**。法律や条約ではきれいごとを言っていても、実際の目的がかくされていたり、そのとおりには運用されていないことはよくあることだ。そんなとき、どちらに目を向けるのが誠実な態度なのかは、わかりきったことだよね。

5　現代的視点から考える──なぜ植民地化の問題は、歴史問題となって私たちの前にたちふさがるのだろうか？

　私たちはここで、植民地化された側の人びとのことを考えることになる。歴史総合が日本史とちがうのは、**日本だけじゃなくて相手方のことも考えること、つまり歴史をさまざまな主体から考える**というところだ。そしてそれは、現代の私たちにとってとても重要なことだ。

　韓国といえば日本にとっていちばん近い隣国だけど、いつも歴史問題がまとわりつく。その歴史というのは、日本が植民地化した歴史だ。慰安婦とか徴用工とか、みんなも聞いたことがあると思う。**朝鮮半島が日本の植民地でなくなってから75年以上たつのに、どうして現代まで歴史問題が続いているんだろうか？**

　この問いには、いろいろな答えがあるし、今回の帝国主義の時代だけの知識ではじゅうぶんに解きあかすことはできない。なにしろ現代までつながっているからね。植民地時代の歴史だけじゃなくて、戦後の日韓関係や国際的な状況も考えなくちゃいけない。だからこの問題は、歴史総合全体をとおして考える価値のある問いだ。

　だけど今回は、帝国主義の時代から考えることのできる問いにしぼって考察しよう。

（1）日本の植民地統治の特徴

　みんなは、韓国の人びとがどうして植民地時代のことで日本をせめつづけるのか、わかるかな？　慰安婦や徴用工は戦時中の話だけど、それ以前の問題で、植民地化そのものがいやなことだったんじゃないかな？

　だからそもそも、**植民地化されることにはどんなデメリット、いやなことがあるんだろうか**、ということから考えてみよう。もうインドやジャワ島の事例も見てるけど、日本の支配の場合はどうだったんだろうか。**日本の植民地支配にはどんな特徴があったんだろうか？**

　こういう問いには、日本の植民地統治のあり方を端的にしめす資料はさすがにないから、教科書の記述をあつめて箇条書きにしたりするといい。でもここでは、端的にまとめてある記述を引用してみよう。

> 　日本の植民地では、台湾総督府、朝鮮総督府という統治機関がおかれ、それぞれの長が立法権をふくむ大きな権限をもち、本国の帝国議会で制定された法律は一部しか施行されなかった。また植民地では、人びとに選挙権もあたえられず、帝国議会に議員を送り出すことができなかった。……また、植民地では初等教育の整備が優先され、高等教育機関の設置はおくれた。
>
> 　経済的には、台湾は米・砂糖など、朝鮮は米などの供給地として位置づけられ、台湾製糖業に日本企業が進出するなど、日本本国との経済的結びつきがふかまった。
>
> （東京書籍『詳解歴史総合』81頁）

　まあ、これまでに見てきた欧米の植民地化とおなじような感じだね。植民地の人びとには日本人とおなじ「国民」としての権利はあたえられなかったし、日本の都合のいいようにモノカルチャー経済化される。植民地化されるというのは、主権をうばわれ、自分たちの国のことを自分たちで決

定できなくなり、日本の思いのままになってしまうということだ。これはいやなことに決まっているよね。

（2）台湾・朝鮮における植民地支配への抵抗

だから、台湾でも朝鮮でも、日本の植民地支配に対して民衆の抵抗があったんだ。

まず台湾では、下関条約で日本の領土とされたことに対して、地元の有力者らが「台湾民主国」をつくって抵抗した。日本は軍隊を派遣して、これを徹底的に鎮圧した。これを**台湾征服戦争**という。それにちょっとあとになるけど、1930年には台湾の先住民族が武装蜂起する「霧社事件」という抵抗がおきた。

韓国では、保護国化がすすんでいくなかで**義兵闘争**という日本へのゲリラ的抵抗が大規模におこった。**台湾や朝鮮で日本の支配に対して抵抗がおきたのは、なぜだろうか?**

いままで学んできた植民地化の特徴から、シンプルでいいのでこたえてみてごらん。「自分の国がなくなるのがいやだから」——独立や主権をうしなって、他国のいいなりになるのはいやだということだね。「モノカルチャー経済にされると発展できなくなるから」——そうだね、そのことが当時からわかっていた人は少なかったかもしれないけど、植民地が経済的に搾取されることは想像できただろうね。

そんなことは台湾や朝鮮の人びとにとっていやなことに決まっている。これは日本の植民地にかぎらず、世界中の植民地の人びとがそう考え、抵抗運動をおこした。インドや東南アジアについてみたけど、アフリカでもはげしい抵抗運動があちこちでおこった。帝国主義の時代、列強はあたりまえのように他国を支配したけど、**植民地化されることそのものが、現地の人びとにとってたえがたい苦痛だったんだ。**

日本軍による義兵闘争の弾圧について、ある教科書にのっている資料を読んでみよう。

> ある老人は……日本兵が彼の家に放火するのを見て、そのまえにひざまずき、その足をつかんで涙ながらに哀願した。「……私の家を焼かないでくれ。そこが私の死に場所なのだ。私は年寄りで死ぬ日も近い」と。日本兵は彼をはらいのけたが、老人はなおも哀願した。「お願いだ！　お願いだ！」と。そのとき、日本兵は銃をとって老人を撃った。われわれは彼を埋葬した。

　こうした資料から読みとってほしいのは、なぜ朝鮮人は植民地化に抵抗したのかとか、なぜ日本兵はここまで徹底的に弾圧したのかというのもさることながら、とくに大事なのは、**このような悲劇を経験した朝鮮の人びとは、日本の支配に対してどのような感情をもっただろうか？**　ということだ。

　感情なんていうのは文書では確定できないし、ちょっとあいまいで科学的じゃないような気がするかもしれない。でもこういう経験がたくさんたまっていって、**植民地化された民族の記憶になって、後世に受けつがれる。**たぶんこの記憶は永遠になくならないだろう。だから日本が朝鮮半島を植民地化したという歴史をかるくあつかってしまうと、韓国との歴史問題はすぐにこじれてしまう。

　私たちは植民地化によって相手方にあたえた苦痛を、いくらかでも想像できるだけの知識をもたないと、未来にむけた対話ができない。歴史を学ぶ意義は、こういうところにもあるんだ。

チャレンジ！　　教科書をつかって、つぎの問いも深めてみよう！

1. 世界市場が成立したことで、なぜ豊かな国と貧しい国ができたのだろうか？

2. エジプト、インド、東南アジア諸国などの植民地では、どのようなナショナリズムが生まれただろうか？

3. 日露戦争の結果は、アジアの諸民族にとって希望だっただろうか、それとも失望をもたらしただろうか？

4. 「工場や鉄道、学校をつくるなどして近代化させたのだから、植民地支配はいいことだった」という解釈に対して、どのような反論ができるだろうか？　歴史的事実にもとづいて考えなさい。

第
I
部

冒頭の「問い」コーナーと「現代的な諸課題」コーナー

みんなは、歴史総合の教科書をどこからはじめただろうか。「近代化と私たち」の「1」の内容からはじめただろうか。これを「本編」とよぼう。でも、「近代化と私たち」の本編の前に、資料や問いがたくさんのっているコーナーがあるよね。「交通と貿易」「産業と人口」などの近代化をめぐるキーワードについて、資料とともに考えるコーナーだ。「近代化への問い」と題している教科書もある。

これは、**本編に入る前に、教室でみんなに自由にはなしあったり発言してもらったりして、「近代化」についてどんなことが問題になるのか、興味関心をもってほしい**という意図で、冒頭におかれているんだ。同じように、「国際秩序の変化や大衆化と私たち」「グローバル化と私たち」の冒頭にも、それぞれ問いのコーナーがある。

そしてじつは、「近代化と私たち」の最後にも、本編とはちがう資料と問いのコーナーが必ずおかれている。「近代化と現代的な諸課題」だ。ここにもキーワードがあって、「開発・保全」「対立・協調」などだ。これは、それまでに学んできた「近代化と私たち」の総まとめとして、**近代化の問題が現代的な問題につながっているところをピックアップさせて、みんなで問いを出して考えよう**というものだ。

どちらにも、資料や図版と問いが豊富に掲載されていて、アクティブラーニングをうながすようになっている。

でも、実際の教室では、これらのコーナーは取りあげられているだろうか？　もしかするとそれらはまるで存在しないかのようにすっとばされて、本編しかやっていないかもしれない。

もともと講義形式だけで歴史総合の授業をするタイプの先生は、当然のようにスルーするだろう。でもおそらく、アクティブラーニングを積極的に取り入れている先生でも、そうするかたが多いんじゃないかと、ぼくは想像している。なぜかというと、**1年間で歴史総合を終わらせなければいけないという時間との戦い**があるからだ。だから、本編だけでもすすめようとするのは、当然の判断なんだ。

でもせっかく資料と問いがのっているんだから、活用しないともったいないよね。この本では、できるだけこれらのコーナーの資料と問いも取りあげるようにしている。もちろんカバーできていないところが多いけど、そこはみんなも自分で取りくんでみてもいいかもしれない。

第 **II** 部

国際秩序の変化や
大衆化と私たち

「国際秩序の変化や大衆化」って何？

　だいぶ歴史総合の考え方になれてきたかな？　歴史を「おぼえる」んじゃなく「考える」というのが、意外とハードだけど楽しい学習になることがちょっとずつわかってきたと思う。

　さて、第Ⅰ部では「近代化」について勉強してきた。工業化、市民社会、国民国家、立憲制、植民地化といった概念と、それによる世界の変化とその意味について考えてきたね。でもじつは、これらの概念についての学習は、まだ終わってないんだ。**これらの概念は、ぜんぶこれからも登場する**。たとえば工業化のエネルギーは石炭から石油になるし、女性の権利が本格的に拡大していくのは20世紀以降だし、植民地は第二次世界大戦後までつづいていく。

　というわけで、「近代化」の概念をふまえたうえで、第Ⅱ部「国際秩序の変化や大衆化と私たち」に突入するよ。今回は「大きな概念」が2つもあるね。

　まず、「**大衆化**」について考えよう。「**大衆**」って何だろう？

　「大衆」を辞書でひくと、「多数の人びと／社会の大部分をしめる一般の人」とある。ふつうの人だ。みんなは自分を大衆だと思う？　将来自分は、政治家になってこの国を動かすとか、プロ野球選手になってメジャーリーグにいくとか、タレントになってテレビに出まくるとか、そういうふつうじゃない人間になると思う？

　そういう人もいると思うけど、たぶん、教室にいる大多数の人はそんな特別な人にはならないんじゃないかな。ふつうの公務員や会社員になって、ほどほどのお給料をこつこつためて、ときどき外食したり旅行いったりする……そんなふつうの生活で満足するふつうの人になるんじゃないか。なんか言っててかなしい気持ちになってきた（笑）。

　それが「大衆」だ。だから**大衆化の時代というのは、私たちの時代だ**。20世紀にはいると、世界のあちこちで大衆が政治や経済や社会をうごかす存在になる。いままで数％の金持ちやエリートしか政治に参加できなかった

のに、大多数の人が参政権をもつ。ふつうの人が大挙してデパートにおし
よせてショッピングする、車をもつ、ラジオをきく。

　なぜ世界は大衆化したんだろうか？　大衆化は世界をどう変えたんだろ
うか？　第Ⅱ部では、「**総力戦**」「**民主主義**」「**ファシズム**」といった概念
から、大衆化について考えていくよ。

　つぎに、「**国際秩序の変化**」っていうのは、何を意味してるんだろうか？
「**国際秩序**」の意味は何だろう？　とりあえず身近な「秩序」を考えてみ
よう。「教室の秩序がたもたれている」というのは、どんな状態だろう。「み
んなが落ちついていて、けんかもいじめもないような感じ？」──そう、そ
れを国際社会にあてはめると、どういう状態が秩序だっていると言えるだ
ろうか？　「戦争がなくて平和」──そうだね。平和な状態を維持するた
めのしくみが機能していること、それが国際秩序だ。

　これまでは、近代化した欧米諸国が植民地をうばうために、世界中で戦
争をしていた。これははっきりいって無秩序だと思うけど、ヨーロッパの
人はそうは思っていなかった。強国同士のバランスがとれていると考えて
いた。ところが、20世紀に入ると、この古い「国際秩序」がくずれ、ヨー
ロッパ内での平和がくずれた。何がおこった？

　二度の世界大戦だ。世界大戦のショックはものすごく大きかった。なに
しろ犠牲者が多すぎた。両方とも、1000万人をこえる死者が出た。そこ
で国際社会は、平和をつくるしくみをいろいろと考えたんだ。

　「国際秩序の変化」を理解するための概念は、「**国際協調**」「**国際連盟／
国際連合**」などだ。概念ワードを見ると、なるほど19世紀までとはかな
り変化して、現代につながっていることがわかるよね。

　近代の「市民」や「国民」はどんなふうに「大衆」と関係するのか？
「大衆化」と「国際秩序の変化」はどんなふうに関係するのか？　ふたつ
の世界大戦を中心にした激動の時代を学んでいこう。

第7章

総力戦で変わる世界
——第一次世界大戦

**第一次世界大戦は、世界をどのように
つくりかえたのだろうか?**

概念　　総力戦　　社会主義革命　　民族自決

1　第一次世界大戦は、
　　それまでの戦争とどうちがうのだろうか?

　みんなは、「戦争」というものにどんなイメージをもってるだろうか。戦車や戦闘機?　それとも爆撃機が爆弾を雨あられと落として、あたりを焼きつくす空襲だろうか。食料が足りなくなって子どもたちが飢えたり、爆弾をさけて疎開したり。

　他にはないかな?　ウクライナ侵略戦争はかなりテレビのニュースでも見たと思うんだけど、どんなイメージが記憶にのこっている?　「ミサイルでビルが攻撃されて破壊された」「民間人が虐殺された」「たくさんの難民が発生して、日本にもやってきた」——そう、戦争はいまでもそういう悲惨な事態をひきおこしている。兵士だけじゃなくて民間人も犠牲になるんだ。

　こういう、戦車などの大量破壊兵器がつかわれ、兵士だけじゃなく民間人も犠牲者になるような戦争は、第一次世界大戦からはじまって、第二次

世界大戦でさらにエスカレートしたんだ。だから、まずこういう問いをたてよう。**第一次世界大戦は、それまでの戦争とどうちがうんだろうか？**

（1）第一次世界大戦はどのような戦争だったのだろうか？

　本題にはいる前に、第一次世界大戦がどんな構図の戦争だったのかを、正確に理解しておこう。教科書では大戦が勃発するまでのくわしい経緯が書いてあるから、とくに各国の対立関係がどのようなものだったのかに注目しながら、自分でまとめていこう。

　それがむずかしくても、とりあえずいつの戦争で、どことどこが戦ったのか、くらいは整理しておいたほうがいい。第一次世界大戦は1914年から1918年までつづいた。戦場はおもにヨーロッパだ。

　連合国はイギリス・フランス・ロシアが中心で、あとで日本・イタリア・アメリカなどがくわわる。

　同盟国はドイツ・オーストリア＝ハンガリー・オスマン帝国が中心だ。地図を見ると、同盟国が連合国にかこまれて東西の戦線で戦っているのがわかるね。

● **図7-1：第一次世界大戦中のヨーロッパ**

(2) 大量の戦死者

　まずわかりやすい変化を見てみよう。図7-2は、19世紀のヨーロッパの
戦争と第一次世界大戦の戦死者を比較したものだ。ちなみにこういう戦死
者数は、統計のやり方や対象のとらえ方などでかなり変わってくるから、
教科書によって数字がちがうことがあるよ。

● 図7-2：19世紀の戦争と第一次世界大戦の戦死者の比較

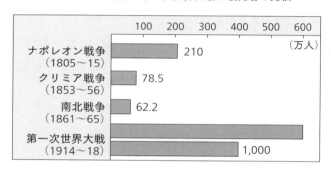

　これはもう一目瞭然だね。それまでの戦争と第一次世界大戦では文字ど
おり戦死者のけたがちがう。ナポレオン戦争もかなり多いけど、10年間だ。
第一次世界大戦は4年間で1000万人もの戦死者を出した。**なぜ、第一次
世界大戦はこれほどの大量の戦死者を出したんだろうか？**
　こういう場合は、**第一次世界大戦以前の戦争とそれ以後で、戦争のや
り方に、どのような戦死者がふえる原因になる変化があったのか**を考える
んだ。歴史総合の教科書には、第一次世界大戦の写真や解説がたくさん
のっているから、そのなかから探してみよう。
　すると、塹壕戦という戦い方が一般的になったこと、それによって戦争
が長期化して、大砲や戦車、それに毒ガス兵器などが発達したことがわか
る。近代兵器の急速な発達が、大量の戦死者を出す要因だったというこ
とだね。

（3）総力戦と宣伝ポスター

でも、それだけだろうか？　大量の死者を4年間にわたって出しつづけるというのは、いくつもの特別な条件がないとおこらないことだ。

まず兵士の数が尋常じゃないよね。各国はどうして何百万人もの兵士を出しつづけることができたんだろうか？　それから大量の武器や弾薬を、どうやって生産しつづけることができたんだろうか？　国民は大量の犠牲を出しつづける戦争に反対しなかったんだろうか？

これらの疑問について考えるためのキーワードが**総力戦**だ。総力戦とは、**国家がもつあらゆる力と技術を総動員する戦争**のことで、そのために、戦場だけでなく国内でも国民全体を経済的・政治的に動員するシステム（総力戦体制）がつくられる。

最初の問いに対するいちばんシンプルな答えはこれだ。つまり、第一次世界大戦は史上初の総力戦だったという点で、それまでの戦争とはちがっていたんだ。今回は、この総力戦という概念を中心に、第一次世界大戦の意義を考えていくよ。

国家は国民を戦争に動員するために、ポスターとか新聞をつかって宣伝をした。このポスターを読みとくだけでも、総力戦がどんな感じかわかってくるよ。**国家は国民を動員するために、どのような宣伝をしたのだろうか？**　教科書にはポスターがよくのっているよね。こんな感じだ。

● **図7-3：第一次世界大戦期のポスター**

こういう国家宣伝ポスターについては、政府は何をさせたいのか、何を目的とするポスターなのかを素直に読みとればいい。

左からふたつは、連合国イギリスのポスターだ。提督らしき人が指さして「ブリテン（イギリス）はきみを必要としている。きみの祖国の軍隊にはいろう！」、つまり愛国心を刺激して軍隊に入れようとしている。まんなかは「ブリテンの女性は言う、"ゆけ！"」、家族も出征をよろこんでいる、応援しているから家族のためにも戦え、というメッセージだ。

いちばん右は、同盟国ドイツのポスターだ。「われらの勝利をたすけよ！」とあって、下には「戦時公債を買おう」と書いてある。戦争のためにお金を出してくれというわけだ。国民のすみずみにまで戦争への協力をよびかけているのがわかるよね。

ポスターがあつかっている対象は、兵士になる男性だけじゃなく、女性や子どもも登場するし、それに戦争資金も国民にたよっているみたいだ。ここまで国民を動員するのは尋常じゃない。総力戦が各国の社会にものすごく大きな影響をあたえたことは、すぐ予想できるよね。

じつは、**第一次世界大戦は現代の社会や世界のあり方をつくった**とも言われるんだ。第一次世界大戦は世界をどう変えたのか？　しっかり考えていこう。

2　第一次世界大戦は、各国の社会をどう変えたのだろうか？

（1）総力戦への国民の協力

まず、総力戦がなぜ成立できたのかを考えよう。こんなふうに成人男性が兵隊にとられて大量の死者を出しているのに、どうして国民は戦争に反対しなかったんだ？

じつは第一次世界大戦がおこったとき、どの国でも、それまで戦争に反対していた社会主義者や労働者なんかも、ごく一部をのぞいて手のひらを

かえしたように戦争に賛成した。**どうして第一次世界大戦では、国民がみ
ずから戦争に協力したんだろうか？** これはこたえがひとつじゃない、い
ろいろな側面から考えることができるむずかしい問いだ。歴史総合の主旨
にのっとって、自分ごととして考えてみよう。

　みんなはいざ戦争ということになったら、兵隊として徴兵されて戦場に
ゆけと国に言われたら、どうする？　抵抗する？　逃げる？　「逃げられ
ないと思う」——どうしてだろう？　「徴兵を拒否すると国に処罰される
から」——そうだね、でもそれだけだろうか？　社会的にも非難され、排
除されたり差別されたりするんじゃないだろうか。

　こんなふうに国民みずからが戦争への非協力をゆるさないのは、なぜだ
ろうか？

　前に勉強した「国民」の概念を思いだそう。歴史総合では、一度学んだ
概念を何度でも活用して思考することがとても大事だ。近代国家は国力を
高めるために国民を教育し、徴兵して国のために働き戦う兵士を育成する。
こうして近代国家は、国民が国家の一員であるという帰属意識を強くもつ
国民国家になるんだったね。

　そんな国民国家が戦争をすると、**国家の戦争の結果は、国民全体の運
命とおなじになってしまうんだ**。戦争に負けたら自分たちが破滅する、だ
から必死で協力する。それに、国民の団結力が強ければ強いほど、国力も
強くなるのが国民国家だから、国民の団結をみだす者はゆるされない。

　第一次世界大戦は、そんなふうに高度に国民統合がすすんだ国民国家同
士の総力戦だった。だからどちらかの国民全体が、もう戦争に協力するの
はいやだと思って抵抗しだすまで終わらない。国民が戦争に抵抗するよう
なら、もうその国家はおしまいなんだ。

（2）総力戦における女性の動員

　こうして国民のすべてが戦争に動員される。それは女性についても同じ
だ。

戦死者がふえて、働きざかりの男性がどんどん兵隊にとられていくと、社会のさまざまな仕事のにない手がいなくなってしまう。何より、兵器をつくるための軍需産業での労働力がたりなくなるよね。不足する労働力をどうしたんだろうか？

　これは、教科書にかならず書いてある総力戦の重要なポイントだ。女性が軍需工場などに動員されたんだね。そこで当然、こういう問いが生まれる。**総力戦体制は、各国における女性の地位をどう変えただろうか？**

　まず、これまで男性が活躍していた職場に女性が進出するようになった。女性は国家や社会にとってなくてはならない存在になる。その結果、女性参政権運動が活発になって、**女性参政権**がみとめられるようになった。図7-4は、各国の女性参政権獲得の時期をあらわしたものだ。

●　**図7-4：女性参政権の実現**

1893	ニュージーランド
1906	フィンランド
1913	ノルウェー
1915	デンマーク
1917	ロシア
1918	イギリス（第4回選挙法改正）
1919	ドイツ・オランダ
1920	アメリカ
1934	トルコ
1944	フランス
1945	日本・イタリア

　イギリスやロシアでは第一次世界大戦中に、ドイツやアメリカでは戦後にみとめられる。でもフランスや日本など、第二次世界大戦後まで女性に参政権がみとめられていない国もあるから、そのあたりは正確に読みとっておこう。

（3）総力戦と大衆化

　第一次世界大戦を、「大衆化」というおおきな概念につなげてみよう。**総力戦と大衆化にはどんな関係があるだろうか？**　大衆というのはエリートじゃない一般人、大多数の人びとという意味だったよね。

　その大衆が総力戦によって政治運動を活発化させるんだ。貧民でも労働者でも、総力戦では動員される。彼らが国家に不満を口にするようでは、戦争には勝てない。だから国家は、一部のエリートじゃなく、大衆を意識した政策をとるようになるんだ。こうして総力戦は大衆化をうながした。

　総力戦による大衆化は、国家と国民との関係をどのように変化させただろうか？　国家は大衆に不満なく戦争にいってもらいたいから、戦傷者へのケアとか戦死者の家族に支払う遺族年金なんかを充実させる。医療保険や失業保険なんかをととのえる国も出てくる。

　これは、国家が国民の面倒をみてあげますよ、だから安心してお国のために戦ってくださいということだ。**総力戦をきっかけに、国家は国民の忠誠心や信頼感をつくりだすために、国民サービスを充実させるようになるんだ。**これが現在の福祉国家という考え方の起源だという学説もあるんだよ。

3 ロシア革命は、世界のあり方を
　　どのように変容させたのだろうか?

　史上初の総力戦になった第一次世界大戦は、莫大な犠牲者を出しながら4年間もつづき、ついに同盟国の敗戦に終わる。その結果、ヨーロッパの地図はおおきくぬりかえられることになった。どんなことがおこったのか、さきに整理しておこう。

第一次世界大戦での国家崩壊

・1917年にロシア革命がおこり、ロシア帝国が崩壊してソヴィエト政権が成立した。

・1918年にオーストリア=ハンガリー帝国が崩壊して、東欧諸民族が独立した。

・1918年にドイツ革命がおこり、ドイツ帝国が崩壊してヴァイマル共和国が成立した。

・1922年にオスマン帝国が滅亡して、トルコ共和国が成立した。

　すごいね。**ロシア帝国・ドイツ帝国・オーストリア=ハンガリー帝国・オスマン帝国という4つの帝国が崩壊した**。第一次世界大戦がどれだけおおきな変動をひきおこしたのか、これを見ただけでもわかるね。ここでは、このうちロシア革命について考察を深めていくよ。

(1) ロシア帝国の崩壊

　ここで前提として注意してほしいことが2点ある。第一に、崩壊した4帝国のうち、ロシアだけが連合国（最終的に勝ったほう）で、のこりは同盟国（敗戦国）だったということ。第二に、革命がおこったのが第一次世界大戦中の1917年だったということだ。だからどうだというわけじゃないけど、

歴史の流れを正確に理解しておく必要があるんだ。

　それから、ロシア革命の経緯を簡単におさえておこう。ロシア革命は、1917年におこったふたつの革命からなる。フランス革命のときと同じように、**それぞれの革命がどのように国家体制を変化させたのか**を理解しよう。

ロシア革命（1917年）**の経緯**

1. 二月革命：皇帝が退位し、臨時政府が成立した——帝政から共和政へ
2. 十月革命：臨時政府がたおされて、ソヴィエト政権が成立した——社会主義国家へ

　二月革命は帝政から共和政に移行するフランス革命と同じような革命で、十月革命は社会主義革命というわけだね。

　ではまず、**二月革命**を見てみよう。なぜ帝政は崩壊したんだろうか？教科書には、第一次世界大戦の戦況が悪化するなかで、ロシアの首都ペトログラードで労働者のストライキや兵士の反乱がおこったとある。じつは最初にストライキをしたのは、女性たちだったんだけど、この**労働者や兵士や女性たちは、何をもとめてストライキをしたんだろうか？**　そのときの写真（図7-5）から読みとってみよう。

● **図7-5：二月革命のストライキの様子**

かれらの要求は、「全世界に平和を／すべての権力を民衆に／すべての土地を民衆に」だ。彼らは平和と権力をもとめているんだ。いま戦争を指導している政府の権力を否定して、民衆に権力をわたせと言っている。**なぜロシアの民衆は、平和と権力をもとめたんだろうか？　総力戦の概念をもちいて考えてみよう。**

　総力戦では、国民が兵士や労働者として動員される。でもロシアでは、その兵士や労働者が反乱をおこした。つまり、国民が総力戦への協力を拒否したんだ。国民は動員されるばかりで見返りがなく、食料危機がおこっていて、しかも負けそうだった。

　ロシアは皇帝や宮廷の権力が強く、この大多数のふつうの人々には、ほとんど権力がなかった。だから大衆運動がおこって、皇帝の権力をひっくりかえそうとしたんだね。ロシア帝国は、総力戦体制を維持することに失敗したために、崩壊したといえそうだ。

（2）社会主義革命の成功

　こうして皇帝は退位し、臨時政府が成立してロシアは共和国になった。ところが、この臨時政府は戦争をやめなかった。そこでつぎの**十月革命**がおこる。革命をおこしたのは革命家**レーニン**を指導者とする社会主義政党ボリシェヴィキだ。

　この十月革命にいたるロシア革命は、歴史的にとても重要な出来事だと言われる。ロシア革命はなぜ重要なんだろうか？

　まず、史上初の成功した**社会主義革命**であることだ。現在のヨーロッパ諸国でも社会主義政党はおおきな勢力だし、日本にも共産党はのこっているよね。いまの日本ではちょっと想像しづらいかもしれないけど、じつは社会主義は20世紀をつうじて世界中の貧民や労働者、植民地支配された人々にとって希望をもたらす政治思想だったんだ。**社会主義は、なぜ世界中の人々にとって魅力的だったんだろうか？**

　まずは**社会主義**ってなんだというところから理解しないといけない。第

1章（P39）でちょっとだけふれたんだけど、社会主義は、**資本主義によって困難な状況においこまれた労働者階級をすくうために、社会の平等を実現しようとする思想**で、マルクスとエンゲルスによって理論的に確立されたんだったね。

　ここでは深く掘り下げることはできないけど、ぜひ、近代化のところまで教科書をさかのぼって、「資本主義はなぜ貧困をつくるのだろうか？」「マルクスは、どうすれば社会主義を実現できると考えたのだろうか？」「なぜ社会主義は多くの人々に支持されたのだろうか？」といった問いに取りくんで、社会主義について歴史的に探究してみてほしい。

　ロシアの社会主義者レーニンは、マルクス主義の思想を深く研究して、暴力革命によってブルジョワ政府をたおし、労働者の独裁政権をうちたてることで、社会主義国家を実現すべきだと考えた。こういうとものすごく極端なテロ集団で、正直みんなひくと思うんだけど、もちろん大多数の国民は、そんな武装蜂起なんておそろしいと思っていた。

　でもロシアの十月革命は成功し、ソヴィエト政権がうちたてられた。**なぜロシアの社会主義革命は成功したんだろうか？**　ボリシェヴィキの主張を見てみよう。レーニンは、二月革命のあとに亡命先から帰国して、これから社会主義革命をめざすことを宣言した。これを「四月テーゼ」というんだけど、その内容を見て、**労働者や兵士がどんなところを魅力的だと感じたのか**を考えよう。

資料7-1 **レーニンの「四月テーゼ」要旨**（1917年4月）

1. 「革命的祖国防衛主義」の名のもとに帝国主義戦争をつづけることに反対する。

3. 臨時政府をいっさい支持しない。

4. すべての国家権力を労働者代表ソヴィエトにうつす必要を宣伝する。

5. 議会制共和国ではなく、労働者・農民代表ソヴィエトの共和国。警察、軍隊、官僚の廃止。

6. 土地を国有化し、土地の処理を地区の農民代表ソヴィエトにゆだねる。

　よく出てくる「ソヴィエト」というのは、労働者・農民・兵士がつくった自治的な政治会議のことだ。レーニンはソヴィエトを政治の中心にすることで、これまでの議会とはぜんぜんちがう社会主義国家を実現しようとしたんだ。

　「四月テーゼ」では何を目標にしているだろうか？　戦争をやめること、労働者のソヴィエトに権力をうつすこと、土地を農民のソヴィエトにゆだねることなどだ。これらの目標と、前に見た二月革命のときの労働者たちの要求（図7-5、P171）は、どうちがうだろうか？

　ほとんど同じだね。つまりレーニンは、**臨時政府が実現できなかった平和・権力・土地という労働者・兵士の要求を実現することを約束したから、大衆からおおきな支持を得たのだ**、という解釈がなりたつね。

　もちろん資料や視点によって、ぜんぜんちがう解釈を出すことも可能だ。たとえばロシアがおかれていた社会的・経済的状況とか、レーニンの大衆へのアプローチの仕方とか、じっさいの十月革命の経緯からなぜ成功したのかを考えるとか。いずれにせよ、レーニンはロシア大衆の心をつかみ、なしくずし的に社会主義革命を成功させてしまった。

（3）民族自決の原則の登場

　権力を掌握したレーニンは、さっそく戦争を終わらせるために、「**平和に関する布告**」という宣言を内外に向けて発表した。この宣言は、国際的におおきな影響をあたえるんだけど、何が画期的だったんだろうか？

　教科書には、「平和に関する布告」は「戦争の即時停止、無併合・無償金・民族自決の原則による和平をもとめた」とある。ロシアの大衆がいちばんもとめていた平和を実現しようとしたんだ。でもここで注目してほし

いのは、「**民族自決**」という概念だ。民族自決はこのあとの世界をおおき
く動かす言葉になるから、しっかり理解していこう。

　まず教科書にのっている定義をさがそう。民族自決とは、「**各民族がみ
ずからの意思で自民族の帰属や政治組織を決定すべきという主張**」とある。
この定義をふまえて、実際の資料を読んでいこう。

　というわけで、ちょっと長いけどレーニンの「平和に関する布告」を読
んでみよう。とくに、民族自決について言っていると思われる部分にアン
ダーラインをひこう。

資料 7-2 平和に関する布告（1917 年 11 月）

　すべての交戦諸民族とその政府に対して、公正で民主的な講和につい
ての交渉を即時に開始することを提議する。公正な、または民主的な講
和は、戦争で疲れはて苦しみぬいているすべての交戦諸国の労働者階級
と勤労者階級の圧倒的多数が待ちのぞんでいるものであり……政府がこ
のような講和とみなしているのは、無併合、無償金の即時の講和である。
……

　政府が併合または他国の土地の略奪と理解しているのは、民主主義一
般、とくに勤労者階級の法意識にしたがって、弱小民族が同意または希
望を正確に、明白に、自由意思で表明していないのに、強大な国家が弱
小民族を統合することである。そのさい、その強制的な統合がいつおこ
なわれたか、また、強制的に統合される、あるいは強国の領域内に強制
的にひきとめられる民族がどれだけ発展しているか遅れているかにはか
かわりがない。さらに、その民族がヨーロッパにすんでいるか、遠い海
外諸国にすんでいるかにもかかわりない。……

　前半部分は、まさに平和をもとめる労働者たちの要求を代弁するものだ
ね。ここに「無併合、無償金の即時の講和」とある。そして後半は、民族

自決という言葉こそつかっていないけど、それを意味する文章が書いてある。まとめると、強大な国家が弱小民族が希望していないのに彼らを支配するのは、「土地の略奪」だと非難しているんだ。

土地を略奪されている民族というのは、どんなケースが考えられるだろうか？ まずヨーロッパでは、多くの東ヨーロッパ諸民族が、オーストリア＝ハンガリー帝国やロシア帝国などに支配されている。ロシア帝国は自分たちがぶっつぶしたから、あとは同盟国ばかりだ。

それから「遠い海外諸国にすんでいる」民族も該当すると言っているけど、これは何を指すかな？　もちろん植民地支配されている諸民族だよね。インドとかベトナムとか。レーニンは、その民族が発展しているかどうかも関係ないと言っている。これはどういうことかわかるかな？　**「文明化の使命」を否定している**んだね。

この民族自決の主張は、世界の被支配民族すべてにおおきな希望をあたえるものだ。だからソヴィエト政権は、世界の希望になったともいえる。

そして注目すべきは、このレーニンの宣言に対抗するように、アメリカ大統領**ウィルソン**も民族自決の原則を提唱したことだ。アメリカはロシア十月革命がおこる前の1917年4月に第一次世界大戦に参戦した。世界ナンバーワンの工業国で、資源も人口も豊富なアメリカが、戦争を連合国の勝利に終わらせるために参戦する。これは国際的なパワーバランスをおおきく変更させるものだ。

そのアメリカが、1918年1月に**十四か条の平和原則**を発表し、きたるべきあたらしい国際秩序のあり方をしめした。そのなかに民族自決の原則があったんだ。該当する部分を読んでみよう。そして、レーニンの民族自決の概念と比較してみよう。

資料7-3 **ウィルソンの「十四か条」より**（1918年1月）

5　すべての植民地要求を、とらわれることなく、偏見なしに、絶対的に公平に調整すること。そうした調整をなすにあたっては、植民地

　ここでは「植民地要求の公平な調整」の原則がしめされているね。主権
にかんする決定については、住民の利益が統治者の要求とおなじくらい重
視されなければいけないと。レーニンほどはげしい言葉はつかっていない
けど、やっぱりこれまでの帝国主義的なやりたい放題を是正するようにせ
まる内容だね。

　**ソヴィエト政権とアメリカからあいついで宣言された民族自決の原則は、
国際秩序にどのような変化をせまるものだったのだろうか？**　いま見てきた
とおり、これまでの強い国が弱い民族を支配したり植民地化してもいいん
だという弱肉強食の世界を批判し、すべての民族にとって「公正な世界」
をつくろうとするものだった。

　それは世界中の支配された諸民族に、独立をめざす根拠を提供すること
になるし、**植民地支配や力による領土変更は「公正ではない」という国際
的な了解がつくられるきっかけ**になっていくんだ。

　これによってすぐに帝国主義が終わり、植民地が独立していったわけじ
ゃないことは、注意しておこう。結局列強は植民地に民族自決をみとめな
いし、独立もみとめないんだけど、その動きについては次章で見ていくよ。

4 日本は何のために第一次世界大戦に 参戦したのだろうか?

　日本は第一次世界大戦がヨーロッパで勃発すると、日英同盟を根拠に してわりとすぐ参戦する。それで何をするのかというと、中国にあるドイ ツ領の青島（チンタオ）と南西諸島（ミクロネシア）のドイツ領をわずかな期間でせめとっ た。

　なぜ日本は、とおくはなれたヨーロッパでおきた戦争にいちはやく参戦 したんだろうか?　そこにどんな利益があったのか?　そしてその後の日 本の戦争の歴史にどのような影響をあたえたんだろうか?

(1) 日本の第一次世界大戦参戦の動機

　日本には、第一次世界大戦に参戦するどんなメリットがあったんだろう か?　よく引用されるのが、元老（天皇を補佐する長老的政治家）である井上馨（かおる）の 「天祐（てんゆう）」発言だけど、とりあえずこれを見てみよう。

　　資料7-4　元老・井上馨の意見書（1914年8月8日）

　　今回の欧州大戦は、日本国運の発展に対する大正新時代の天祐（天の 助け）であり、日本国はただちに挙国一致で団結し、この天祐を享受す べきである。
　　この戦局とともに、英・仏・露の団結はさらに強固となる。日本は三 国と一致団結して、ここに東洋に対する日本の利権を確立するべきであ る。

　ヨーロッパの大戦がどうして日本の発展につながるんだろうか?　「東 洋に対する日本の利権」とあるね。この利権というのはどういうものなん

だろうか。まず、この時点で日本がすでに東アジアにもっている利権とは何だろうか？

　日清戦争で獲得した台湾、日露戦争で租借（期限つきの植民地化）した旅順や大連といった中国東北部の都市と南満洲鉄道（「満鉄」の路線）、それに植民地の朝鮮があるね。こうした利権をしっかりしたものにしたいということだ。

　他方でこういう資料もある。外務大臣の加藤高明の発言だ。

資料 7-5　**外務大臣・加藤高明の発言**

　このような事情で、日本は現在、日英同盟条約の義務のために参戦しなければならないという状況にはない。条文の規程が、日本に参戦を命じるような事態は、現在、まだ発生していない。ただ1つはイギリスからの依頼による同盟としてのつきあい、もう1つは日本がこの機会にドイツの拠点を東アジアから一掃し、国際的な地位を一段と高めるという利益から、参戦を断行するのが時機にふさわしい良策だと信じている。

　日英同盟のよしみで参戦するけど、そこには「ドイツの拠点を東アジアから一掃し、国際的な地位を一段と高めるという利益」があると言っているね。これは領土の要求というよりは、連合国の敵であるドイツにダメージをあたえて東アジアをリードする大国になろうというものだ。国際的な発言力がふえるとか、そういうメリットがあると考えたんだね。

（2）中国への二十一か条要求

　こうして日本は同盟国に宣戦布告して、ドイツ領である山東省青島をせめとった。日本はこの青島をどうするつもりだったんだろう？　加藤高明は領土にするとは言っていないから、中国に返すつもりだったんだろうか。

実際にはそうではなく、逆に中国にこの利権をよこせという要求をつきつけた。これが「**二十一か条要求**」というものだ。この要求は、その後の日本や世界の歴史に大きな影響をあたえたんだ。以下では、帝国書院の教科書にのっている資料ワークから抜粋して考えていくよ。

まずは、**日本は二十一か条要求によって、中国にどんなことをもとめたのかを考えてみよう**。ちなみに中国は、もう清は辛亥革命でほろびていて、**中華民国**という共和国になっている。このときの大総統は袁世凱だ。

資料7-6 「**二十一か条要求**」要約（1915年1月）

第1号　山東省におけるドイツ権益を日本が引き継ぐこと。

第2号　南満洲と東部内蒙古における日本の権益を拡大すること。

　　　　①旅順、大連および南満洲鉄道の租借期限を99か年延長

　　　　②日本人の自由な居住と商業活動、不動産の取得権、鉱山の採掘権

第3号　湖北省・江西省の鉄鋼コンビナートを将来日中共同の事業とすること。

第4号　中国の領土を保全し、沿岸の港湾や島嶼を他国に譲渡・貸与しないこと。

第5号　希望条項

　　　　(1)中央政府に日本人の政治、財政、軍事顧問を雇うこと。

　　　　(2)地方の警察を日中合同、または警察に多くの日本人を雇うこと。

　　　　(3)兵器は日本に供給をあおぐか、日中共同の兵器工場をつくること。

第1号は、日本がせめとったドイツ領青島を日本領にするということだ。加藤高明が言っていないところまでふみこんでいる。第2号は、満洲と内

モンゴルでの権益拡大で、どうやらこれが井上馨の言う「東洋に対する日本の利権」のようだ。日本がどこの利権をもとめたのか、地図で確認しておこう。

● 図7-6：日本の利権

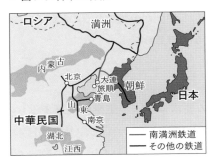

　問題は第5号だ。じつはこの条項だけは、はじめ欧米諸国にかくしていた。つまり列強に知られると都合が悪いことだったんだ。中国はこの条項を欧米に暴露したので、日本はこれは「希望条項」だと言ってごまかそうとした。無理強いはしていませんよ、というアピールだ。ということは中国も欧米諸国も受け入れがたいほどの内容だったんだ。**二十一か条要求の第5号には、どのような問題があったのだろうか？**

　第5号の内容は、中国の中央政府に日本人の顧問をおくりこむとか、地方警察に日本人をいれるとか、日本から兵器をもちこむとか、とにかく中国の政治や軍隊に日本が介入できる体制をつくろうとするものだ、ということがわかるね。

　これに対する袁世凱の声明があるから、見てみよう。もちろん日本を非難しているんだけど、袁世凱が非難するポイントはどこだろうか？

　日本は今回の欧州戦争に決着がつくよりも前に、突然われわれに対して主権を侵害し、領土をうばいとる条項をつきつけた。人はみなこれを、かつて日本が朝鮮に対しておこなった第一歩とおなじことであり、また各国によってこんにち中国が分割されることがすでに決定した状況をしめしていると見ているのである。

　袁世凱は、日本の要求は中国の主権を侵害するもので、かつて朝鮮に対してやったのと同じだと非難している。じつは日本は、韓国を併合する前に、韓国の政府に日本人顧問をおくりこんで政治を操作するところからはじめているんだ。**日本はいずれ中国を植民地にするつもりじゃないかと言っている**んだね。

（3）二十一か条要求への国際的な反応

　いまから見れば、かなり度をこした要求で、袁世凱が非難するのもわかる。じゃあ当時の**国際社会は二十一か条要求をどう評価したんだろうか？**まず、同盟国のイギリスが第5号の撤回をもとめた。それにアメリカも同調した。ウィルソン大統領の反応を見てみよう。

　日本が希望条項を中国政府に対し強要していることを聞いて、黙視してはいられぬ。いまや、日本政府にわれわれの関心を強調する絶好の機会であろう。なぜなら、「第5号」が中国の行政的独立と矛盾し、また門戸開放主義の脅威になることは明らかなことだからである。

「門戸開放主義」というのはアメリカの中国政策の柱になる考え方で、中国への進出は列強に平等にひらかれておかなければならないというものだ。帝国主義的な発想だね。でもその発想からすると、日本の第5号は中国の独立をおびやかすからアウトだと言っている。日本にアメリカの利害をわからせなければいけないと。

これよりも数年あとのことになるけど、ウィルソンの十四か条（P186）を参照するのもいいかもしれない。**日本の二十一か条要求は、ウィルソンの十四か条の民族自決原則から見ると、どんな問題があっただろうか？** 資料7-3をもう一度見なおしてみよう。

主権にかんする問題を決定する場合は、住民の正当な主張もおもんじるように言っている。この原則からすると、二十一か条要求の大部分は中国の主権の侵害だから、みとめられないということになるね。

結局、日本は第5号だけを削除して、中国に最後通牒をおくった。袁世凱はこれをのまざるを得ず、中国民衆は袁世凱や日本に対して激昂することになる。それが五・四運動につながっていくんだけど、その話はまた次章にまわそう。

ここでは、国際秩序のあり方がどのように変容したのかという点にしぼって、まとめてみよう。**欧米諸国は、青島領有など日本の中国権益の拡大を、みとめなかったのだろうか？** そうではないね。第5号だけを問題にしている。

この段階ではまだレーニンの「平和に関する布告」もウィルソンの十四か条も出ていないから、民族自決の原則は世界に登場していない。この段階では、戦争の結果として海外に領土を獲得したり、利権を拡大したりすることは、みとめられていたんだ。しかし、民族自決の原則によってこの状況はおおきく変化することになる。

ここからの国際秩序の変化に、日本はどう対応していくのだろうか？ 結果から見ると、国際秩序の変化に対応できずに、中国やアメリカとの戦争に突入していくことになるように見えるけど、どうしてそうなってしまったのだろうか？ この第Ⅱ部の重要なテーマになっていくから、これから

考えていこう。

チャレンジ！　　教科書をつかって、つぎの問いも深めてみよう！

1. 女性の地位が向上したのは、戦争に協力した結果なのだろうか、それとも従来からの女性参政権運動の成果なのだろうか？

2. 第一次世界大戦における植民地からの動員は、本国と植民地との関係をどのように変えたのだろうか？

3. 中東をめぐってイギリスがおこなった多重外交には、どのような矛盾があり、その矛盾は現代世界にどのような問題をのこしたのだろうか？

4. 日本はなぜシベリアに出兵したのだろうか？

5. 第一次世界大戦は、なぜ諸帝国の崩壊で終わったのだろうか？

戦間期の国際秩序
——ヴェルサイユ体制とワシントン体制

メインの問い	戦間期の国際秩序には、どのような欠陥があったのだろうか?
概念	民族運動　国際連盟　国際協調体制

戦争はどうやったらなくすことができるんだろうか?　これは現代でも解決されていない永遠のテーマだよね。「人類社会は戦争とともにあゆんできたんだから、戦争はなくならないんだ」とシニカルにかまえていてはいけない。何しろ莫大な犠牲者が出ているし、私たちにとっても他人事じゃない。

　国際社会が一致団結すれば、戦争を防ぐことができるんじゃないか。国際社会が何をすれば平和を実現できるか、いまの私たちのイメージで考えてごらん。「戦争をしないルールをつくって守らせればいい。」——どうやって守らせる?　「ルールをやぶる国に経済制裁をする。」

　じゃあ誰が経済制裁をするんだろうか?　世界に存在する大多数の国が参加しないと意味がないよね。「国連とか」——そうだね。いまなら国際連合がある。現在国際連合に加盟している国は193か国。これだけの国がいっせいに経済制裁をしたら、けっこう効果がありそうだ。

　こんなふうに**平和を維持するために世界が一致団結して協力しようとする努力**がはじめてつくられていったのは、第一次世界大戦後なんだ。前章

で見たように、第一次世界大戦はあまりにも犠牲がおおきすぎた。負けた国どころか勝った国でさえ「戦争はもうごめんだ」と思うくらいにね。

　こうして**国際協調体制**がつくられ、**国際連盟**ができた。これは帝国主義のような弱肉強食の世界からの一大転換だ。ところがそれにもかかわらず、20年後には第二次世界大戦が勃発してしまう。ふたつの世界大戦のあいだの時期を戦間期という。**なぜ戦間期の国際協調体制は、ふたたび世界大戦がおこることを防ぐことができなかったのか？**

　つまり戦間期の国際秩序には、いろいろな欠陥があったんだ。それは何だったのか？　国際協調体制ができていく時代の問題を考察していこう。

1　十四か条の平和原則は、どの程度実現できたのだろうか？

　前章に登場したアメリカ大統領ウィルソンの十四か条の平和原則は、第一次世界大戦後にどのような国際秩序をつくろうとしたんだろうか。前章は民族自決の原則だけに注目したけど、十四か条の全体はこうなっている。

資料8-1　**ウィルソンの「十四カ条」要約**（1918年1月）

1. 秘密外交の禁止
2. 海洋の自由
3. 関税障壁の廃止
4. 軍備縮小
5. 民族自決の原則にもとづく植民地問題の公正な解決
6. ロシアの完全独立と領土からの撤兵
7. ベルギーの回復
8. アルザス、ロレーヌの回復
9. イタリア北部国境の修正
10. オーストリア、ハンガリーの民族自治
11. バルカン諸国の回復
12. オスマン帝国支配下の民族の自治

---

13. ポーランドの独立と海洋への出口保障

14. 国際連盟の設立

　こうした宣言とか条文とかの文書は、**①その目的は何か、②どういった現状の問題をどう変えようとしているか、そして③実際にどの程度実現されたのか**を考えるといい。そのうえで、変化の意義を考えよう。歴史総合の範囲では、十四か条全部について検証するのはむずかしいけど、できるかぎり検証して、戦間期の国際秩序について考えていこう。

（1）秘密外交の禁止──パリ講和会議

　第1条は「**秘密外交の禁止**」だ。これだけだと何をしたいのかよくわからないから、要約したものじゃなく、十四か条の正文を読んでみよう。

資料8-2 **十四か条の平和原則より**

1　講和条約は、公開のうちに締結され、公開されねばならず、またその後は、いかなる種類の秘密の国際協定もいっさいなされてはならず、外交はつねに公然と、公衆の目の前でおこなわれなければならない。

　条約や外交活動は、公開されなければいけないということだ。ということはそれ以前の外交は公開されず、当事者どうしだけの秘密行動だったということになるね。いまでも密室の話し合いなんかはあるかもしれないけど、基本的に国際会議や首脳会談には世界中の記者がはりついて取材して、すぐにニュースになるよね。

　なぜ秘密外交はだめなんだろうか？　じつは国民国家と秘密外交は相性

が悪いんだ。つまり、**国民の知らないところで国家の運命が決められることには、国民が反発する**ということだね。だから、ふるい秘密外交をやめて、公衆にひらかれたあたらしい外交をはじめようとしたんだ。

そして1919年1月、さっそく公開外交の原則のもとで、第一次世界大戦の戦後処理を決める**パリ講和会議**がひらかれた。パリ講和会議は、その内容自体も重要なんだけど、このあたらしい外交のもつ意味があきらかになったという意味で、歴史的なものだったんだ。**公開外交にはどのような歴史的な意義があるのか、そしてどのような事態をひきおこしたのだろうか?**

この問題をよく表現している資料が、ある教科書にのっている。のちにイギリス首相になるチャーチルの回想録だ。かれはイギリスの大臣としてパリ講和会議に参加し、その印象をつぎのように回想している。

資料8-3 **パリ講和会議についての回想**（チャーチル『第二次世界大戦』）

　この戦争（第一次世界大戦）は各政府間の戦争ではなく、各国民の戦争であった。……1919年の夏、パリに集合した戦争指導者たちは、人類史上をおそった空前の凶暴な潮流に押し流されていたのだった。勝者と敗者の別なく、貴族的な政治家や外交官が一堂に会して、儀礼も正しく宮廷風な論議をかわし、デモクラシー特有のおしゃべりや騒々しさもなく、全員が一致した原則の上にたって諸制度のたてなおしができたかつてのユトレヒト条約（1713年）やウィーン条約（1815年）の時代は、すでに過ぎ去っていた。各国民は彼らの受難と、吹きこまれた大衆教育によって逆上し、数千万の人びとは一斉にたちあがって、報復の手段は徹底的に講ぜよと要求した。……もし講和会議の席上で、兵士たちが血でそめた幾百の戦場で勝ち取ったものを捨てるようなことでもあれば、それこそただではすまされないぞという情勢であった。

チャーチルは、第一次世界大戦が「各国民の戦争」、つまり総力戦であり、そのことがパリ講和会議にも影響をおよぼしていたんだと評価しているね。パリに集合した戦争指導者は、どんな影響を受けたといっているだろうか？

　それは、**各国の国民のはげしい要求をつねに気にしながら交渉しなければいけないということだ**。それはなぜだろうか。「兵士たちが血でそめた幾百の戦場」という表現から、みんなは理解できるよね。総力戦で何百万人という国民が戦死したからだ。

　外交の進行は逐一報道され、各国の国民が自分たちの代表の行動に一喜一憂し、場合によっては暴動すらおこしかねない。ここに「国際秩序の変化」と「大衆化」との連関がみてとれるね。総力戦は、外交も大衆化させたんだ。

(2) ヨーロッパの民族自決――ヴェルサイユ体制のヨーロッパ

　さて、ウィルソンの十四か条の第5条は前章で考察した民族自決の原則だ。はたして、**第一次世界大戦後、民族自決の原則は適用されたのだろうか？**　まず、第一次世界大戦の主要な戦場になったヨーロッパについてみてみよう。

　パリ講和会議は、第一次世界大戦の戦勝国である連合国・敗戦国それぞれとのあいだにいくつかの講和条約をむすぶための会議だった。その結果、敗戦国の領土は大幅にけずられて、国境が変更されたり、多くの国が独立したりした。この国際体制を、ドイツとの講和条約から名前をとって**ヴェルサイユ体制**という。

　どこがどのように変更されたのか、ウィルソンの十四か条に対応させつつ、次の地図をみながら考えていこう。

● 図8-1：ヴェルサイユ体制下のヨーロッパ

いちばん目立つのはドイツ、オーストリアとソ連とのあいだにひろがる、東欧諸国の独立だね。それ以外の十四か条の第7〜9条は、自分で検討してみよう。

東欧諸国の独立に関係するのは、第10条の「オーストリア、ハンガリーの民族自治」だ。実際には自治どころか民族独立になった。オーストリアとハンガリーは分離し、チェコスロヴァキアが独立し、その他の地域は周辺諸国に併合されているのがわかるかな。これがはたして民族自決といえるかどうかは、あとで検証しよう。

第11条は「バルカン諸国の回復」だ。教科書で第一次世界大戦前のバルカン半島の地図を探して、この地図と比較してみよう。たくさんあった民族がひとつになって、ユーゴスラヴィア（当初は違う名前だったけど1929年にこの名前になった）というひとつの国ができた。

じつはこれ、クロアティア人、セルビア人、モンテネグロ人などが連合した**多民族の連邦国家**なんだ。たしかにオーストリアの領土からは「回

復」したんだけど、民族自決という点ではふしぎなかたちになってしまった。**なぜバルカン半島の諸民族は、多民族連邦のユーゴスラヴィアを形成したのか？**

そしてこの状態はナチ・ドイツによる占領時代をはさんで70年以上もつづくんだけど、1990年代に崩壊して、民族どうしの内戦という悲劇的な歴史をたどることになる。**なぜユーゴスラヴィアは70年以上にわたってつづき、それにもかかわらず崩壊したのだろうか？**

ここではこれ以上ほりさげないけど、これらのユーゴスラヴィアをめぐる問いは、20世紀の民族と国家との関係を考えるうえでとても重要な学びになると思うから、是非探究してみてほしい。

第13条は「ポーランドの独立と海洋への出口保障」だ。地図を確認しよう。ポーランドは、ドイツ・オーストリア・ロシアの三国から領土をゆずりうけて独立した。そしてドイツの領土を分断するように、バルト海への出口がとおっていることがわかるかな。十四か条の原則は実現している。

さて、これでだいたいヴェルサイユ体制下のヨーロッパの状況がわかったわけだけど、これまで学んだ内容から、つぎの問いを考えてみよう。**ヴェルサイユ体制下のヨーロッパでは、民族自決の原則は適用されたといえるだろうか？**

教科書には、「東欧諸国は民族自決の原則のもと独立した」とある。たしかに、これまで大国によって支配されていた東欧の諸民族は、それぞれ国民国家として独立をはたしたのだから、少なくとも彼らについては民族自決の原則は適用されたという解釈が可能だ。

でも厳密に見ていけば、本当にそれぞれの民族が自分の国家をもつことができたといえるだろうか？　反証事例を考えてごらん。いちばんわかりやすいのはユーゴスラヴィアだね。たくさんの民族がよりあつまってひとつの国家をつくった。それにチェコスロヴァキアもそうで、チェコ人とスロヴァキア人の多民族国家だ。

つまり、東欧諸国は民族自決の名のもとに独立したけど、実際には多くの国が多民族国家として成立したんだね。

2 アジアにおける民族運動には、どのような特徴があったのだろうか?

　このように東ヨーロッパには、民族自決の原則が不完全ではあるけど適用された。でも十四か条で述べられていた民族自決は、植民地問題の公正な解決をもとめるものだったよね。植民地には民族自決の原則は適用されたのだろうか?

　これはどの教科書にもはっきりと結論が書いてある。「**アジアやアフリカにある列強の植民地には、民族自決は適用されなかった**」と。パリ講和会議で支持されたのは東ヨーロッパの民族自決で、植民地についてはみとめられなかった。

　これに対して、アジアの諸民族はどのように感じ、どのような行動をとったんだろうか?　ここでキー概念になるのが、**民族運動**だ。これは、外国によって支配されている状況に反発して、**民族ナショナリズム**が爆発し、自治や独立をもとめる運動のことだ。

　こうした民族運動自体は第一次世界大戦前にもあった。では大戦後の民族運動には、どのような特徴があるんだろうか?

(1) 朝鮮の三・一独立運動

　まず、日本支配下の朝鮮の民族運動を見てみよう。朝鮮の人びとはパリ講和会議がおこなわれている最中の1919年3月1日に独立宣言を発表して、デモ行進をおこなった。これを**三・一独立運動**という。**なぜ朝鮮人は、パリ講和会議の最中に独立運動をおこなったのだろうか?**　独立宣言を読んでみよう。

資料8-4 **三・一独立運動の独立宣言**(1919年3月1日)

　われらはここにわが朝鮮の独立国であることと朝鮮人の自主民である

> ことを宣言する。これをもって世界万邦につげ、人類平等の大義を克明
> にし、これをもって子孫万代に教え、民族自尊の正当なる権利を永遠
> にあらしめるものである。これは天の明命、時代の大勢、全人類の共存
> 同生の権利の正当な発動である。……

　教科書には、ウィルソンの民族自決の原則に影響を受けたとある。どの
部分にそれがあらわれているのか探してみよう。ちょっと言葉は違うけど、
「民族自尊の正当なる権利」というのがそれにあたるね。ウィルソンの十
四か条とパリ講和会議によって、**民族自決の原則が「時代の大勢」、つま
り時代がもとめるおおきな潮流になったのだという認識**が読み取れる。

　日本は戦勝国としてパリ講和会議に出席している。そこでこの独立運動
が議題になって、アメリカをはじめとする連合国から、朝鮮人の民族自決
をみとめるように圧力がかかるんじゃないか…。朝鮮人民族運動家のそん
な期待がうかがえるね。

　ところが、ウィルソンをはじめとする戦勝国首脳は、朝鮮人の独立宣言
にはほとんど関心をしめさなかった。独立運動のデモは日本軍によって軍
事的に鎮圧され、多数の死傷者を出したけど、そのために日本が非難され
るようなこともなかったんだ。**なぜ朝鮮人の民族自決への要求は無視され
たんだろうか？**

　講和会議を取りしきるおもな戦勝国は、イギリス、フランス、アメリカ、
イタリア、日本だ。これらの諸国の共通点が、植民地の民族自決をみとめ
ない理由になるよ。どんな共通点がある？

　「ぜんぶ植民地をもっている」――そうだ。アメリカですら、フィリピ
ンなどの植民地をもっているんだ。もし朝鮮人の要求をみとめてしまった
ら、インドやベトナムなどの独立要求もみとめなければいけなくなる。国
民の目を気にしてちょっとでも利益を得ようとしている各国の代表が、植
民地を手ばなすはずはなかったんだね。

　では、三・一独立運動には意味がなかったんだろうか？　もちろんそう

じゃない。この運動は3月1日のソウルの知識人を中心にしたデモだけでは終わらなかった。朝鮮全土に拡大して、大衆的な独立運動になった。民族独立をもとめる朝鮮人の民族ナショナリズムが覚醒したんだ。

このため、日本側はこの運動を軍事的に鎮圧したあと、統治のしかたをあらためざるをえなくなった。教科書によれば、武力でおさえこむ統治から、一定の言論活動をみとめる文治統治に転換したとある。これはあきらかな民族運動の結果だね。

（2）中国の五・四運動

つぎに中国の民族運動を見てみよう。中国はぜんぶが植民地になっているわけじゃないけど、さまざまな利権を列強にうばわれて「半植民地」といわれていたし、何より二十一か条要求によって日本からの植民地化の脅威にさらされていた。

あと朝鮮などの植民地と違うのは、中国は第一次世界大戦に連合国側で参戦して、戦勝国としてパリ講和会議に代表をおくりこんでいたことだ。だから中国は、ドイツから利権を取りもどす、つまり二十一か条要求を無効にして青島を取りもどすことができると期待していたんだ。民族自決の原則にもかなうしね。

ところがパリでは日本の要求がとおって、青島は日本領ということになったというニュースがとどいた。それに怒った中国の民衆が、民族ナショナリズムを爆発させた。北京の学生たちが反日デモをおこして、それが全国にひろがった。これを**五・四運動**という。**北京の学生たちは、青島を取りもどせないことのどういうところを問題だと考えたのだろうか？** 資料8-5を読んで考えてみよう。

資料8-5 **北京の学生の主張**（1919年5月4日）

いま（パリ）平和会議が開催中だが、われわれが希望し祝賀するのは、

世界に正義があり人道があり公理があることだといえる。青島を（中国に）返還し、中国と日本の密約や軍事協定そしてそのほかの不平等条約を取り消すのが公理だ。……フランスがアルザス州・ロレーヌ州に対し「これが手に入らないならば死んだほうが良い」といい、イタリアがアドリア海の小さな土地に対し「これが手に入らないならば死んだほうが良い」といい、朝鮮が独立をめざして「独立できなければ死んだほうが良い」という。国家の存亡、領土の割譲という問題が急をつげるとき、人びとがまだ一大決心をせず最後の発奮をしなければ、（われわれは）20世紀の駄目な民族で、人類に顔向けできない。

　これは朝鮮の独立宣言と似ていると思うんだけど、自分たちの要求は世界の正義・人道・公理なんだと主張しているよね。これは、民族自決の原則のことだということがわかるよね。

　つまり北京の学生は、世界の正義にしたがって各国が自分たちの民族的な要求をしているのに、自分たちが要求しないのは人類の正義に反する、それが問題だと主張しているんだ。

　では五・四運動は中国のその後の歴史にとってどんな意味をもったんだろうか？　じつはこの民族運動は、革命家の**孫文**に影響をあたえた。孫文は中国現代史の重要人物だから、どんな人物か教科書をふりかえって調べておくといいよ。孫文は辛亥革命で清をたおしたときの中華民国のリーダーだったんだけど、袁世凱におわれて、このときには中国の最南端、広東省の広州にいた。

　孫文は、五・四運動という民族運動からどんな影響を受けたんだろうか？　教科書によれば、かれは**中国国民党**をつくって北京に対抗する独自の政府をつくった。それからソ連の指導のもと、中国共産党との連携（第1次国共合作）を実現した。孫文はそのあと死んでしまったけど、あとをついだ蔣介石が中国統一戦争をおこして南京を陥落させて**国民政府**をつくり、1928年に中国統一をはたして**国民革命**が達成された。

孫文と蒋介石の運動には、なぜいちいち「国民」とついているんだろうか? これはつまり、自分たちの政治運動を国民全体のナショナリズムと連動させようとしたんだ。一部のエリートだけではだめで、大衆の支持もなければいけない。だから労働者と農民の政党である共産党とも連携する。これが、孫文が五・四運動から学んだことだったんだ。

民族自決の原則は、アジアには適用されなかったとはいえ、民族運動の爆発をひきおこし、しかもそれがその後の歴史におおきな影響をあたえたことがわかったね。こうした動きは東アジアだけじゃなくて、インドや東南アジア、中東やエジプトでもおこった。「チャレンジ!」であげておくけど、どんな運動だったのか自分でまとめてみよう。

3 国際協調体制には、どのような問題があったのだろうか?

(1) 国際連盟の設立

さて、ちょっと横道にそれたけど、またパリ講和会議にもどろう。十四か条の第14条は「国際連盟の設立」で、これは実現した。国際連盟は何のために設立されたのだろうか? 十四か条の正文を見てみよう。

資料8-6 **十四か条の平和原則より**

14 大国・小国を問わず、政治的独立と領土保全の相互的保証をあたえあうことを目的として、明確に規定された協約のもとに、諸国家の全体的な連合的組織が結成されなければならない。

この「諸国家の全体的な連合的組織」=**国際連盟の思想がもたらす、それまでの国際秩序の考え方とはぜんぜん違う画期的なところは、どういう**

ところだろうか？

　それまでの国際秩序がどんなものだったか、思いだしてみよう。主権国家体制のルールはあったけど、そのルールは大国が戦争によって小国におしつけることがあった。それに帝国主義の時代だったから、文明化していない国が大国に支配されるのは正しいことだとされた。それと決定的に違うのはどういうところだと思う？

　「政治的独立が保証されるところ」——そう、侵略戦争はゆるされないという考えが国際的に共有されることだ。「世界中の国家が参加する組織があること」——**世界中の国家が参加しているということで、平和保障のあり方はどう変わる？**　国際連盟のどこかひとつの加盟国でも攻撃されたら、世界中の加盟国すべてを敵にまわすということだ。この考え方を**集団安全保障**という。

　あと、「大国・小国を問わず」というところも大事だ。帝国主義時代は大国中心だったからね。とはいえ、大国が平和維持に責任をもつことも大切だから、国際連盟には常任理事国というシステムがつくられた。すべての加盟国が「一国一票」の原則のもと、平等に決定にかかわる総会も重視される。

　ところが、**画期的に思える国際連盟には、致命的な欠点も多かった。それはどんな欠点だったんだろうか？**　「アメリカが加盟しなかった」——平和への責任を負うべき大国であるアメリカが、国内の上院議会の反対によって、国際連盟に加盟できなくなってしまった。それに社会主義という得体のしれない国家になってしまったソヴィエト＝ロシアも入っていない。この2つの大国がいないのは、集団安全保障としてはこころもとないよね。

　ほかにも、大国の植民地支配をみとめているとか、実際に侵略戦争がおきたときの対抗手段が経済制裁くらいしかなくて、実効性があやしいとか、さまざまな問題があったんだ。1930年代に侵略戦争がおきたとき、どう機能しなかったのかを、第10章で具体的に検証していこう。

（2）ワシントン体制

　でもアメリカは国際協調体制から完全に離脱していたわけじゃない。じつは1921年から1922年にかけて、ワシントン会議をひらいて、アジア・太平洋の安全保障についてたくさんの国際条約をむすんでいった。これによって成立した国際秩序を**ワシントン体制**という。ヨーロッパのヴェルサイユ体制とあわせて、戦間期の国際秩序の総称としてヴェルサイユ＝ワシントン体制ということがあるよ。

　国際連盟に加盟しなかったにもかかわらず、なぜアメリカはワシントン体制をつくったのだろうか？　それぞれの条約にこめられたアメリカの意図を読みとり、東アジア、とくに日本にあたえた影響を考えよう。

　歴史総合の教科書では3つの条約について説明されているから、それぞれの要点を表にしてまとめてみよう。

● **図8-2：ワシントン体制の3条約**

条約名	締約国	内容	目的
ワシントン海軍軍縮条約	米・英・日・仏・伊	主力艦の保有率を、米：英：日＝5：5：3などとする。	軍備縮小
四か国条約	米・英・日・仏	太平洋の島々の現状維持。日英同盟を解消。	太平洋の平和
九か国条約	米・英・日・仏・伊・ベルギー・オランダ・ポルトガル・中国	中国の主権尊重、門戸開放、機会均等の保証。山東半島の旧ドイツ権益の中国返還。	中国の安全保障

　こんな感じになるね。参加国はたくさんあるけど、とりあえず歴史総合ではアメリカ・イギリス・日本だけおぼえておけばいい。それぞれの条約の何がアメリカにとって利益になるかを考えよう。

　まず海軍軍縮条約は、軍備を制限するということで、ウィルソンの十四か条の第4条を部分的に実現したものだ。比率を見ると、アメリカとイギ

リスが同じで日本がちょっと少ない。海軍力を世界的にコントロールすることで、太平洋のアメリカの権益をまもるという利益があったとも解釈できるね。

　四か国条約と九か国条約は、太平洋と中国の領土を変更しないことを集団安全保障でさだめるもので、まさに国際協調体制のアジア版だ。とはいえ、太平洋の島々はすべて列強の植民地だから、植民地の維持でもある。

　問題は、四か国条約で日英同盟が解消され、九か国条約で、第一次世界大戦で日本が手にいれた青島などの山東半島の利権を中国に返還するとさだめたことだ。中国はうれしかっただろうね。五・四運動で国民がもとめたものが国際的に承認されたんだ。でも日本からすると不利益だ。**なぜワシントン会議で、イギリスやアメリカは日本の利益をおさえようとしたんだろうか？**

　二十一か条要求に対するアメリカの反応を思いだそう。日本の要求は、アメリカの国益である門戸開放主義に反するといっていたね。だから九か国条約では、門戸開放主義を集団安全保障で確立して、日本の要求を取りさげさせた。アメリカの国益全開という感じだ。

　四か国条約で日英同盟を解消させたのは、なぜだと思う？　日本は日英同盟を根拠にして第一次世界大戦に参戦して、中国に二十一か条要求を出すまでになったよね。ようするに日本はやりすぎたんだ。それに日本の中国進出をおさえるためには、イギリスだけじゃなくて4か国の集団安全保障のほうが国際的な合意をつくりやすい。国際協調体制の成立によって、二国間条約というかたちは古くなったんだ。

　じゃあ、**ワシントン体制にはどんな問題があっただろうか？**　一見すると、欠陥はないように見える。でも日本からするとどうだろう？　どうも米英の大国が日本のやりすぎをこらしめて、日本だけに不利益になるような条約に見えるね。中国に進出したい日本人から見れば、不満たらたらだっただろうね。

　でも二十一か条要求は、どう見てもやりすぎだったんだから、さかうらみじゃないか、それでワシントン体制の問題点とかいっても、言いがかり

じゃないかって、そう思う？　たしかにそのとおり。でも帝国主義時代の常識をひきずっていた日本の政治家や軍人は、そうは思わなかったんだ。

　現実の歴史は、1930年のロンドン海軍軍縮条約に対して日本の軍人たちが反発して、天皇がもつ「統帥権」の侵害だといいたてた。九か国条約を無視して満洲事変をおこし、その後日中戦争も勃発した。経済封鎖されて、アメリカに宣戦布告した。すべてワシントン体制への反発なんだ。

　ワシントン体制自体に問題はなくても、それに反発する勢力があらわれることで、平和構築がむずかしくなる。 これはヴェルサイユ体制に反発したナチスについても、同じことがいえる。

　彼らはなぜ既存の国際秩序に反発したのか、何が自分たちの国益に反すると考えたのか？ 侵略する側の論理を、共感するのではなく客観的に分析する。そうしたことを探究するのも、重要な歴史的思考なんだ。

（3）ロカルノ条約から不戦条約へ

　さて、ヴェルサイユ条約がむすばれてから数年間は、東欧諸国は国境紛争をするし、ドイツが賠償金を支払わないからといってフランスとベルギーがルール地方を占領したりと、とてもじゃないけど国際協調とはいいがたい状況だった。それが落ちついて、ようやく国際協調の気運がさだまったのが、1925年の**ロカルノ条約**だ。

　ロカルノ条約はドイツの西部国境の現状維持をヨーロッパ諸国全体で保障するもので、まさにヨーロッパの集団安全保障体制を象徴する条約だ。これでドイツは危険な国じゃないというあつかいになって、翌年にはドイツの国際連盟加盟が実現する。

　そして1920年代の国際協調体制の総仕上げともいうべき条約が、1928年にパリで結ばれた**不戦条約**だ。**不戦条約のどこが画期的だったのだろうか？** 条文を見てみよう。

第1条　締約国は、国際紛争解決のために戦争にうったえることを非難
　　　　し、かつ、その相互の関係において国家政策の手段として戦争
　　　　を放棄することを、その各々の人民の名において厳粛に宣言す
　　　　る。

第2条　締約国は、相互間に発生する紛争または衝突の処理または解決
　　　　を、その性質または原因のいかんを問わず、平和的手段以外で
　　　　もとめないことを約束する。

　何といっても、戦争という手段を非難し、放棄することを国際条約でさ
だめたのが画期的だ。リードしたのはフランスとアメリカ、最初の締約国
は日本をふくむ15カ国で、最終的にはソ連もふくむ63か国が参加した。
まさに集団安全保障で戦争のない世界をつくろうとする、国際協調体制の
理想形にみえるね。

　この条文を見て、何かに似ていると思わなかった？　そう、日本国憲法
の第9条だね。厳密にはその第1項だ。「日本国民は、正義と秩序を基調
とする国際平和を誠実に希求し、国権の発動たる戦争と、武力による威
嚇又は武力の行使は、国際紛争を解決する手段としては、永久にこれを
放棄する。」──**不戦条約と日本国憲法第9条の共通点を探してみよう。**

　不戦条約の「国家政策の手段として戦争を放棄する」というのと9条の
「国権の発動たる戦争……を放棄する」はそっくりだね。「国際紛争解決
のために戦争にうったえる」ことをしないというのと、「国際紛争を解決
する手段としては」戦争しないというのもほぼ同じだ。つまり、戦争放棄
という9条の理念のモデルになったのが、不戦条約なんだ。

　しかし、みんなも知っているように、戦争はおきた。不戦条約をむすん
だ3年後には満洲事変、その4年後にはイタリアのエチオピア侵略、その
2年後には日中戦争、そしてその2年後に第二次世界大戦がおきる。すべ

て不戦条約に加盟している国がおこしたんだ。

　なぜ、不戦条約があったにもかかわらず、戦争はおきたんだろうか？　この問題を、つぎの「現代的視点から考える」で取りあつかってみよう。

4　現代的視点から考える——不戦条約があっても侵略戦争をふせぐことができなかったのは、なぜだろうか？

　現在も世界中で戦争がおこっている。とくに戦間期の国際秩序の問題について考えるときにどうしても思いうかべるのが、（前章でも例にあげたけど）ロシアによるウクライナ侵略だ。

　この戦争は、核兵器をもち、国際連合の安全保障理事会の常任理事国である、大国のロシアが、独立国家に対するあからさまな侵略戦争をおこなったという点で、国際秩序の根幹をゆるがす大事件だった。いままで戦間期の国際秩序について考えてきたけど、そこで想定されたいろんな平和のためのしかけが、今回のロシアのような場合にはまったく機能しないことがわかるね。

　おなじように、国際連盟や不戦条約があったにもかかわらず、それらの平和維持のシステムは機能せず、第二次世界大戦はおこってしまった。**戦間期の国際秩序には、どのような欠陥があったのだろうか？**

　まず、国際連盟についてみていこう。国際連盟は加盟国が戦争をした場合、どのようにして対処することになっていたんだろうか？　国際連盟規約を読んでみよう。

　資料8-8　国際連盟規約第16条

　……他のすべての連盟加盟国は、その国（戦争にうったえた連盟加盟国）とのいっさいの通商上または金融上の関係の断絶、自国民とその違約国国民とのあいだのいっさいの交通の禁止、また連盟加盟国であるか否かを問わず他のすべての国の国民とその違約国国民とのあいだのいっさい

の金融上、通商上または個人的交通の阻止を、ただちにおこなう。

　これはいわゆる経済制裁だ。あとは加盟国間の移動を制限する。この経済制裁に実効性はあるだろうか？　つまり、**経済制裁をしたからといって侵略行為をやめるだろうか？**　ロシアに対して国際社会は経済制裁をしたけど、プーチンは戦争をやめなかったよね。それはなぜだろうか。

　「資源も人口もある大国だから」——そういう国に制裁をしてもダメージは少ないよね。「抜け道があるから」——たとえば中国とか、制裁に賛同しない国との貿易はできるね。それに、逆ギレして戦争をよりはげしくするという逆効果もある。経済制裁は侵略戦争をやめさせる有効な手段ではないんだ。

　つぎに不戦条約の欠陥を見ていこう。じつは、不戦条約が締結されたときから、この条約は実効性をもたないといわれていた。それはなぜだろうか？　キーワードは「**自衛のための戦争**」だ。**戦争を放棄するということは、「自衛のための戦争」も放棄しなければいけないのだろうか？**

　不戦条約の作成にあたったアメリカ国務長官（他の国でいう外務大臣にあたる）ケロッグが、この疑問に答えた資料がある。

資料8-9 アメリカ国務長官ケロッグから在仏大使ヘリック宛の電報より（1928年）

　……この権利（自衛権）は、各主権国家に固有のもので……各国は、いかなるときにも、諸条約の条項に関係なく、その領土を攻撃もしくは侵略から守る自由をもち、また自衛のための戦争にうったえるべきか否かを独自に決定する権利をもつ。

　「自衛のための戦争」はみとめられる、とケロッグは答えているね。それは自衛権が国家の重要な主権だからだ。この見解にはみんな納得するか

な？

「納得する」——なぜ？　「戦争になってしまったら、軍事力で押しかえさないと国民に被害が出て、国が滅びてしまうから」——そうだね。ロシアに攻撃されたウクライナは、軍隊を動員して防衛戦争をし、国際社会も軍事支援をした。これは正当な自衛権の行使だ。

ところが、**この「自衛のための戦争」は、不戦条約の欠陥、抜け穴になってしまうという意見が、当時からあった。それはなぜだろうか？**　当時の国際法学者の見解を読んでみよう。

資料8-10　**日本人の国際法学者による批評**（信夫淳平『戦時国際法講義』より）

　不戦条約が禁止する「国家政策の手段」としての戦争は、実際、こんにちでは見つけられず、どの戦争も自衛のためだとして、少なくとも自衛の名において、遂行されるだろう。くわえて、自衛がはたして自衛なのかは、個人間の正当防衛が裁判所によって判定されるのとはことなり、戦争を遂行する国自身が判定するのだから、自衛戦争を適法とみとめる不戦条約のもとでは、ほとんどすべての戦争は、適法の戦争として公認されるのである。

　この国際法学者は、「どの戦争も自衛のためだとして……遂行される」し、それが自衛であるかどうかを決めるのも、その国なんだから、すべての戦争はみとめられてしまうといっている。

　またウクライナ侵略の例をひくけど、ロシアがウクライナを侵略する理由のひとつに、ウクライナがNATO（北大西洋条約機構）に加盟したら、ロシアの国防上の危機になる、というものがあった。これが「自衛のための戦争」の論理なんだ。みんなはこの論理に納得するかな？

　「納得しない」——なぜ？　「侵略する側が脅威をでっちあげて、一方的に攻撃しているから」——本当にそうだね。でも、その脅威がでっちあげ

だということを、どうやって証明して、侵略する側に納得させることができるんだろうか？　これがむずかしい。

　国際法や平和主義の考え方は、まもられるべき理想をかかげるものなんだけど、現実にはいろいろと理屈をつけて理想をねじまげたり、実際に切迫した状況になると理想どころじゃなくなる場合がある。平和を実現するのがむずかしいのは、この理想と現実のせめぎあいがあるからなんだ。ここでの学びを念頭において、以降の第二次世界大戦への道についても考えていこう。

チャレンジ！　教科書をつかって、つぎの問いも深めてみよう！

1. ガンディーは、なぜインドの民族運動として非暴力・不服従運動を推進したのだろうか？

2. アジアの民族資本の成長は、民族運動の高揚にどのように関係しただろうか？

3. パリ講和会議で日本代表が提出した人種差別撤廃条項は、なぜ受け入れられなかったのだろうか？

4. 日本はパリ講和会議でどのような成果を得たのだろうか？　その成果はその後の日本の歴史にどのような影響をあたえただろうか？

第9章 大衆化の光と影
——民主主義とファシズム

メインの問い

なぜ民主化がすすんだ社会から
ファシズムが登場したのだろうか?

概念

民主主義（デモクラシー）　ファシズム

　みんなは日本の歴史をもうひととおり勉強しているね。「昭和初期の歴史」と聞くと、どんなイメージがある？　「戦争とか」　そのときの政治は民主的だっただろうか？　「民主的じゃなかった」——そう、軍部が主導権をにぎって、政府も議会もすべて戦争賛美だった。

　じゃあ、「大正時代の歴史」と聞くと、どんなイメージだろう？　「……大正デモクラシーとか？」——そうだね。大正時代には平民宰相も生まれたし、普通選挙権がみとめられた。日本の民主主義が進展した時代だったんだ。

　でもこの大正デモクラシーの時代から戦争の時代、つまり満洲事変がおきた1931年（昭和6年）まで、わずか十数年ほどしかない。そう考えると、こんな疑問がうかばないだろうか。**民主主義がすすんだのに、なぜ日本は戦争につきすすんだんだろうか？**

　じつは同じようなことはドイツでもおこっている。**ヒトラー**は知っているね？　ヒトラーにはどんなイメージがある？　「独裁者」「ユダヤ人を虐殺した」——うん、そして第二次世界大戦をひきおこしたことも重要だ。

そのヒトラーが独裁権をにぎる14年前に、ドイツは男女普通選挙権をそなえ、「世界でもっとも民主的」とまでいわれたヴァイマル憲法（ワイマール憲法）を制定しているんだ。**民主的な憲法をそなえたドイツで、なぜヒトラーは独裁者になって戦争につきすすむことができたんだろうか？**

　ちなみに、ヒトラー政権のように議会制民主主義を否定して、独裁政権をきずいていこうとする政治勢力を**ファシズム**という。ファシズムは、1922年にクーデタで政権を取ったイタリアの**ムッソリーニ**が最初で、彼の政党であるファシスト党からきている。ヒトラー政権やムッソリーニ政権が個別の事例で、ファシズムが概念的ないい方だと考えればいい。**なぜ民主主義からファシズムが生まれたのか？**

　日本とドイツは、第一次世界大戦の戦勝国と敗戦国。スタート地点がちがうのに、なんだかよく似た道をあゆんでしまっているね。つまり**民主主義（デモクラシー）がすすんだ国から戦争につきすすむ体制へと転換してしまった**ということだ。なぜ、そんなことがおきてしまうのだろうか？

　もちろん、全体的なあゆみは似ていても、日本とドイツとでは歴史的背景も、戦争にむかう経緯もぜんぜんちがう。だからこの章では、それぞれの国について民主主義（デモクラシー）がいかに構築され、いかに転換したかを考えていって、両者を比較していくことにしよう。

　現在、私たちは民主主義の国に生きている。世界の多くの国でも選挙で大統領や政治家をえらぶ。だからこそ、なぜ民主主義からファシズムが生まれたのか、あるいは戦争へとすすんでいったのかを考えることは大事だ。何しろ、私たちの世界でもおきるかもしれないのだから。

1 「大衆化」には、どのようなポジティブな面と
ネガティブな面があるのだろうか?

(1)「大衆」とは何か

　具体的な歴史にはいる前に、「**大衆**」の問題について考えてみよう。この章の大きな概念が「大衆化」だからなんだけど、それだけじゃなくて、民主主義と独裁とか戦争との関係を考えるには、大衆との関係について考えることが重要だからだ。

　じつはぼくは、歴史総合の大テーマに「大衆化」があがっていることに、ちょっと微妙な印象をもっていた。一般的な大衆の意味は、第Ⅱ部の最初に説明したように、「大多数のふつうの人びと」だ。でも社会科学では、そこにもっとちがった意味がつけくわえられるんだ。**「大衆」とはどんな集団のことをさす言葉なんだろうか?**

　大衆について重要な考察をしたのが、哲学者のオルテガだ。彼は『大衆の反逆』という有名な本のなかで、こういうふうに大衆を説明している。

資料9-1 **オルテガ『大衆の反逆』**（1930年）より

(a) 大衆とは、よい意味でも悪い意味でも、自分自身に特殊な価値をみとめようとはせず、自分は「すべての人」と同じであると感じ、そのことに苦痛をおぼえるどころか、他の人々と同一であると感ずることによろこびを見出しているすべての人のことである。

(b) そのことのよしあしは別として、こんにちのヨーロッパ社会においてもっとも重要なひとつの事実がある。それは、大衆が完全な社会権力の座にのぼったという事実である。大衆というものは、その本質上、自分自身の存在を指導することもできなければ、また指導すべきでもなく、ましてや社会を支配統治するなどおよびもつかないことである。

「自分自身に特殊な価値をみとめようとしない」「他の人と同じであることによろこびを感じる」人々。そして政治的には「指導することができない」し、指導しようとも思わない、それが大衆だ。

　もっとわかりやすくするために、すでに学習した「市民」の概念とくらべてみよう。**「大衆」と「市民」はどのようにちがうのだろうか？**　第2章を見なおしてほしいんだけど、市民とは、「法的に平等な権利をもつ自由な個人」のことだ。そして理想の社会が実現していない場合は、自分たちがもつべき権利を社会に対して遠慮なく主張する存在だ。

　大衆はそうじゃない。個人としては何も主張せず、大多数の集団の動きと同調する。理想の社会像があったとしても、それは自分たちが実現するものじゃなくて、誰か別の指導者が代弁してくれて、大衆はそれによろこんでしたがう存在だ。

（2）大衆化はポジティブかネガティブか

　さて、みんなはこの意味での大衆にポジティブ（肯定的）なイメージをもつ？　それともネガティブ（否定的）なイメージをもつ？

　たぶん、ネガティブなイメージをもつんじゃないだろうか。そして歴史総合の教科書には、そういう大衆を象徴する写真が、たいていのっている。ヒトラーをとりまく大衆の群れだ。**この写真から、大衆化と独裁者との関係について、どんなイメージをいだくだろうか？**

　それは、大衆の支持によって独裁者は権力をえていたということだね。ちょっと極端かもしれないけど、このイメージからは、「独裁者によろこんでしたがう、主体性をもたないおろかな大衆」という大衆像がうかんでしまうんじゃないだろうか。だから、ぼくは「大衆化と私たち」というテーマに微妙な気もちになったんだ。

　でも、大衆化にはポジティブな面ももちろんある。大衆化とは、**大衆社会**が成立したということ。すべてのふつうの人々が活躍する社会のことだ。**大衆社会が成立したことは、私たちにとってどのようなポジティブな面が**

あるだろうか? 教科書にはさまざまな大衆社会の様子が、写真とかポスターでしめされているよ。

　たとえば、新聞やラジオをつうじて誰でも同じ情報をえることができるようになった。それなりの所得があれば、デパートでの買い物や旅行にいけるようになった。これから見ていくように、普通選挙権があたりまえになって、誰でも政治に参加できるようになった。これらは大衆化のポジティブな面だ。

　つまり、大衆化にはポジティブな面もあればネガティブな面もある。そしてこの大衆化の二面性が、「なぜ民主主義からファシズムが生まれたのか?」という問いに対するひとつの答えになると思わない? **大衆化は民主主義の発展にもファシズムにもつながりうる性格をもっている**ということだ。そして、大衆社会に生きる現代の私たちも、そのことを意識して世界や日本について考えられるようになるといいと思う。

　では、個別の歴史的な事例を見て、この問題について考えてみよう。

2 民主主義国のドイツから、 なぜヒトラーという独裁者が登場したのだろうか?

(1) ナチ党の台頭

　まず、ドイツから見ていこう。ドイツでは、第一次世界大戦末期にドイツ革命が勃発してドイツ帝国が崩壊、いわゆるヴァイマル共和国が成立した。1919年、ヴァイマル共和国は、当時「もっとも民主的な憲法」ともいわれたヴァイマル憲法を制定した。

　憲法の特徴は、充実した社会保険や失業保険の制度もさることながら、**男女普通選挙**をさだめたのが大きいね。議会制民主主義を憲法でしっかりさだめ、選挙は政党に投票する完全な比例代表制だ。

　こうした憲法体制のもとで、ドイツの政治も大衆化する。選挙活動が大規模化し、それぞれの政党の支持者が街頭や酒場で衝突する。**ナチ党（ナ**

チス）は、このヴァイマル共和国で誕生し、やがて多くの大衆を魅了し、台頭していく。

　ナチ党の正式名称は、国民社会主義ドイツ労働者党という。長いね（笑）。つまりは労働者のための政党で、でも社会主義じゃなくて「国民社会主義」ですよと。この「国民」が入っているのと入っていないのとでは大ちがいなんだ。**国民社会主義とはどんな主義主張なんだろうか？** ヒトラーの演説から読みといてみよう。

　資料9-2 **ヒトラーの演説**（1924年）

　われわれは（われわれの運動を）国民社会主義と名づけた。……国民的とは、何よりもまず団結して行動し、われわれの民族すべてを愛し、もし必要ならばそのために死ぬことさえ意味する。……同様に、社会的とは、国家とそのなかで各個人が共同体の利益のために行動し、そのために死ぬことができなければならない民族の共同体を建設することを意味する。

　ヒトラー的には、「国民的」には民族を愛し、そのためには死んでもいいというような集団という意味がこめられている。これはまさにナショナリズムだ。とくに重視するのは「民族の共同体」というところで、「社会的」とはその民族共同体のために死ぬことができるという意味だという。ということは、これは社会主義では全然なくて、「国民社会」の主義ということだと考えたほうがいいね。

　つまりナチ党は、国民社会＝民族共同体をまもるために死ねる国民をもとめているわけだ。みんなはこの主張をどう思う？　かなりヤバいね。でもこの演説をした9年後にはヒトラーが首相になって、その6年後には第二次世界大戦がおこって、本当に多くの人びとが死んでいくんだ。

　こんなヤバい人物が、なぜ国民の支持をえていくんだろうか？　ナチ党をふくむヴァイマル共和国の選挙結果の流れを見てみよう。**ナチ党はいつ**

議席をのばしたのか、読みとってみよう。

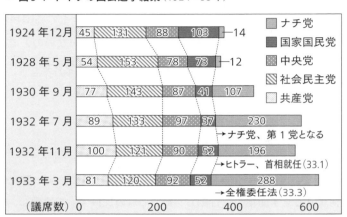

● 図9-1：ドイツの国会選挙結果（1924〜33年）

| | ナチ党 | 国家国民党 | 中央党 | 社会民主党 | 共産党 |

1924年12月　45　131　88　103　14
1928年5月　54　153　78　73　12
1930年9月　77　143　87　41　107
1932年7月　89　133　97　37　230 →ナチ党、第1党となる
1932年11月　100　121　90　52　196 →ヒトラー、首相就任（33.1）
1933年3月　81　120　92　52　288 →全権委任法（33.3）
（議席数）　0　　200　　400　　600

　ナチ党が議席をのばしたのは、1930年9月の選挙だ。それまでの12議席からいっきに107議席までのばしている。つぎの1932年選挙で230議席を取って第1党になったけど、存在感をましたのは1930年選挙が大きいね。では、**なぜナチ党は、1930年に議席をのばすことができたんだろうか？** 国民は、既存政党と政府に大きな不満をもっていた。それは何だろうか？

　教科書を読んでいればわかるね。そう、1929年末におこった**世界恐慌**だ。世界恐慌は、これまでまがりなりにもうまくいっていた国際協調体制に水をさし、ナチ党を台頭させ、日本の満洲事変を誘発し、世界をめちゃめちゃにした大事件だ。世界恐慌はなぜおこったのか？ 非常に重要な探究テーマなので、各自でしらべておこう。

　なぜ世界恐慌の時期にナチ党の支持がのびたのか？ それについては、まずは世界恐慌の結果、ドイツがどのような状態になったのかを理解することが大事だ。いちばんわかりやすくて問題になるのは、失業者数がすさまじい勢いでのびていったことだね。世界恐慌以降の各国の失業率の推移をしめすグラフを見てみよう。

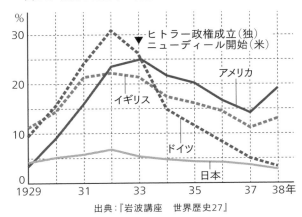

● 図9-2：各国の失業率の変化

出典：『岩波講座　世界歴史27』

　あきらかにドイツの失業率が突出して高いね。そしてヒトラー政権になってから急速にさがっている。ドイツ人は、世界恐慌によってつぎつぎと職をうしない、生活が極端に困窮するなかで、ドイツ民族の復興をさけぶヒトラーとナチ党に期待したんだ。

（2）ヒトラー独裁体制への移行

　こうして、世界恐慌による生活の困窮を起爆剤にして、ナチ党は1932年7月に第1党にまでのぼりつめた。ヴァイマル憲法の首相指名は大統領の専権事項で、かならずしも国会選挙の直接の結果というわけではないんだけど、いろいろあって、ヒトラーは1933年1月に首相になった。

　政権を取ったヒトラーは、権力を盤石のものにするために、同年3月に**全権委任法**を国会で可決した。**全権委任法によって、ヒトラーは何をなしとげようとしたのだろうか？**　法律の条文を読みとってみよう。

資料9-3　**全権委任法**（1933年）

1　ドイツ国の法律は憲法に規定されている手続きによるほか、ドイツ

国政府によっても制定されうる。……

2　ドイツ国政府によって制定された法律は、ドイツ国会およびドイツ
　　国参議院の制度そのものを対象としない限り、憲法に違反しうる。
　　……

　まず第1条を見るだけでもヤバい。法律を政府が制定できるようにする
と書いてある。これの何が問題なんだろうか？　みんなは公民の時間に、
三権分立を勉強しているね。全権委任法は、国会がもつ立法権を政府に
あたえるもので、三権分立を完全に崩壊させるものだ。

　第2条はさらにすごい。政府の法律は憲法に違反してもかまわないとい
っている。これでヴァイマル憲法は、事実上無効化されたんだね。

　この全権委任法には、どんな歴史的意義があるだろうか？　ナチ党は選
挙で勝って、国民の支持をえて政権をとったのに、国会の機能を事実上
停止したんだ。これは**ヴァイマル共和国の民主主義から、ヒトラー独裁へ
の転換**ということになるね。

　さて、ここでメインの問いについて考えてみよう。民主主義の発展した
国から、なぜファシズムが生まれたのだろうか？　ドイツの歴史的事例で
いいかえれば、**ヒトラー独裁は、民主主義の結果として生まれたのだろう
か？**

　これはさまざまな解釈が可能だ。まず、そうではない、つまり民主主義
の結果ではないとする立場を考えよう。ヒトラー独裁体制は、ヴァイマル
憲法の民主主義のシステムを全権委任法でこわしたことによって成立した。
だから、たしかにヒトラーは国民の支持をえて政権を取ったけど、ヴァイ
マル共和国の民主主義自体に、ヒトラーの独裁を生みだす要素があった
わけではなかったという解釈ができる。

（3）ヒトラー政権への国民の支持

　それに対して、民主主義の結果だという立場だとこうだ。ヒトラー政権は選挙の結果、国民の大多数の支持をえて、その影響力のもとで成立し、その後の政策も国民に支持されたからだと。では**なぜ、ヒトラー政権は国民の支持をえていたのか？**　その問いについて考えるための資料として、前に出てきた失業率の推移を考えてほしい。

　ドイツの失業率は1932年がピークで、ヒトラー政権になってから失業率はさがっていったことがわかるね。ヒトラーは国民の期待にこたえるかたちになった。

　なぜヒトラー政権期に失業率がさがっていったのか、という問題については、これまでは高速道路とかの公共事業に力を入れたからだという解釈が一般的だったけど、最近の研究ではその効果は限定的で、結局軍備増強してからの軍需雇用が大きかったんじゃないかという見解が通説になってきている。

　まあようするに、戦争の準備をするから軍需景気で経済がよくなっていったということなんだけど、ヒトラーは本当に戦争をする気だったし、国民もそれはある程度わかっていたんだ。それにもかかわらず、**なぜ戦争を準備するヒトラーを、ドイツ国民は支持したのだろうか？**　当時のドイツ国民の見解を見てみよう。

資料9-4 **中部ドイツ、ヘッセン州ケルレ村に住む山羊農家の証言**

（山本秀行『ナチズムの記憶』より）

　1939年までは、すべてがうまくいっていた。……だれもが生活でき、仕事にありついていた。満足していた。ごらん、だれそれはもう自転車を買ったとか、だれそれはまだもっていないとか。……労働者たちは、当時みな家を建てた。……彼らは、いつもこういっていた。「仕事があって、金がかせげるかぎり、おれたちは満足している」と。

これは第二次世界大戦後の回想みたいだね。仕事があって、ほしいものを買えて、家をたてることができる。ヒトラー政権以前にはこれらはできなかった、だから支持すると。他の証言も見てみよう。

資料9-5 **ナチ党の時代を回想した家具職人の言葉**（『彼らは自由だと思っていた』より）

　当時の生活がいちばんよかった。……私たちは、ヒトラーの語っていることは、一種の力強さについてだと確信しました。彼は力強さについて語っていた。1933年以降、子どもたちを大勢もてるようになり、未来が開けました。貧富の差が縮まりました。どこでもそれがわかりました。チャンスが与えられたのです。1935年、おやじの店をひきついだ私に、政府から2000ドルが融資されました。前代未聞のことでした！

　体制が民主主義だろうと、独裁だろうと、何だろうと発展には関係なかったですね。政府の形態にも無関係でしたよ。少しでも金とチャンスがあれば、どんな政治体制か、だれも注意しませんでした。

　この証言は、民主主義からなぜファシズムが生まれたのかという最初の問いについて、ひとつの答えをあたえてくれそうな気がするね。つまり、自分たちにチャンスをあたえてくれるのであれば、民主主義じゃなくても、独裁でもいいと。

　みんなはこの考え方を否定できるだろうか？　たぶん否定できないんじゃないかな。誰しも自分の生活が大事だし、人間は弱い。彼らには彼らなりの主張や期待があってヒトラーを支持したんだ。

　でも、それではすまされないことも、このとき進行していた。**ユダヤ人の迫害**などだ。これについては、後ほど「現代的視点」で考えてみよう。

3 なぜ日本は、大正デモクラシーのあとに 戦争への道をあゆんだのだろうか?

(1) 大衆の社会運動

　つぎは日本の大衆化だ。まず、大正デモクラシーの最初から考えてみよう。**貧民もふくめたすべての民衆にいたるまで政治的権利を要求するようになったのは、なぜだろうか?** その理由は社会や経済のさまざまな側面から説明できるから、当然答えはひとつじゃない。教科書の記述や資料から、根拠になりそうなものを探してみよう。

　まず、参政権を要求する運動以外にも、日本では大衆が社会的な不満を爆発させる**社会運動**がたびたびおこっていた。**日本における大衆の社会運動には、どのようなものがあったんだろうか?**

　はやいものでいうと、日露戦争のあとにおきた日比谷焼打ち事件（1905年）が有名だね。あれは「自分たち国民が犠牲をはらったのに、賠償金が出ないのはどういうことだ」という大衆の不満の表明だった。

　大正時代になると社会運動は続発する。1912年からはじまる憲政擁護運動（第1次護憲運動）は、国会内多数派を無視する第3次桂太郎内閣に対する反対運動で、桂内閣を退陣においこんだ。それからシベリア出兵のときに米が買いしめられたことに対して米騒動がおこった。これは寺内正毅内閣を辞任させて、「平民宰相」原敬内閣を生むきっかけになった。

　いずれも、大衆の社会運動が政変をひきおこした歴史だ。いまの日本だったらどうだろうか? みんなは政治が悪いからといって暴動やデモをするかな? ——あんまりするイメージはないね。じつはデモはいつもおこなわれているし、国会を包囲するようなデモもちょっと前にあったけど、政治をひっくりかえすことはなかった。

　なぜ、大正時代には大衆の社会運動が続発したのだろうか? 彼らは政治に対して不満を表明していた。貧しい労働者や農民たちには、デモや暴動をするしか不満を表明する手段がなかったからだ。それはなぜ? 「選

挙権がなかったから」──そうだね。じゃあ、当時選挙権はどのような人にあたえられていたんだろう？　教科書にかならずのっている、日本の選挙権の変遷を見てみよう。

● 図9-3：選挙権の拡大と有権者数

公布年 (実施年)	有権者の資格		有権者数（万人） 総人口比（％）	投票率 （％）
	直接国税	性別年齢		
1889 (1890)	15 円以上	男 25 歳以上	45 万人（1.1%）	93.7
1900 (1902)	10 円以上	男 25 歳以上	98 万人（2.2%）	88.4
1919 (1920)	3 円以上	男 25 歳以上	307 万人（5.5%）	86.7
1925 (1928)	制限なし	男 25 歳以上	1,241 万人（19.8%）	80.3
1945 (1946)	制限なし	男女 20 歳以上	3,688 万人（48.7%）	72.1

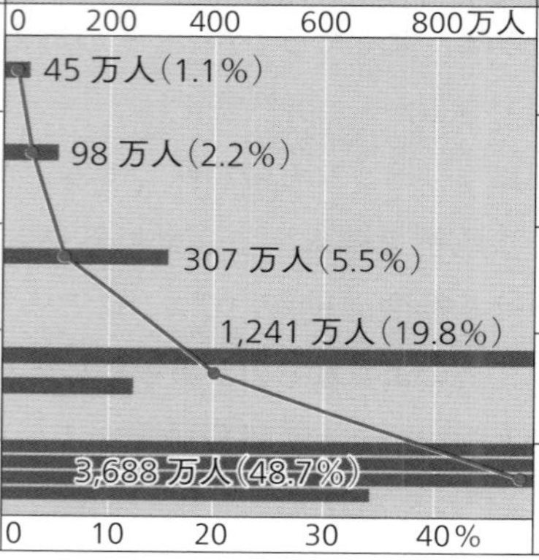

　第一次世界大戦前は、10円以上の直接国税をおさめた男性だけが選挙権をもっているという財産制限選挙だったことがわかるね。当時の10円がどれくらいなのか感覚がわからないと思うけど、この財産制限で、選挙権をもっているのが国民の2％しかいなかったんだから、ほとんどの成人男性はこれを払えなかったということだ。

　参政権がないのだから、直接的な意思表示で不満を表明するしかない。だからデモや暴動がおこった、こういう説明が可能だね。

　他にもいろいろな説明ができるよ。社会的な側面から考えてみると、デモで政治がひっくりかえるくらいのパワーをもつには、運動の主体になる膨大な人間が必要だ。**日露戦争から第一次世界大戦にかけて、日本の労働者人口はどんなふうに変わっていっただろうか？**　そのことは社会運動にどんな影響をあたえただろうか？

　それに、政治的要求をするには政治について知るための教養や情報が必

要だ。義務教育を受けた国民の数は、どのように変遷しただろうか？　新聞などのメディアを多くの国民が読むようになったのは、いつからだろうか？　こうしたデータは教科書にのっているので、参照しながら考えてみよう。

（2）普通選挙法と治安維持法

　というわけで、**大正デモクラシー**とよばれる、日本の民主主義を拡大していこうという風潮がもりあがった。1924年には第2次護憲運動がおこって、普通選挙運動がもりあがり、憲政会の加藤高明内閣が成立した。加藤内閣は、選挙結果によって成立した日本史上はじめての内閣だ。

　翌年、加藤内閣は**普通選挙法**を制定して、男性普通選挙が実現する。さらにこれ以降、国会の第1党の党首が政権を担当するようになる。こういう政党政治とか責任内閣制は、いまならあたり前なんだけど、ここではじめて実現したわけだ。

　ここでもやっとした人もいるだろう。**なんで普通選挙法では、男性だけで女性には参政権があたえられなかったのか？**　イギリスやドイツ、アメリカでは実現しているのに。それに女性の社会運動も活発だったのに。これは現代的視点につながる重要なテーマだから、ぜひ自分で探究に挑戦してみてほしい。

　さて、大正デモクラシーについて考えるにあたってどうしても不思議に感じてしまうのは、普通選挙法と同じ年に**治安維持法**が成立していることだ。治安維持法は何のために制定されたのか？　まず資料を見てみよう。

資料9-6　**治安維持法**（1925年）

第1条　国体〔天皇制のこと〕を変革し、または私有財産制度を否認することを目的として結社を組織し、または情を知りてこれ〔共産党のこと〕に加入したる者は、十年以下の懲役または禁錮に

処す。

第2条　前条第1項の目的をもってその目的たる事項の実行に関し協議
　　　をなしたる者は、7年以下の懲役または禁錮に処す。

　内容としては、天皇制を否定し、私有財産撤廃をもくろむ共産主義を
弾圧するものだ。その指導者については、のちの改正で死刑にできるよう
になった。**治安維持法のどういったところが問題だろうか？**

　特定の主義主張をしたら犯罪になるというのは、思想信条の自由に反す
るよね。共産主義的な思想を取りしまるための特高（特別高等警察）もつくら
れた。実際、1930年には共産主義に賛成するプロレタリア文学作家の小
林多喜二が、特高に逮捕され、獄中で拷問されて死亡している。戦時中
になると、この法律が思想弾圧・社会運動抑圧の手段になっていくんだ。

　だから現代に生きる私たちは、こういう疑問をもつ。戦前の日本人が戦
争に反対できなかったのは、治安維持法のような思想弾圧の法律があった
からじゃないか。**なぜ大正デモクラシーの成果である普通選挙法と治安維
持法が、同じ年に成立したのか？**

　この疑問は、大正デモクラシーの限界について考え、さらにはなぜ大正
デモクラシーから戦争へと転換したのかということを考えるためのひとつ
の材料にもなりそうだ。教科書には、この問い自体は書いてあるものがあ
るけど、その考察を深めるための直接的な資料は、ほとんどない。

　ヒントになるものとして、原敬が普通選挙法への考えを述べた資料があ
る。原敬は、平民宰相とは呼ばれたけども、普通選挙ではなく制限選挙の
緩和を実現した。なぜ普通選挙ではだめだと彼は考えたのか？

資料9-7 **原敬の普通選挙法に対する考え**（1920年）

　しだいに選挙権を拡張していくことは、何も異議はない。また、い
ずれ国内情勢がふさわしい状況にいたれば、いわゆる普通選挙もそこま

で心配することではない。しかし、（社会主義思想にもとづく）階級制度打破
というような、現在の（資本主義社会にもとづく）社会組織に対して打撃をこ
ころみようとする考えから、納税資格を撤廃するようなことは、非常に
危険なことだ。この民衆の要求どおりに現代組織を破壊するような勢い
をあたえれば、じつに国家の基礎を危険にするものである。

　これを読むと、階級制度打破をとなえる共産主義（社会主義）思想によっ
て選挙法が変革されるのがだめなんだと、原が主張しているのがわかるね。
同じことを加藤高明内閣でも考えていたとするなら、どうして治安維持法
を同時期につくったのか、わかってくるね。

　つまり、普通選挙法自体はいいけれども、だからといって共産主義をみ
とめているわけではない、むしろその積極的な排除が、普通選挙法成立の
条件になるんだということだね。**なぜ日本政府は、これほどまで共産主義
をおそれたんだろうか？**　1920年代という時代を考えてみよう。共産主義
について何か世界的な事件がなかった？

　「ロシア革命、ソ連の成立」――そうだ。1917年に社会主義革命が成
功し、内戦がおこって日本はシベリア出兵までして、革命政権は崩壊する
かと思ったらそうならず、1922年にソ連が成立した。その過程でロシア
皇帝一家も処刑された。これは、いまの私たちが感じるよりもずっと直接
的な恐怖を、天皇制をいただく大日本帝国にあたえたはずだ。

　大正時代においてデモクラシーと反共産主義はセットであり、そのこと
自体にはあまり疑問はもたれなかった。やがてそれが戦時中になったとき
に、政府や軍への異論をゆるさない弾圧装置になっていくんだ。

（3）昭和恐慌と軍部の台頭

　日本の場合、ドイツとはちがって独裁者が登場することはなかった。天
皇制があるからね。では戦争にむかう体制はどういう性格をもっていたの

かというと、それは軍部が権力をにぎった体制ということになる。では、軍部はどのようにして権力をにぎっていったのだろうか？

軍部が台頭するには、戦争とそれに対する国民の支持が重要だ。最初におこった戦争は、1931年に勃発した**満洲事変**だ。満洲事変がどのようにして勃発したのか、その背景にはどのような中国情勢の変化があったのか、そういったことは自分で探究してみよう。

とりあえずおおざっぱにいうと、蔣介石ひきいる国民軍が中華民国を統一して、満洲の利権がおびやかされそうになったから、満洲に駐留する関東軍（満洲権益をまもるために駐留した日本軍）が満洲全土の征服をするために戦争をおこしたということになる。

これはあきらかな侵略戦争で、しかも政府の了解をえていない日本軍の独断行動なんだけど、日本国民はこの軍の暴走を熱狂的に支持した。**なぜ、国民は満洲事変を支持したんだろうか？**　教科書には、新聞などのメディアがいっせいに戦争賛成のスタンスを取ったことが、資料とともに説明されている。なぜ、メディアは満洲事変に賛成したのか？

資料9-8　『東京日日新聞』1931年10月27日の記事より

　日本はロシアおよび中国からあたえられた範囲内において満洲に政治的文化的施設をなすとともに、経済的にも大発展をなし、投資額16億、在留内地人20万、朝鮮人100万におよんだ。こうして日本の満洲における経済的関係は緊密となり、満蒙がいわゆる日本の生命線となるにいたったものである。満蒙の権益をふみにじろうとするような動きに対しては、断乎として排撃するほかはない。

つまり、これまで莫大な資金を投入して開発した満洲の利権を手ばなすことはあってはならないから、ということみたいだ。この記事にもある満洲は「日本の生命線」という言葉は、一種の流行語になって、国民が戦

争を支持するときのスローガンになっていた。

　ではなぜ満洲は「日本の生命線」といわれるほどの存在になっていたの
だろうか？　それは1931年という時期を考えれば理解できるね。そう、世
界恐慌だ。日本では**昭和恐慌**という。では、**昭和恐慌は、日本社会にど
のようなダメージをあたえたんだろうか？**　資料を見てみよう。

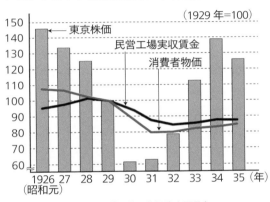

● 図9-4：日本の昭和恐慌前後の経済指標

出典：『近代日本経済史要覧』

　こういう複数の経済指標がのっているグラフを見るときは、いつ、どの
ような変化があったのかをひとつひとつ読みとればいい。棒グラフの株価
はどうだろうか。世界恐慌がおこった1929年から30年にかけてすさまじ
い勢いで下落しているね。これはアメリカでもドイツでも共通なんだけど、
世界恐慌はまず株価の下落からはじまって、銀行がおいこまれ、融資先の
企業がつぶれて失業者があふれるという連鎖反応になる。

　ほかの指標はどうだろうか。労働者の賃金は1929年から32年まで下落
し、それからその水準を維持している。これでは労働者の生活は苦しいま
まだね。他方で物価も下落していて、これも32年から低値安定だ。

　この状況はインフレ？　デフレ？　——うん、物価が下がっているんだ
からデフレだね。デフレのメリットとデメリットは何だろうか？　物価が
下がっているから消費者の財布にはやさしい。つまり低賃金でも労働者は

生活できるのがメリット。でも利益は少ないから生産者や販売者の生活は非常にくるしくなる。さらには国全体の利益も少なくなるので、経済成長が見こめないのがデメリットだ。

デフレ経済の結果、農村ではどのようなことがおきていたのだろうか？
農産物を販売しても利益にならないので、農民の生活は困窮し、欠食児童や身売りが常態化していた。政府は大企業の株価は気にするけれども、農民には何もしてくれない。こういう状況で、軍人が地方の農民にこういう演説をしている。

資料 9-9　陸軍少佐が地方の農民にむけておこなった演説（1930年ごろ）（加藤陽子『満州事変から日中戦争へ』より）

　諸君は五反歩〔約0.5ヘクタール〕の土地をもって、息子を中学にやれるか、娘を女学校にかよわせられるか。ダメだろう。……他人のものを失敬するのはほめられたことではないけれども、生きるか死ぬかというときには背に腹はかえられないから、あの満蒙の沃野を頂戴しようではないか。

　なぜ国民は満洲事変を支持したのか？　もうわかるね。満洲を手に入れることで、昭和恐慌による困窮状況を打破できると期待したからだ。国際法や財閥のことばかり気にして大衆のほうをむいていない政府はあてにならない。思い切った行動で私たちをすくってくれるのは軍部だと、大衆はつよく感じるようになったんだね。

　1932年には犬養毅首相が海軍の青年将校によって暗殺される五・一五事件がおこった。この重大なテロ事件に対する、国民のひとつの意見を読んでみよう。

　……このあいだじゅうまでは、犬養総理大臣を暗殺した軍人がたに対して 妾(わたくし) どもは非常に反感をもっておりましたが、今回新聞やラジオのニュースで暗殺せねばならなかった事情とか、みなさんの社会に対する立派なお考え、ことに皇室に対するお気持ちをおうかがいしまして、……涙ぐましくなりました。ことに東北地方の凶作地への御心やりなぞは、妾のごとき凶作地出身の不幸な女にどんなにか嬉しく感じたことでしょう。

　この女性は、犯人の青年将校は、東北地方の農村の窮状をすくうために行動をおこしたという話を聞いて、すごく共感しているね。おそらく同じように感じた人たちは多かっただろう。政治家や政党に対する不信感があって、誰も自分たちをたすけてくれないなか、軍部だけが大衆の期待にこたえてくれるんだ。

　こうした大衆の感覚は、ナチ党への期待にも似ているかもしれないね。世界恐慌のなかで政府は自分たちをまもってくれない、大衆の味方はこれまでにない思い切った政策を実行してくれるナチ党しかない……。こうして独裁者や軍部の台頭を、民主的な権利をもった国民の多くが歓迎することになったと解釈することができるね。

4 現代的視点から考える——なぜ人種主義（レイシズム）の考えが人びとに支持されたのだろうか？

「外国人おことわり」——こんな看板をお店で見かけたら、「あっこれは人種差別じゃないかな」とドキッとするんじゃないかな？　日本でもときどき見かけるけど、アメリカではちょっと前まで「黒人おことわり」がいたるところにかかげられていたし、今でも黒人差別はなくなっていない。

こういう人種のちがいによって人を見下し、差別する考えを**人種主義（レイシズム）**という。**なぜ人は、人種主義の考えにとらわれてしまうのだろうか?**

(1) ナチ・ドイツの反ユダヤ主義

じつはこの人種主義、第二次世界大戦が終わるまでは世界中で大衆の支持をえて、国家政策としてかかげられていたんだ。有名なのはナチ・ドイツのヒトラーだね。ヒトラーは反ユダヤ主義をかかげて権力をにぎり、実際にユダヤ人をドイツ社会から排除する政策を実行し、最終的には戦争中にヨーロッパ全土のユダヤ人を虐殺した。その結果は重大だ。

ヒトラーはユダヤ人をどうしようとしていたんだろうか?　彼の目標が書かれているのが、1920年に発表されたナチ党綱領だ。政党の公約みたいなもんだね。そのなかで反ユダヤ主義にかんするものを読んでみよう。

資料9-11 **ナチ党綱領より**（1920年）

4　ドイツ民族同胞たるもののみが、ドイツ国公民たりうる。……したがって、すべてのユダヤ人は、ドイツ国公民たりえない。

7　我々は、何よりも国家が公民の生業および生活の可能性を保護することを要求する。国家の全人口を養うことができない場合、他国民に属する者（非公民、つまりユダヤ人）はドイツ国から追放されるべきで

ある。

　つまりユダヤ人をドイツから公的に排除するということなんだけど、具体的には「公民から排除する」「ドイツから追放する」ことが目標だということがわかる。その結果、ドイツにすむユダヤ人はどのような生活をしいられることになったのだろうか？　ユダヤ人の証言がある。

　「共産主義の宣伝をした」という名目とはいえ、ユダヤ人であるというだけで家宅捜査や逮捕におびえなければいけなくなっていることがわかる。最後のフレーズに注目してみよう。「卑劣な悪意にみちた密告」とあるけど、これは誰が密告しているんだろう？
　公的な機関である警察に密告するのは、ふつうに考えれば一般民衆だ。**なぜふつうのドイツ人は、ユダヤ人を密告したんだろうか？**　このころ、ふつうのドイツ人も反ユダヤ主義に熱狂していたのかもしれない。ナチスの思想を支持している民衆が、国家のためによかれと思って、自発的にユダヤ人の排除のために動いていたのかもしれない。
　こう考えることはできないだろうか。国家が反ユダヤ主義を公式の政策としてかかげることで、大衆もまたユダヤ人の排除にすすんで協力していったのだと。そうした社会で生きなければならないユダヤ人の気もちも想

像してみよう。

（2）アメリカの人種主義

　アメリカでは、奴隷としてアフリカからつれてこられた黒人たちが、南北戦争のあとに解放されて自由人になったんだったね。ところが白人たちは、黒人を対等な国民としてあつかうことを断固として拒否し、**黒人差別**を目的とする法律をつくったり、黒人を迫害するようになったんだ。

　代表的な白人による黒人差別団体がクー＝クラックス＝クラン（KKK）だ。だいたいの教科書には彼らの集会の写真がのっている。白い三角頭巾をかぶって顔をかくす姿は異様としかいいようがない。KKKがどんな集団か、教科書の説明を読んでみよう。

クー＝クラックス＝クラン（KKK）

・クー＝クラックス＝クランは、南北戦争直後に結成された人種差別的秘密結社で、この時期（1920年代）に再び活動がさかんになった。（山川出版社『現代の歴史総合』、91頁）

・500万人とも言われる会員数をほこり、暴力や脅迫を辞さず、人種隔離を支持した。（実教出版『詳述歴史総合』145頁）

・1920年代には白人以外の、黒人やアジア人を排除しようとする組織が活発化した。背景には、移民法の成立をはじめとする黒人や移民に対する差別や敵意が強まったことがあった。（帝国書院『明解歴史総合』115頁）

　秘密結社なのに会員500万人はすごいね。これだけ大量の白人大衆がはっきりと黒人を憎悪していたんだ。そして時期も気になるね。**なぜKKKは1920年代に復活したんだろうか？**　3番目の説明にはそのヒントが書いてあるね。移民法の成立にいたるような黒人や移民に対する敵意が強まった

ことが背景だとある。

　ここで私たちにも関係する問題になるよ。じつは1924年に制定された**移民法**では、おもに日系移民が禁止されたんだ。アメリカでは、白人以外のあらゆる人種に対する差別運動が高まっていたんだね。**なぜ日系移民は排撃の対象になったんだろうか？**　これも教科書の説明を見てみよう。

日系移民の成功と苦難

　1924年移民法は、東南欧からの移民数をきびしく制限し、アジアからの移民を禁止した。それは、19世紀末から農業労働者などとしてアメリカにわたり、当初は歓迎された日本人移民の新規流入の停止を意味した。農園主になる者も増え、子ども世代が市民権を獲得してアメリカに根づきつつあった日系移民は、20世紀になるころから表面化した白人農民からの排外主義に直面したのである。

（実教出版『詳述歴史総合』145頁）

　アメリカへの日系移民は、おもに農業に従事したとあるね。それに対して白人農民が反発するようになった。その背景には、農園主として成功する日系人、市民権を獲得した日系人の存在があった。自分たちの仕事と競合し、自分たちの市民権に進出する外国人に対して脅威をおぼえたということだ。

　大衆化の時代は、そうした不平不満の声を増幅させる。人種主義が社会運動になっていたんだ。これもまた大衆化のネガティブな側面といえるね。

1. 世界恐慌は、国際経済と国際政治にどのような変化をもたらしたと考えられるだろうか？

- -

2. 吉野作造は、なぜデモクラシーを「民本主義」と訳したのだろうか？

- -

3. 大正デモクラシーの時期、女性運動も活発だったにもかかわらず、なぜ女性参政権はみとめられなかったと考えられるだろうか？

- -

4. 関東大震災で朝鮮人や中国人が民衆に虐殺されたのは、なぜだろうか？

国際秩序の崩壊と再生
——第二次世界大戦と国際連合

メインの問い	第二次世界大戦によって、国際秩序はどのように変化したのだろうか？
概念	宥和政策　国際連合　冷戦

　今回のテーマは**第二次世界大戦**だ。ふつうは第二次世界大戦というと、ヒトラーのナチ・ドイツが1939年にひきおこしたヨーロッパでの戦争と、日本の真珠湾攻撃などからはじまる太平洋戦争をあわせていうことが多い。でも日本は1931年の満洲事変、1937年の日中戦争から1945年の終戦まで、「十五年戦争」ともいわれる長い戦争の時代をすごしている。ヨーロッパでも、イタリアのエチオピア侵略とかスペイン内戦などがおこっていて、1930年代は戦争の時代になってしまった。

　歴史総合では、「国際秩序の変化」という大きな概念について考えることが重要なので、メインの問いは、**第二次世界大戦によって、国際秩序はどのように変化したのだろうか？**　というものになる。

　ここまで歴史総合を学習してきたみんななら、この「変化系」の問いに対して、どんなことを考えればいいのか、わかるはずだ。まずは、何から何に変化したのかを把握することだよね。第二次世界大戦以前の国際秩序はどのようなもので、そこからどのような国際秩序に変化したのか？

　1920年代の国際秩序は、国際協調体制、具体的には国際連盟とヴェル

サイユ＝ワシントン体制による集団安全保障体制だったね。これが1930年代に崩壊する。なぜ戦間期の国際協調体制は崩壊したのか？　もっというと、**戦争を防止するためのシステムである国際連盟はなぜ機能しなかったのか？**

　国際連盟は戦争を止めることができなかった。そして第二次世界大戦という人類史上最悪の破局をむかえる。この反省をふまえて、今度こそ戦争を止めるためのシステムとして**国際連合**がつくられるんだ。

　では、国際連盟から国際連合を中心とする国際秩序への変化によって、戦争の心配のない世界が生まれたのだろうか？　残念ながらそうではなかったんだね。第二次世界大戦後、あたらしい国際対立、米ソの**冷戦**の時代にはいる。アメリカとソ連という二大国が対立し、世界中がそれぞれの陣営にわかれてしまった。**なぜ第二次世界大戦が終わったのに、冷戦という対立が生じてしまったのだろうか？**

　そして、**冷戦下においては、どのような安全保障体制がつくられたのだろうか？**　この安全保障体制のなかには、NATOとか日米安保条約とか、冷戦が終わったいまでも存続しているものが多く、現代の私たちの世界に影響をおよぼしている。その成り立ちについて考えながら学んでいこう。

1　国際連盟は、なぜ戦争を止めることができなかったのだろうか？

　まずは国際連盟の問題について考えてみよう。第8章で見たように、国際連盟の加盟国には侵略戦争をしない義務が課されている。それをやぶると経済制裁が実行される。でも経済制裁には戦争をやめさせるほどの実効性はないと、こういうことだったよね。

　では実際に侵略戦争がおこったとき、国際連盟とその加盟国はどのように行動し、どのような結果になったのだろうか。満洲事変とイタリアのエチオピア侵略の事例から考えてみよう。

（1）満洲事変とリットン報告書

　前章で見たように、昭和恐慌からの出口をもとめて日本軍は1931年に満洲事変をおこし、満洲全土を占領、翌年「満洲国」という日本の傀儡（あやつり人形）国家をつくった。

　蔣介石政権の中華民国は、当然ながら国際連盟に日本が侵略戦争をおこしたことをうったえた。これに対して日本側は、満洲における日本の権益をまもるための自衛の戦争だと主張した。パリ不戦条約では、自衛の戦争についてはみとめられるから、さっそく口実につかったわけだ。

　これを受けて、国際連盟は有名なリットン調査団を満洲に派遣して、侵略戦争なのか自衛戦争なのかを見きわめようとした。リットン報告書の結論は、どちらだったのか、資料から読みとってみよう。

資料10-1 **リットン報告書**

　日本軍の軍事行動は合法なる自衛の措置と認むることを得ず。……吾人〔リットン〕は「満洲国政府」は……日本側の手先と目され、支那〔中国を意味する蔑称〕側一般の支持なきものなりとの結論に到達したり。

　リットン報告書は、満洲事変は自衛の戦争ではなく、侵略戦争だと結論づけたことがわかるね。だから国際連盟は、満洲における中国の主権をみとめ、日本に対して軍を撤退させるように勧告した。結局日本はこの勧告をみとめず、国際連盟を脱退することになった（1933年に通告、35年に正式脱退）。

　国際連盟は、どのような平和条件を勧告したのだろうか？　そしてなぜ日本はその勧告を受けいれなかったのだろうか？　まず、リットン報告書が提案した平和条件を見てみよう。

(1) 日中双方の利益を両立すること

(3) 不戦条約や九か国条約に反しないこと

(4) 満洲における日本の利益の承認

(5) 日中間に新条約関係を成立させること

(7) 満洲の状況や特徴に応じた自治の確保

(10) 中国における新体制成立のための国際的協力

　　まず、国際連盟は中国の満洲における主権をみとめたのだから、「満洲国」は取りやめにして、日本の占領軍を撤退させよと言っている。でも、(4) を見ると満洲における日本の利益はみとめているし、(7) では満洲に「自治」をあたえるとしている。その満洲自治体制を、日中の条約や国際連盟が保障するようになっている。

　　リットン報告書の内容は、日本に対してきびしい勧告だと思う？　実はどちらともとれるんだ。きびしいと考える場合の論拠は何だろう？　「自衛戦争や満洲国はみとめていないから、日本の要求は否定されてる」──そうだね。じゃあきびしくないと考える場合の論拠は？　「満洲での日本の利益をみとめている」──そう、満洲自治というのは結局中華民国のなかに中央政府の力が一部およばない地域をつくるんだから、それが日本の利益をまもるためのものなら、「満洲国」と実質的には変わらないかもしれない。

　　でも、日本は国際連盟の勧告を拒否して、連盟を脱退した。なぜ日本は勧告を拒否したんだろうか？　日本代表団の松岡洋右の演説を読みといてみよう。

資料10-3 国際連盟総会での松岡洋右代表の演説（『東京日日新聞』1933年2月25日）

報告書草案は満洲全土にある程度の国際管理を確立しようとしている。何を根拠としてこのような企図をあえてしようとするのであるか。米国人はパナマ運河地帯にこのような管理を設定することに同意するであろうか？　英国人はこれをエジプトにおいて許容するであろうか？……予は断然日本国民が予にとってあまりに明白で説明の必要すら認めない理由にもとづいて満洲における一切のこの種の企図に反対することを明言しようとするものである。

　松岡の主張は、「アメリカでいえばパナマ運河、イギリスでいえばエジプト（のスエズ運河）のような日本の特殊な利益である満洲に、国際管理体制をしくことには"国民が"同意しない」というものだ。

　実際、前章で見たように満洲事変を日本の大衆は熱狂的に歓迎しているのだから、軍を撤退させれば日本国民がゆるさず、政府に反発する暴動がおこるかもしれない。大衆化と国際秩序の変化がリンクしていることがわかるね。

（2）イタリアのエチオピア侵略

　満洲事変のあとに勃発して、国際連盟が止めようとしたのに、それができなかったもうひとつの戦争が、1935年に勃発したイタリアによるエチオピア侵略だ。教科書ではあまり目立たないかもしれないけど、国際連盟の関係では重要だ。ある教科書には、「**国際連盟は、なぜエチオピアを見捨てることになったのだろうか？**」という問いがたてられている。その教科書の記述を読んでみよう。

エチオピアを見捨てた国際連盟

　1935年のイタリアによる侵略に対し、国際連盟加盟国のエチオピア
は連盟に提訴した。連盟はイタリアに対する経済制裁を決議したが、そ
の実行は不徹底に終わり、エチオピアは1936年5月に併合された。こ
の併合をドイツにつづいてイギリス・フランスも承認し、連盟の制裁は
7月に解除された。連盟の無力さは加盟国を失望させた。

（第一学習社『高等学校歴史総合』145頁）

　なぜ経済制裁が失敗に終わったのか読みとってみよう。その実行が不
徹底だったこと、それにドイツ、イギリス、フランスがイタリアのエチオ
ピア併合をみとめたことがその要因のようだ。ドイツはヒトラー政権のも
とでもう国際連盟から脱退しているけど、英仏は国際連盟の常任理事国だ。
　ということは、さっきの問いはこんなふうにも言いかえられるね。**なぜ
イギリスやフランスはエチオピアを見捨てたのだろうか？**　教科書にヒント
や資料はないから、推測するしかないけど、エチオピア侵略を否定できな
い英仏の事情にはどんなものがあったのかを考えてみよう。
　それはいずれもアフリカに植民地をもっているということだ。イタリア
がアフリカの数少ない独立国であるエチオピアを植民地化することを正面
から否定することは、帝国主義国である英仏にはむずかしかったのかもし
れないね。
　ここから、国際連盟のもうひとつの限界が見えてくる。日本の満洲にお
ける特殊な利益をみとめて、イタリアのエチオピアでの利益も最後にはみ
とめてしまったのは、国際連盟が帝国主義の論理を肯定していたからでは
ないか。国際連盟が戦争を止めることができず、中途半端な態度しかとる
ことができなかったのは、そうした限界があったからだということもでき
るだろう。

2　ヒトラーの戦争を止めることは、
　　不可能だったのだろうか？

　さて、国際連盟が役にたたないんだったら、各国はヒトラーのナチ・ド
イツが暴走していくのを、手をこまねいて見ているしかなかったのだろう
か？　もちろんそうではなく、外交によって何とか戦争を止めようとした。
しかし第二次世界大戦は起きてしまった。ヒトラーの戦争を外交によっ
て止めることはできなかったのだろうか？

　ヒトラーは第二次世界大戦をひきおこすまでに、何度か軍隊を動員して
段階的に領土拡大を実行し、そのたびにヨーロッパの国際関係を緊張さ
せた。どんな展開だったか、教科書の情報をもとに整理してみよう。

ヒトラーの軍事行動・領土拡大の展開

①ラインラント進駐（1936年）

②スペイン内戦への派兵（1936年）

③オーストリア併合（1938年）

④チェコスロヴァキア内のズデーテン地方を併合（1938年）

⑤チェコを併合、スロヴァキアを保護国化（1939年）

⑥ポーランド侵攻、第二次世界大戦勃発（1939年）

　結局①〜⑥の全部で、ヒトラーの目的は達成されてしまう。**どうしてイ
ギリスやフランスは、もっと早い段階でヒトラーの侵略行為を止めること
ができなかったのだろうか？**　ひとつひとつ検証してみよう。

　こうした外交の展開を考えるときには、事件ごとに国家関係をイメージ
しながら勉強していくといいだろう。ときどき国際関係図をつくってみる
のもいいかもしれない。

(1) ラインラント進駐

ラインラントというのはドイツの領土なんだけど、ベルギーやフランスとの国境地帯にあたることから、ロカルノ条約によって非武装地帯にされていた。1936年、ナチスはロカルノ条約を堂々とやぶって、ここに軍隊を派遣した。

ここでヒトラーを止めるべきだったのは、ロカルノ条約の締結国だね。おもにイギリス、フランス、イタリアだ。**なぜロカルノ条約締結国は、ラインラント進駐をみとめたのだろうか?**

イタリアはわかるね。年号を見てごらん、イタリアはこのころ何をしている? そう、エチオピア侵略をしている。自分自身が戦争をしているのに、それに賛成してくれるドイツをせめることはできないね。英仏の事情は、推測するしかない。「**ドイツとの戦争**」と「**ヒトラーの要求をみとめること**」を天秤にかけて、みんなも想像してみよう。

ラインラント進駐をみとめずに軍隊を派遣したら、ドイツと全面戦争になる。まだ再軍備をはじめたばかりのドイツには勝てるかもしれないけど、こっちの被害も大きい。それにくらべれば、もともとドイツ領のラインラント進駐くらいはみとめたほうがいい。こんな判断だったんじゃないかな。

(2) スペイン内戦への派兵

つぎはドイツの領土拡大というわけではないけど、重要な軍事行動だ。1936年に勃発した**スペイン内戦**は、スペインの人民戦線内閣という社会主義的な政府に対して軍のフランコ将軍が反政府の武装蜂起をしたというもので、一見ドイツとは関係がない。でもヒトラーやムッソリーニはフランコ側に軍事支援をした。それはなぜだろうか?

スペイン内戦については、**人民戦線**とかファシズムといったイデオロギーについて理解をして、国際的な対立構図をイメージしていく必要がある。ファシズムについては前章でやったね。定義はあいまいだけど、議会制民

主主義に反対して独裁体制をつくったイタリアやドイツの体制をこうよん
だ。

　じゃあ人民戦線とは何だろうか？　これは正確には「反ファシズム人民
戦線」で、1935年にソ連を中心とするコミンテルン（共産主義インターナショナ
ル）の大会で採択された方針だ。その採択文を読んでみよう。

資料10-4 **コミンテルンの反ファシズム人民戦線**（1935年）

　諸国民の平和と自由にとっての最大の脅威であるファシズムの脅威に
直面して、共産主義インターナショナル（コミンテルン）第7回大会は声明
する。労働者階級の統一闘争戦線を実現することは、現在の歴史的段
階における国際労働運動の当面の主要任務である、と。……共産主義
者は、勤労農民、都市プロレタリアートの指導のもとに統合することに
つとめながら、……プロレタリア統一戦線の基礎のうえに広範な反ファ
シズム人民戦線の創設を達成することにつとめなければならない。

　いろいろ専門用語が多くてわかりにくいかもしれないけど、この声明が
何を言いたいかを理解しよう。ファシズムは世界平和の脅威だから、世界
の労働者階級が協力して「プロレタリア統一戦線」をつくって戦おう、と
いうものだ。これを受けてできたのが、スペインの人民戦線政府だったん
だ。

　ということは、スペインの人民戦線とファシズムは敵対関係にある。フ
ランコ将軍はファシストだと断言はできないけど、ドイツやイタリアのフ
ァシズム諸国からするとあきらかに味方だから、軍事支援をした。ソ連や
人民戦線に賛成する国際義勇軍はスペイン政府を支援した。図にすると
こんな感じだ。

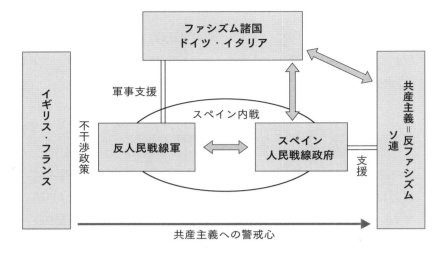

こういう図を描くのになれておくと、国際関係が把握しやすくなるよ。人民戦線の構図がわかれば、ファシズム諸国とソ連がなぜスペイン内戦のそれぞれの陣営を支援したのかがわかるね。そのなかでドイツ軍によるゲルニカ爆撃などの大きな犠牲も出た。

じゃあ、イギリスとフランスはどうしていたんだろうか？　教科書には「不干渉政策」をかかげたとある。**なぜ英仏はスペイン内戦に干渉しなかったのだろうか？**　じつはこのときフランスも人民戦線政府だったから、スペイン政府を支援してもよかった。でもイギリスは不干渉をつらぬいた。なぜだろう？

これはソ連の共産主義に対する警戒のほうがファシズムへの警戒よりも強かったからだと一般的にはいわれているんだ。その態度が、このあとの外交政策の決定にも大きな影響をあたえる。

（3）オーストリア併合

1年あいて1938年になると、ドイツはいよいよ外国の領土を獲得する。

まずはオーストリア併合だ。教科書ではこの事実については書いてあるけど、なぜ国際社会が反対しなかったのかは、ぜんぜん書いてない。

ヴェルサイユ体制できまった主権国家がはじめて併合された大事件なんだけど、そのあとのチェコとの問題ほどにはさわがれなかった。それはオーストリアがドイツ人の国家で、ドイツと一緒になることが民族自決の原則にあっているとみなされたからだといわれているし、多くのオーストリア国民はドイツに併合されることに反対せず、ヒトラーを歓迎したんだ。

（4）ズデーテン地方割譲と宥和政策

でも次なるターゲットであるチェコスロヴァキアは、ドイツ人の国家じゃない。とはいえ、ヒトラーはまず、チェコのドイツとの国境地帯でドイツ人が多く住んでいるズデーテン地方の割譲をもとめた。チェコスロヴァキアは抵抗した。オーストリアのときとはだいぶ状況がちがうんだ。

そこでイギリス、フランス、ドイツ、イタリアの代表がミュンヘンにあつまって、ズデーテン問題についてはなしあった（**ミュンヘン会談**）。その結果、英仏はズデーテン地方割譲をみとめたんだ。**なぜ英仏は、ミュンヘン会談でヒトラーの要求をみとめたのだろうか？**

このようなヒトラーに対する英仏の妥協的な態度を、**宥和政策**という。イギリスが宥和政策をえらんだ理由は、教科書では、「社会主義の拡大をおそれ、ファシズムがその対抗勢力になることを期待した」（第一学習社『高等学校歴史総合』150頁）というふうに書いてある。反共産主義をとるナチ・ドイツに、ソ連に対する強力な対抗勢力になることを期待したんだね。

でもそれだけだろうか？　ミュンヘン会談に出席して宥和政策をリードしたイギリス首相チェンバレンの、このときの演説を読んでみよう。

　第一次世界大戦のおそろしい4年間について考えるとき、殺された700万もの若者や、けがをし、手足をうしなった1300万もの若者について考えるとき、私は第一次世界大戦の再現をさけるためにすべての神経を集中する義務があると感じるのである。

　チェンバレンは、第一次世界大戦の惨禍が再現されることをおそれて、とにかくドイツとの全面戦争をさけることを優先したんだね。しかし、第二次世界大戦はおきてしまった。**イギリスが妥協したにもかかわらず、なぜ第二次世界大戦はおきてしまったのだろうか？**

　これに対して宥和政策に批判的な論者は、こう主張する。イギリスが妥協したからこそ、ヒトラーが何をやっても英仏は動かないとふんで、つぎつぎと東欧諸国の領土を要求し、第二次世界大戦にいたったのだと。

　イギリスの宥和政策が第二次世界大戦をひきおこしたのかどうか、これは検証にあたいする問いだ。たとえば現代のロシアがウクライナに侵攻したのは、アメリカなどの欧米諸国はロシアとの全面戦争をさけるために本格的な軍事支援をすることはないだろう、戦争はウクライナだけの局地戦で終わるだろうと、プーチン大統領が予想したからという側面がある。でも欧米諸国は、はやいうちにウクライナにできる範囲の軍事支援を決定した。これは宥和政策の反省があったからだと言われているんだ。

　だけど1938年のイギリスの宥和政策には、もっと別の問題がある。この政策が、ソ連に対する警戒心から、戦争をする気まんまんのヒトラーに妥協したということだ。教科書にはよくこの風刺画がのっている。

WHAT, NO CHAIR FOR ME ?

　左からヒトラー、チェンバレン、そしてフランス首相ダラディエとムッ
ソリーニがチェコスロヴァキアの領土をうばうための密談をしている。ド
アの外にソ連のスターリンが立って、「おや、私の席がないようだが？」と
皮肉を言う。この絵を描いた人は、どんなメッセージを見る人に伝えよう
としているだろうか？

　「仲間外れにされたソ連が不満をもっているということ」――そうだ。じ
ゃあスターリンはチェンバレンとヒトラーが一緒にすわっている会談を見
て、彼らの関係をどう思うだろうか？　「イギリスとヒトラーは仲間？」
――というふうに見られても不思議じゃないということだね。しかも、ど
んな仲間かというと「反共産主義」という仲間だ。

（5）独ソ不可侵条約と第二次世界大戦の勃発

　その結果、とんでもない外交的大転換がおこる。1939年8月に締結さ
れた**独ソ不可侵条約**だ。この条約には、ドイツとソ連でポーランドを分
割するという密約もついていた。その結果、第二次世界大戦がおこった。
この条約の重大性を考えるために、こんな問いをたててみよう。**独ソ不可**

侵条約は、ヒトラーが戦争をひきおこすための、どのような有利な条件を
ととのえたのだろうか？

　ここではもう描かないけど、例によって国際関係図を描いてみるとわか
りやすいかもしれない。もし英仏とソ連がドイツと同時に戦争をしたらど
うなるだろうか？　ドイツは第一次世界大戦のときのように、東西ふたつ
の戦線で戦わなければならない。独ソ同盟が成立したことで、ドイツは安
心してポーランドを占領し、英仏とも戦争ができる。ソ連という東の大敵
がいないからね。

　だからイギリスがソ連と敵対するんじゃなくて協調しながらドイツに対
抗しつづければ、戦争にはなりにくかっただろう。第一次世界大戦の再現
をさけるという優先目標があるなら、ソ連と妥協してもよかったはずなの
に、それはしなかったんだ。第二次世界大戦を止めることができなかった
ひとつの要因は、宥和政策が反共産主義にもとづいていたからだという解
釈もできるね。

3　連合国は、なぜ戦後にあたらしい国際機構を
つくる必要があると考えたのだろうか？

　こうして1939年9月に第二次世界大戦が勃発し、ヨーロッパでの戦争
は1945年5月まで、アジア太平洋戦争は同年8月までつづいた。

　教科書では、日中戦争とアジア太平洋戦争の経過、戦時中の国民生活
について地図や写真などをふんだんにもりこんだ説明があるけど、国際秩
序の変化に焦点をあてたここでは、それらについてはあつかわない。でも
なぜ、どのように国際秩序が再建されたのかを理解するために必要な情報
もあるので、自分でしっかり勉強しておこう。

　国際連合を中心とするあたらしい国際秩序は、最終的に勝利した連合
国がつくることになる。だから、**戦時中の構想を見ながら、連合国がなぜ
あたらしく国際連合をつくる必要があると考えたのか**を探究してみよう。そ
うすることで、国際連合の根本的な理念からしっかり理解することができ

るはずだ。

（1）第二次世界大戦の対立構図

　第二次世界大戦は、防共協定や三国同盟で結びついたドイツ・イタリア・日本の**枢軸国**と、それらに攻撃された側であるイギリス・ソ連・中国・アメリカなどの**連合国**との全面戦争だ。注意すべきは、この構図は最初から成立したものではないということだ。教科書を見ながら関係国を自分で図式化して、戦争の対立構図の推移を理解しておくといい。

　簡単に説明しておこう。第一段階。ドイツ・ソ連がポーランド・北欧諸国を侵略するところからはじまった。英仏はドイツに宣戦布告したけど、1940年にドイツはフランスを占領した。おもにイギリスだけがドイツとの戦いをつづけた。

　第二段階。1940年9月、ドイツの勝利を受けて日本は東南アジアの仏領インドシナに進駐をはじめ、**日独伊三国同盟**がむすばれた。枢軸国の成立だ。

　第三段階。1941年に6月に独ソ不可侵条約が一方的に破棄されて、**独ソ戦**がはじまる。イギリスはソ連と同盟し、アメリカも両国や中国を支援した。この段階でだいたい対立構図はできている。

　第四段階。1941年12月、アメリカは日本の真珠湾攻撃を受けて日本に宣戦布告し、アジア太平洋戦争が勃発。独伊もアメリカに宣戦布告し、ヨーロッパの戦争とアジアの戦争がむすびついた。これで枢軸国と連合国の対立構図は完成した。

（2）大西洋憲章

　この経緯をふまえたうえで、連合国の戦後構想を見てみよう。最初は、1941年8月、アメリカ大統領ローズヴェルトとイギリス首相チャーチルが大西洋上会談をおこなったのちに発表した**大西洋憲章**だ。これはのち

にソ連など26か国もくわわって連合国共同宣言という戦後構想の根本になるから、とても重要だ。**大西洋憲章は、どのような国際秩序をめざしたのだろうか？**

資料10-6 **大西洋憲章**（1941年8月）

第1、両国は、領土的たるとその他たるとを問わず、いかなる拡大ももとめない。

第2、両国は、関係する人民の自由に表明された願望に合致しない、いかなる領土の変更も欲しない。

第3、両国は、すべての人民が、彼らがそのもとで生活する政体を選択する権利を尊重する。両国は、主権および自治を強奪されたものにそれらが回復されることを希望する。

第4、両国は、現存する義務に対して正当な尊重をはらいつつ、あらゆる国家が、大国小国を問わず、また勝者敗者にかかわらず、経済的繁栄に必要とされる世界の通商および原料の均等な開放を享受すべく努力する。

第6、ナチスの独裁体制の最終的崩壊後、両国は、すべての国民が、彼ら自身の国境内で安全に居住することを可能とし、すべての国のすべての人が恐怖と欠乏から解放されて、その生命をまっとうすることを保障するような平和が確立されることを希望する。

　両国というのはイギリスとアメリカのことだね。だからナチ・ドイツの戦争を終わらせることが目的だ。まず領土の変更にものすごく反対しているね。ナチスがおこなった領土拡大への野心こそが戦争の原因になったからだ。この発想の根本的な原則は、もちろん主権国家体制だ。第3項目は見覚えがないかな？　民族自決だね。

　ここまでは民族自決と主権国家体制の絶対的な堅持をうたっているとい

える。**これまでの歴史総合での学習をちゃんと解釈に反映させるんだよ。**第4項目は自由貿易の原則で、これはアメリカの門戸開放、ワシントン体制の理念だ。

　第6項目は、世界の人びとを「恐怖と欠乏から解放」し、平和を確保することをうたっている。**みんなは大西洋憲章の文言から、どんな戦後秩序のキーワードが思いつくかな？**　主権・民族自決・自由貿易・人権・平和といった理念が列挙できればOKだ。

（3）国際連合の理念

　その後、たびたび首脳会談をかさねていった米・英・中・ソの連合国は、あたらしい国際機構、国際連合の構想をかためていく。平和を実現する具体的な手段として、やはり集団安全保障にもとづく国際機構が必要だという結論になったんだ。

　国際連合は、どのような理念を重視して、つまり何を目的にしてつくられたのだろうか？　「平和の実現」「戦争の防止」──そう。それは国際連盟と同じだ。でも国際連盟とはちがうところもある。国際連合憲章の前文を読みといてみよう。

資料10-7 **国際連合憲章前文（1945年）**

　われら連合国の人民は、われらの一生のうち2度まで言語に絶する悲哀を人類にあたえた戦争の惨害から将来の世代をすくい、基本的人権と人間の尊厳および価値と男女および大小各国の同権とにかんする信念をあらためて確認し、……いっそう大きな自由のなかで社会的進歩と生活水準の向上とを促進すること、

　ならびに、このために、……国際の平和および安全を維持するためにわれらの力をあわせ、共同の利益の場合をのぞくほかは武力をもちいないことを原則の受諾と方法の設定によって確保し、すべての人民の経済

的および社会的発達を促進するために国際機構をもちいることを決意して、

　これらの目的を達成するために、われらの努力を結集することに決定した。

　よって、われらの各自の政府は、サンフランシスコ市に会合し、……この国際連合憲章に同意したので、ここに国際連合という国際機構をもうける。

　みんなが言ってくれた目的は2段落目に書いてあるね。「国際の平和および安全を維持するために」。でもそのまえの段落でかかげられた理念は何だろうか？

　「基本的人権」——そう、フランス人権宣言でかかげられてはいたけど、帝国主義の時代に全世界にみとめられたとはいいがたかった「人権」が、ここでクローズアップされたんだ。それはなぜか？　「人間の尊厳および価値と男女および大小各国の同権」が重要だと書いてあるね。この戦争で、人間の尊厳や価値がおおきく損なわれる事態が生じたんだ。それは何だったんだろうか？

　まず、第二次世界大戦の莫大な犠牲者が思いうかぶね。第二次世界大戦全体の犠牲者については、よく教科書にのっているので、それを読みとってみよう（図10-3）。

　ところで、こういった戦争の犠牲者を数字であらわして各国で比較するのは、歴史について考えるために有効ではあるけど、**これはただの数字じゃなくて、5000万人の死者には、5000万人それぞれの人生があり、家族があり、かなえられなかった夢があったということを忘れてはいけない**。このことを意識することで、この表がどれだけとてつもない悲劇をあらわすのかを実感してほしい。国際連合の理念をつくった人々も、数字ではなく現実の悲劇に直面していたんだ。

● 図10-3：第二次世界大戦の主要国における戦費や兵力、死傷者数の比較

	戦費 （億ドル）	兵力 （万人）	戦死兵 （万人）	傷病兵 （万人）	民間死者 （万人）	総戦死者 （万人）
アメリカ	2880	1236	29.2	67.1		
イギリス		468	30.6	28.1	6	36.6
ソ連	930	1250	1360	500	722	2132
中国	490	500	132.4	176.2	1000	1132.4
主要連合国合計		3454	1552.2	771.4	1778	3301
日本	412	609	230		80	310
ドイツ	2123	1000	330		289.3	619.3
イタリア	210	450	26.2	12	9.3	35.5
主要枢軸国合計	2745	2059	586.2		378.6	964.8
交戦国総計			2357	1026.4	3116.4	5473.4
第一次世界大戦			802	2122.8	664.2	1466

出典：倉沢愛子ほか編『岩波講座　アジア・太平洋戦争1』

　ここで注目してほしいのは、兵士の戦死者（戦死兵）と民間人の死者（民間死者）の数だ。第二次世界大戦では、どちらが多い？　民間死者のほうが多いね。**なぜ、第二次世界大戦では民間人の死者が多くなったのだろうか？**

　これについては、教科書をしっかりと読みとって、どのようにして民間人が殺害されたのかを理解してほしい。ナチ・ドイツによるユダヤ人の大虐殺（**ホロコースト**）、独ソ戦での無差別な殺りく、中国での日本軍による「殲滅作戦」、空襲、そして**原爆**。それぞれについて、なぜそのような殺りくをおこなったのかを深く考えるのも大事だ。

　国際連合憲章で人権や人間の尊厳が全面的にかかげられたのは、こうした第二次世界大戦での大量殺りくを目のあたりにしたからだとも考えられるね。

　一方で、国際連合は連合国がつくったんだから、自分たちがやった空襲や原爆投下を反省していたはずがない！　という批判も可能だ。他方で、人

権や人間の尊厳を前面にかかげることで、今後は連合国それぞれの政策についてもこれらの価値が問いなおされることにもなる。物事を多面的かつ歴史的に考えていこう。

（4）国際連合の特徴

そして、あたらしい国際機構は、二度目の大戦をふせぐことができなかった国際連盟の反省をふまえなければならない。**国際連合は、国際連盟のどのような問題点を反省して、構想されたのだろうか？**

教科書には、たいてい国際連盟と国際連合の特徴を比較する表がのっている。図10-4を見ながら、まずどこがことなっているか、なぜ変化したのかを考えてみよう。

加盟国はどうちがう？　「国際連盟にはアメリカが未加盟で、国際連合には最初から入っている」——そうだね、それに本部がニューヨークにおかれているから、アメリカが中心だと見ることもできる。あと、ソ連も同じように国際連盟発足当初は未加盟で、国際連合には最初から入っている。世界トップの大国である米ソが中心になることで、国際連合には力があるように見える。

常任理事国はどうだろう。表にはないけど、国際連盟は英・仏・伊・日、のちにドイツがくわわる。国際連合は米・英・仏・ソ・中の五大国が常任理事国だ。この2つをくらべると何がちがう？　「日本・イタリア・ドイツがぬけて、アメリカ・ソ連・中国が入った？」——それはなぜ？　ぬけた3国の共通点は何かな？　「枢軸国？」——そのとおり。

そして国際連合の五大国はすべて連合国だ。国際連合は英語でUnited Nationsというけど、これは連合国という単語でもある。つまりは第二次世界大戦の戦勝国が、戦後の国際秩序をリードするという体制なんだ。

● 図10-4：国際連盟と国際連合の比較

	国際連盟	国際連合
成立背景	ウィルソン（米大統領）の十四カ条で提唱	大西洋憲章（1941） モスクワ宣言（1943） ダンバートン＝オークス会議（1944） サンフランシスコ会議（1945）
本部	1920年設立／本部：ジュネーブ	1945年設立／本部：ニューヨーク
加盟国	原加盟国＝42カ国 アメリカ、未加盟 ドイツ1926年、ソ連1934年加盟 ドイツ1933年、日本1935年（33年通告）・イタリア1937年脱退 ソ連1939年除名	原加盟国＝51カ国 2020年現在193カ国 アメリカ・イギリス・フランス・ソ連・中国（中華民国。1971年以降、中華人民共和国）の5大国が当初より参加 日本1956年加盟
組織	総会・理事会・事務局・常設国際司法裁判所・国際労働機関（ILO）	総会・経済社会理事会・信託統治理事会 国際司法裁判所・国際労働機関（ILO）は国際連盟から引き継ぐ 安全保障理事会（米・英・仏・ソ・中が常任理事国と非常任理事国〈当初6カ国、1965年以降10カ国〉で構成）
意思決定	総会・理事会ともに全会一致	総会は多数決で決定 安全保障理事会は拒否権をもつ常任理事国の一致が必要
措置	経済制裁のみ。武力制裁は規定不足で行使せず	経済制裁に加えて、武力制裁を行使できる

この五大国は安全保障理事会の常任理事国を構成し、**拒否権**をもつと書いてあるね。安全保障の問題について、五大国のすべてが賛成しなければいけないということだ。**なぜ常任理事国には拒否権があたえられているのだろうか？** 連合国の五大国が国際秩序をリードするという基本理念からすると、五大国が一致することでもっとも強力に平和構築を推進できる

からだ。

（5）国際連合の武力制裁機能

　そして一番国際連盟の失敗から変更されたように見えるのが、「措置」
のところだ。国際連盟は経済制裁しかできなかったけど、国際連合ではそ
れにくわえて武力制裁ができる。**なぜ国際連合では、武力制裁ができるよ
うにしたんだろうか？**

　この章の最初のほうの考察からわかるね。経済制裁だけでは効果がなか
ったからだ。イタリアのエチオピア侵略のときにはっきりしてしまったん
だね。では、**国際連合の武力制裁は、ほんとうに平和を実現できるのだろ
うか？**　もっとつっこんで考えるために、武力制裁の具体的な条文を見て
みよう。

資料10-8 **国際連合憲章より**

第39条　安全保障理事会は、平和に対する脅威、平和の破壊または侵
　　　　略行為の存在を決定し、ならびに、国際の平和および安全を
　　　　維持または回復するために、勧告をし、……いかなる措置
　　　　を取るかを決定する。

第42条　安全保障理事会は、第41条に定める措置〔平和に対する脅威
　　　　への非軍事的措置〕では不十分であろうと認め、または不十
　　　　分なことが判明したと認めるときは……必要な空軍、海軍ま
　　　　たは陸軍の行動をとることができる。……

　まず、武力制裁をきめる主体はどこだろうか？　安全保障理事会だね。
安全保障理事会が、平和に対する脅威の存在を認定し、非軍事的措置（経
済制裁）では平和は維持できないと判断されれば、武力制裁を決定できる。

この武力制裁が発動されるためのハードルは何だろうか？ 安全保障理事会が決めるというところに注目してみよう。

「拒否権がある」——そう。常任理事国の五大国のうちどこか一カ国でも拒否権を行使したら、武力行使はできない。たしかに、この五大国が第二次世界大戦中のように団結していれば、きわめて強力な平和構築が可能だろう。でも第二次世界大戦後は、連合国の団結はもろくも崩壊してしまったよね。なぜだろうか？

冷戦がはじまってしまったからだ。冷戦については中学の社会科でならっていると思うけど、第二次世界大戦後に、アメリカを中心とする西側＝資本主義・自由主義陣営とソ連を中心とする東側＝社会主義（共産主義）陣営に世界が二分され、対立することになったことをいう。

このため、五大国のうち少なくともソ連は、決定的なまでにアメリカなどと対立してしまった。だから冷戦が終わるまで、国際連合が武力行使によって戦争を止めることはむずかしくなってしまったんだ。

では、**冷戦によって国際連合が平和構築機能をはたすことがむずかしくなったのであれば、各国はどうやって戦争をさけようとしたのだろうか？**これは東西それぞれの陣営で軍事同盟や集団安全保障体制をつくっておくしかない。そこで生まれたのが**NATO（北大西洋条約機構）**や**日米安全保障条約**だ。東西両陣営に、どのような組織や同盟がつくられたのか、その目的もふくめて教科書をもとに整理しておくといい。

チャレンジ！　　教科書をつかって、つぎの問いも深めてみよう！

1. なぜ日本は、日中戦争がつづいているにもかかわらず、圧倒的な国力をもつアメリカと戦争をすることにしたのだろうか？

2. なぜ戦時中の日本の民衆は、過酷な生活をしいられたにもかかわらず、戦争に協力しつづけたのだろうか？

3. なぜ、どのようにしてナチ・ドイツはユダヤ人の大量虐殺をおこなったのだろうか？

4. 核兵器の開発と投下は、世界の戦争と平和にどのような影響をあたえただろうか？

大学入試は変わるのか

　さて、この本でさんざん、「歴史総合は暗記じゃない、資料と問いで考えるんだ」なんていわれても、なんだかんだで結局は暗記しないといけないんじゃないかと、みんなも思っているんじゃないかな。それはなぜかというと、テストという呪縛があるからだ。ここでは、みんなが気になるテストと大学入試問題がどうなるかという話をしてみよう。もちろん、ぼくは大学の教員だから高校のテストがじっさいどうなっているかは知らないし、2023年現在、大学入試ではまだ歴史総合はあつかっていないから、ぜんぶ予想だ。そのつもりで読んでほしい。

　高校の先生からすると、毎回定期テストをつくるのは大変だ。歴史総合はまだはじまったばかりで、問題の蓄積もすくないから、イチからつくらなきゃいけない。そんなとき簡単なのが、用語穴埋めとか一問一答の形式。むかしからそうしてきた。でもそこではかられる生徒の力は、暗記力だけになってしまう。それは歴史総合らしくない。

　歴史総合らしい問題って、どんな問題だろう？　**資料と問いをもとに考える力をはかるのに一番いい方法は、論述問題だ**。たとえばこの本であつかったテーマから出すとすると、フランス革命のときのグージュの資料をつけて、「グージュは、フランス革命の成果についてどのような点で不満を述べているだろうか。フランス革命の経緯を参照しながら、500字以内で説明しなさい」みたいな問題になるかな。さらにつづけて、「グージュの問題提起は、現代の諸問題にどのようにつながるだろうか」みたいな問題をつけると、現代的な諸課題も問うことができる。

　でも、論述問題には大きな問題がある。論述するのが大変とか、正解が何なのかわかりにくいとか、テストを受ける側の問題もあるけど、先生のほうも大変だ。とにかく採点するのが大変なんだ。生徒も採点に納得させないといけないから、だから論述問題は1つのテストにつき、1問か2問になるだろう。

　それ以外の問題は、一問一答とか記号選択問題（四択問題とか正誤判定問題とか）になってしまう。できれば一問一答はやりたくない。でも**記号選択問題で歴史総合らしい問題をつくるのは、至難のわざだ**。だって資料を読みとく選択問題は、読解力さえあればだいたいのあたりをつけることができる。よく「国語の問題」と皮肉をいわれるのはこれだ。

　「国語の問題」にならないようにするには、問題を解くさいに歴史上の知識を必要とするようにしたり、資料から読みとった情報を、歴史上の知識と関連させるような問題

にしなきゃいけない。できれば解釈も問いたいけど、歴史上の解釈は複数あるから、正解も複数できてしまう。こんな問題をつくるには、たいへんな労力がいる。

そんな労力をおしまず、資料読解や歴史の解釈を記号選択問題に見事に昇華しているテストがある。それが大学入学共通テスト（以下「共通テスト」）だ。共通テストというのは、国公立大学の受験要件になる、毎年1月におこなわれる全国共通テストで、むかしはセンター試験といった。

センター試験のときは、リード文を読まなくても小問の問題文だけを見て、ほぼ基本知識と受験テクニックだけで解ける簡単なテストだった。でも2021年に共通テストになってからは、**たしかに知識は基本的なものでいいけど、資料や会話文を読んで意味を理解しなければ解けない問題**が、数多くもりこまれることになったんだ。これは歴史総合の導入をみこんだものだといっていいだろう。

そして2025年1月の共通テストからは、つまりみんなが受験するときには、歴史科目だと「歴史総合＋世界史探究」か「歴史総合＋日本史探究」になる。いずれにせよかならず歴史総合はあるんだ。だからみんなも3年生になったら、歴史総合の共通テスト対策をすることになるかもしれないね。

しかし、さっきもいったように、先生の立場からすると、歴史総合の記号選択問題をつくるのはむずかしい。共通テストでは膨大な人とお金と時間をかけてつくっているから、それができる。何年かたてば過去問が蓄積されて、つくり方のノウハウもひろまるだろう。それまでは、**共通テスト以外では、論述問題と一問一答を併用するようなテストになるんじゃないか**と思う。国公立大学の二次試験も、たぶんそんな感じだろう。

じゃあ私立大学の入試はどうなるのか？　これはわからない。受験者の多い私立大学のほとんどでは、マークシートで短時間で採点ができる記号選択問題を採用している。作問労力のかかる歴史総合を受験科目にしないかもしれないし、受験科目になったとしても、従来どおりの語群選択やふつうの正誤問題を出すかもしれない。あるいは私立大学入試でも、歴史総合らしい記号選択問題がつぎつぎと生みだされるかもしれない。

なにしろ歴史総合ははじまったばかり。高校も大学も受験業界も、これからどう対応するか試行錯誤のくり返しだ。とりあえず共通テストの方向性ははっきりしているから、それに向けて資料読解やそれに関連させた歴史的思考を文章化していく練習をしたり、共通テストの過去問を解いたりしてみよう。教科書、資料集、そしてこの本がナビゲーターになるだろう。

第 **III** 部

グローバル化と
私たち

「グローバル化」って何？

　さあ、いよいよ私たちの時代だ。歴史総合の最後の大テーマは「**グローバル化**」となっている。グローバル化とは何だろうか？　じつはぼくは、このグローバル化は、歴史総合のテーマのなかでもあつかいにくい概念だと思っている。

　ある教科書では、グローバル化とは、「資本や労働力の国境をこえた移動が活発化するとともに、貿易をつうじた商品・サービスの取引や、海外への投資が増大することによって世界における経済的な結びつきが深まること」だとされている。

　つまり、経済的に世界が一体化したということだ。でも一体化したことは、もう第Ⅰ部の世界市場とか帝国主義のところで見てきた。この第Ⅲ部であつかう時代でも、飛行機が発達したり、テレビやインターネットといった科学技術が発達したくらいで、根本的なところでは大きな変化はない。ただ、その規模がちがう。**グローバル化は、近代化をさらに地球規模に発展させたもの**なんだ。

　それに、経済的なグローバル化だけでは現代のさまざまな歴史的出来事をとらえることはできない。これまでに見てきた概念は、現代においてどのような帰結にいたった？　ナショナリズムは？　帝国主義は？　人種主義は？　社会運動は？　こういう政治や社会をめぐる歴史もまた、これまでの歴史的概念の理解の延長線上にある。

　だから、これまでのように大テーマを大きな概念として、各章で小さな概念を考えつつ大きな概念につなげて意義づけることができない。第Ⅲ部「グローバル化と私たち」で考える歴史的な出来事は、グローバル化と関連しないことも多いんだ。むしろこれまでに身につけた諸概念を活用して考えたほうがいい。すると、**近代化の概念と現代との関係性が見えてくる**。

　これからあつかう概念は、「**脱植民地化**」「**高度経済成長**」「**地域統合**」などだ。このなかでグローバル化らしいのは高度経済成長くらいだね。いっぽうで、脱植民地化は帝国主義からの脱却で、地域統合は国民国家や

ナショナリズムへの挑戦だ。どちらも、近代化の概念が「国際秩序の変化や大衆化と私たち」の時代にさまざまな問題を生みだしてしまい、それを克服しようとするものなんだ。

　こう考えると、「グローバル化と私たち」があつかう概念というのは、近代から現代にいたる私たち人類の試行錯誤の結果なんだ。19世紀から現代にいたる世界全体を概念で俯瞰する歴史総合のストーリーが見えてくるんじゃないかな。

　さあ、がんばって歴史総合を最後まで走りきろう。

第
Ⅲ
部

第11章 アジアとアフリカの独立 —— 脱植民地化

<table>
<tr><td>メインの問い</td><td>独立したアジア・アフリカ諸国は、
どのような困難に直面したのだろうか?</td></tr>
<tr><td>概念</td><td>脱植民地化　地域紛争</td></tr>
</table>

　いま、世界にはいくつの国があると思う?　オリンピックの開会式なんかを見ていると、ちょっと把握しきれないくらいたくさんの国が存在していることがわかるよね。ところが、第二次世界大戦後まもなくのころは、世界のあり方はぜんぜんちがっていた。

　つぎの表は、国際連合の加盟国数の変化をあらわしたものだ。原加盟国が51か国、現在は193か国だ（2023年7月時点）。なぜこれほど加盟国数がふえたんだろうか。というより、**なぜ国際連合発足当初は、加盟国数がこんなに少なかったんだろうか?**

● 図11-1：国際連合加盟国の推移

	1945年	1960年	1980年	2021年
全加盟国数	51	99	154	193
アフリカ	4	26	51	54
アジア	9	23	36	47
オセアニア	2	2	6	14
南北アメリカ	22	22	32	36
ヨーロッパ	14	26	29	43

　それは、ほとんどの国が植民地だったからだね。表には地域別の数もあるけど、現在とくらべてどの地域があきらかに少ないのかわかるかな？　アフリカとアジアだね。1960年までのあいだに、これらの地域の加盟国数はけたちがいに増えているね。これはなぜだろう？

　「植民地から独立したから」——そうだ。そして1980年までに世界から植民地という存在はほとんどなくなってしまう。帝国主義の時代から**脱植民地化**の時代への劇的な変化がおこったんだ。**なぜ植民地という存在は否定されるようになったんだろうか？**　この章の最初に考えてみよう。

　そして歴史総合のポイント、**脱植民地化によって世界がどう変化したのか**も考えないといけない。どんな変化が考えられるかな？　国際秩序にあたえた影響はどのようなものだろうか。

　こうしたことを考えることで、脱植民地化という世界的な現象を大まかにとらえることができる。でもすべての独立国がおなじように独立したわけではないし、独立の際には国内外にさまざまな摩擦をひきおこした。**各国が独立するときに、どのような問題がおこったのか**を考えよう。

　そしてもちろん、そうした諸問題をどうやってのりこえようとしたのかも考えよう。これによって、帝国主義国の都合で動いてきた戦前の世界とはまったくちがう現代世界の特徴をつかむことができるだろう。

1 なぜ戦後に、植民地という存在が 否定されるようになったのだろうか？

　アジアやアフリカの植民地の人びとが独立しようと運動するのは、べつに第二次世界大戦後にはじまったわけじゃない。はじめからはげしい抵抗運動があった。でもそのときには独立はできなかった。なぜなら、宗主国が植民地の独立をみとめなかったからだ。

　では、**19世紀にはみとめられなかった独立が、なぜ第二次世界大戦後にみとめられるようになったんだろうか？**　これには、20世紀におこった国際秩序の変化がおおきくかかわっている。第Ⅱ部の内容を思いだしてみよう。

　第一次世界大戦後に、アジアの民族運動を活発化させた国際的な考え方が生まれた。これは何だったかな？　「民族自決」——そうだね。ソヴィエトのレーニンやアメリカのウィルソン大統領が民族自決の原則を宣言したもんだから、他の帝国主義列強も無視できなくなったんだ。

　こうして、あたらしくできた国際秩序では、新規の植民地をふやすことはむずかしくなったんだ。それでも日本・イタリア・ドイツは侵略戦争をおこして、第二次世界大戦がおこってしまったから、国際連合はますます侵略戦争の禁止を厳格にした。ここまでは、あらたな植民地支配ができなくなっていった歴史だ。

　そして、宗主国がなぜ植民地の独立要求をみとめるようになったのかを考えるためには、**宗主国自身がもっていた植民地支配のための前提について確認し、その前提がなぜこわれたのかを考える**といい。

　第6章であつかった帝国主義のことを思いだそう。ノートをひっくりかえしてごらん。列強は、なぜ植民地支配は正しいと信じていた？　「……文明化の使命があったから？」——そう、でも**ふたつの世界大戦のあと、自分たちが文明的な国だという自信がゆらいだ**。それはなぜだろう？　いろいろ考えられるけど、戦争であまりにも人間性を否定するような行為がくりかえされたからじゃないだろうか。たとえばホロコーストとか。

もうひとつ、帝国主義時代の列強は、なぜ植民地を必要とした？　経済的な理由を考えてみよう。「植民地から原料をうばったり、市場にする」——そのために、経済的に搾取する。それに反発する反乱は、徹底的に鎮圧した。反乱を鎮圧するコストにみあうだけの利益があったからだ。ところが、**世界大戦のあとは、利益がコストにみあわなくなった。なぜだろうか？**

　それはやっぱり、二度もの世界大戦を経験したことで、宗主国の軍事力と経済力が衰退したからじゃないだろうか。国際倫理として否定されても、できることなら植民地は維持したい。でも独立運動をおさえるためのコストに、国がたえられなくなったんだ。

2　脱植民地化によって、世界はどのように変化したのだろうか？

(1) アジア・アフリカ会議のインパクト

　こうした歴史的背景のもとで、アジアとアフリカの植民地は続々と独立していった。教科書に第二次世界大戦後のアジア・アフリカ諸国の独立をしめした、こんな感じの地図が、それぞれのっていたりする。

● 図11-2：アジア・アフリカ諸国の独立

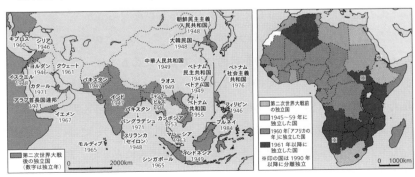

この地図をもとにして、どこがいつ独立したのかリストアップして、時系列順にならべてみるといい。おもな国ぐにを書きだすと、こんな感じだ。[　]内は、旧宗主国だ。

1946年　フィリピン独立［日本→アメリカ］

1947年　インド・パキスタン独立［イギリス］

1948年　朝鮮民主主義人民共和国・大韓民国独立［日本］

1949年　インドネシア独立［日本→オランダ］

1953年　ラオス・カンボジア独立［フランス］

1956年　モロッコ・チュニジア独立［フランス］

1957年　ガーナ独立［イギリス］

1960年　アフリカ17か国が独立（「アフリカの年」）

第二次世界大戦後から1960年にかけて、おもにアジア諸国からアフリカ諸国へという流れで、独立していったことがわかるね。**これらの諸国が独立したことで、世界のあり方はどのように変化しただろうか？**

つぎの資料は、独立したアジア・アフリカ諸国が連帯を表明するために、1955年にインドネシアのバンドンで開催した**アジア・アフリカ会議**がもたらしたインパクトを、同時代の評論家であるセゼールという人物がコメントしたものだ。どのようなインパクトがあったのだろうか？

ただし、こういう同時代人の資料を読むときには、**このテキストを書いた人がどのような立場で、何を目的にして書いたのか**を知っておく必要がある。テキストのバイアス（政治的な立場による主張のかたより）を意識することで、私たちは歴史をできるだけ客観的に読みとることができるんだ。

セゼールはフランス植民地の出身で、植民地支配に対してはげしく抵抗してきた人物だ。**脱植民地化を主張する同時代人にとって、アジア・アフリカ諸国の独立にはどのような意義があると感じられたのだろうか？**

　バンドンでおこなわれた記念すべきできごととは何か？　それは、15億の人びとがアジアの1都市にあつまり、ヨーロッパがもはや世界を一方的に指導する役割を担っていないこと、ヨーロッパによる地球上の非ヨーロッパ地域の支配がゆきづまりをみせ、そこから抜け出すことが重要となっていることを公式に宣言したことである。

　……世界中の人びとがバンドンにあつまり、ヨーロッパの帝国主義の時代が終わったことをヨーロッパにはっきりとしめした1955年である。

　セゼールは、アジア・アフリカ会議の意義を「ヨーロッパ帝国主義の時代が終わったこと」に見出していることがわかるね。ヨーロッパによる植民地支配はゆきづまり、もはや維持できなくなったのだと。

　これはセゼール個人の見解というだけでなく、さっき検討したように、ヨーロッパ諸国から植民地支配を維持する力が失われていたし、実際に世界中で脱植民地化が急速にすすんでいったから、歴史的事実にも合致する見解だったことがわかる。

（2）平和十原則の目的と意義

　では、**アジア・アフリカ会議につどった独立諸国は、どのような主張を国際社会に対しておこなったのだろうか？**　アジア・アフリカ会議の決議は、**平和十原則**といって、当時の世界に非常に大きなインパクトをあたえたんだ。まず、前文を読んでみよう。

資料 11-2　平和十原則より（1955年）

　会議は原子力による世界戦争の危険をはらんだ国際緊張の現状を深

第
Ⅲ
部

く憂慮している。平和の問題は国際安全の問題と相関関係がある。……
民族自決の権利はすべての人民によって享受されなければならない。ま
た独立をえていない人民に対してできるだけ早急にあたえられねばなら
ない。……

「民族自決の権利」とあるね。まだ独立していない植民地が独立する権
利を主張した。これはとくに、まだほとんどの地域で独立がみとめられて
いなかったアフリカに影響をあたえた。アジアとアフリカが連帯して植民
地主義にたちむかったんだ。

でもただ連帯しただけじゃない。**アジア・アフリカ諸国は、どのように
してのこる植民地の独立を勝ち取ろうとしたのだろうか?** 平和十原則の
本文を見てみよう。教科書のこの資料には、こんな問いがついている。「平
和十原則で重視されている組織は何だろうか。なぜその組織を重視したの
だろうか」——この問いに対応させて、資料を抜粋してみよう。

資料11-3 **平和十原則より**(1955年)

1. 基本的人権ならびに国連憲章の目的と原則を尊重。
2. すべての国家の主権および領土の統合の尊重。
3. すべての人種の平等および大小にかかわらずすべての国家の平等の
   承認。
5. 国連憲章にしたがって単独あるいは集団的に自国を防衛する権利の
   尊重。
7. いかなる国の領土権、政治的独立に対しても侵略行為、侵略の脅威、
   兵力の使用をさけること。
8. あらゆる国際紛争を交渉、調停、仲裁、司法的解決などの平和的手
   段および国連憲章にしたがって当事国がえらぶ他の平和的手段によ
   って解決すること。

重視されている組織はなに？　「国際連合」——そう、国連憲章という言葉を連発しているね。第10章で見た国連憲章の文言を見なおしてみよう。平和十原則の全体が国連憲章の内容にそっていることがわかるね。

　じゃあ、**なぜアジア・アフリカ会議は国際連合を重視したのだろう？**　国際連合の総会の原則を思い出してみよう。「参加国が平等で、一国一票の原則があるから」——そうだ。米ソのような大国も、独立したばかりの国も、国連総会では対等だ。旧植民地で連帯すれば、大国にも対抗できるんだね。

（3）第三勢力としてのアジア・アフリカ諸国

　さっきの資料11-2、平和十原則前文の冒頭に、注目すべき発言があった。「原子力による世界戦争の危険」だ。**核兵器**の問題については、この本では省略しているけどとても重要だ。大戦末期、1945年8月に広島と長崎に落とされ、一瞬で膨大な人命をうばった原子爆弾の登場は、人類の存続にとって深刻な脅威を意味したんだ。

　この核兵器の問題を、アジア・アフリカ会議が取りあげたのはなぜだろうか？　このとき核兵器をもっていたのがアメリカとソ連だったというのを意識してみよう。当時の米ソは冷戦状態にあった。かれらだけが核兵器をもっているということは、いつ核戦争が勃発しても不思議ではないということだ。この状況をアジア・アフリカ諸国が憂慮することは、何を意味するか。

　自分たちは**冷戦の米ソ両陣営とはちがう立場なんだ**ということをアピールしているんだね。アジア・アフリカ諸国は、冷戦の枠にとらわれない、人類的な立場にあることを宣言したと解釈できるね。**冷戦期において東西いずれの陣営にも属さない非同盟中立の立場を選択した諸国**を**第三勢力**とよぶ。

　独立したばかりだと、まだ国家として不安定で経済も安定していないことが多い。だから大国と同盟をむすぶという選択をしたほうが利点がある

ようにも見える。**それにもかかわらず、なぜ多くの独立国は、非同盟中立
の立場を選んだんだろうか?**

1961年、第三勢力の諸国は、**非同盟諸国首脳会議**に結集した。この
会議を主催したのはユーゴスラヴィアのティトー大統領。ここにはアジ
ア・アフリカ会議にあつまった首脳陣が多く参加し、第三勢力の存在感
をしめしたんだ。非同盟諸国首脳会議はなぜ開催されたのか、その世界的
な意義を資料から考えよう。

資料 11-4 **第1回非同盟諸国首脳会議宣言**(1961年)

　〔会議〕参加者は、世界における非同盟地域のいっそうの拡大が世界
をブロックへと全面的に分割する政策および冷戦政策の激化に対する唯
一のかつ不可侵の代替物であると考える。非同盟諸国は、みずからの独
立と平等に向かって闘争するすべての諸国人民に対して激励と支援を
与える。……会議参加者は、植民地主義および帝国主義から受け継い
だ経済的不均衡を取り除くために努力がなされなければならないと考え
る。

まず、非同盟政策は、冷戦とはことなる国際的な選択肢なのだと主張さ
れている。そして自分たちの立場は「植民地主義および帝国主義」によっ
て被害を受けるすべての諸国に対する支援なのだと宣言している。この立
場に立つかぎり、旧宗主国と同盟をむすぶ選択肢はありえないということ
になるね。だって彼らは植民地支配をした加害国なんだから。

こうして、アジア・アフリカ諸国の独立は、第三勢力・非同盟諸国とい
うグループを生みだし、冷戦の構図をも変化させたんだ。

3 なぜ独立後のアジア諸国で、
　　地域紛争が発生したのだろうか？

　植民地支配から脱して独立していったアジア諸国だったけど、多くの国ではさまざまな要因からすんなり平和な体制を築くことができず、困難な時代をむかえてしまう。そのひとつが**地域紛争**だ。

　地域紛争というのは、世界大戦とはちがって地域的に限定された戦争や内戦のことだ。その地域の特殊な事情があって紛争に発展する。だから「なぜ独立後のアジア諸国で、地域紛争がおこったのか？」という問いには、**それぞれの地域ごとの事情や歴史的経緯があったからだ**としかいえない。

　それでも、いくつかのパターンがあるかもしれない。教科書にのっている冷戦期の地域紛争を取り上げて、その性格を歴史的に整理して、比較してみよう。ごく簡単でいい。

冷戦期の地域紛争

1946～54年	インドシナ戦争——植民地からの独立戦争
1947年	第1次インド・パキスタン（印パ）戦争——宗教的な分離独立による混乱
1948～49年	第1次中東戦争——イスラエル独立によるアラブ人との対立
1950～53年	朝鮮戦争——冷戦下で分離独立した分断国家どうしの紛争
1956～57年	第2次中東戦争
1965～75年	ベトナム戦争——冷戦下の分断国家の対立にアメリカが介入

　こうしてみると、いくつかのパターンに分けられそうだね。まずインドシナ戦争は**植民地からの独立戦争**だ。つぎに第1次インド・パキスタン（印パ）戦争や中東戦争は、**独立にともなって宗教対立が激化した戦争**だ。そ

して朝鮮戦争やベトナム戦争は、**東西冷戦によって生まれた分断国家同士の戦争**、という感じだ。

　ここでは、第1次印パ戦争と中東戦争をとりあげて、宗教対立を背景とする地域紛争の事例を見てみよう。

（1）インドとパキスタンの独立

　インド（インド帝国）はイギリスのもっとも重要な植民地だったね。イギリスはこの植民地を手ばなしたくなかったけど、ふたつの世界大戦でボロボロになって、インド人のほとんどすべてが民族独立を要求するなかでは、さすがに独立をみとめざるをえなかった。

　そして1947年、インドは独立のときをむかえた。でもそれによって生まれた国は、インドだけじゃなかった。**インドとパキスタン**という、ふたつの国にわかれて独立したんだ。インドとパキスタンは、現在にいたるまではげしく対立していて、両国が核保有して非常に危険な状況にある。この対立のおおもとは、1947年の分離独立にあったんだ。じゃあ**なぜ、インドとパキスタンは分離独立したのだろうか？**

　教科書を見てこたえてみよう。インドには宗教対立が存在していて、インドとパキスタンでは宗教がことなるんだ。インドは？　「ヒンドゥー教」パキスタンは？　「イスラーム」――そうだね。インドには他にも多くの宗教があるけど、ヒンドゥー教とイスラームが二大勢力だ。

　ヒンドゥー教とイスラームは、なぜ対立したのだろうか？　この問いにこたえるためには、インドの歴史をおおざっぱでいいので勉強しておく必要がある。教科書では、最初のほうのページに世界の宗教について書いてある場合があるけど、インドでの宗教対立についてはほとんど書いてない。図書館でインド史の本を読んだり、世界史の概説書を読むとかして、調べてみてもいいかもしれないね。

　もともとインドにあって、ふつうの民衆が信仰していた宗教はどちらだろう？　ヒンドゥー教だね。イスラームはあとから入ってきた。近世にイ

ンドを支配したムガル帝国は、イスラームだったね。その結果、インドで
もずいぶんムスリム（イスラーム教徒）がふえた。

　そしてムガル帝国が滅亡し、イギリスがインド全土を支配すると、イギ
リスはこの宗教対立を植民地統治に利用しようと考えた。教科書にのって
いるのは、1905年のベンガル分割令と、1906年の**全インド・ムスリム連
盟**結成をイギリスが支援したということだ。

　**なぜ、イギリスはインドの宗教的対立をあおったのだろうか？　それはど
のような歴史的意味をもったんだろうか？**　イギリスは、インドの民族運
動をおさえこむために、インド人を宗教で分断させようとしたんだ。ムガ
ル帝国は滅亡しているから、インドにおけるムスリムはむかしほど立場が
強くない。インドのムスリムはイギリスにたよっているように見え、ヒン
ドゥー教徒はますますムスリムをにくむようになる。これはよくない結果
を生みそうだね。

　ヒンドゥー教徒側のインド人の代表は**国民会議**、ムスリム側は全イン
ド・ムスリム連盟だ。じつは、国民会議の指導者である、みんなおなじみ
ガンディーは、ヒンドゥー教徒とムスリムがなかよくひとつの国家をつく
ることを主張していたんだ。でもそれは実現しなかった。それはなぜだろ
うか？　全インド・ムスリム連盟の指導者、ジンナーの主張を読んでみよ
う。

資料11-5 **インドの独立についてのジンナーの発言**（1946年）

　……全インド＝ムスリム連盟は現実に立脚している。……ヒンドゥー
とムスリムの……２つの民族原理が、社会的、政治的に一体となったこ
とはいまだかつてない。こんにち語られているインドの一体性は、イギ
リスの行政にもとづいたものにすぎず、イギリスは究極の手段である警
察と軍隊に頼ることなしには平和と法と秩序をたもつことができなかっ
た。「国民会議」の要求は、夢想家の頭にしか存在しない国民性にもと
づいている。われわれの解決策は、この亜大陸を２つの国家にわけると

いうことだ。つまり、ヒンドゥスタン〔インド〕とパキスタンである。

なぜ、ジンナーはインドを「2つの国家にわける」しかないと主張したんだろうか？　それはヒンドゥー教徒とムスリムという「2つの民族」は、歴史的にひとつであったことがないからだと言っている。

　これまではイギリス支配のもとでひとくくりにされていたから、まるで1つのインド民族があるように錯覚していたが、イギリスの支配がなくなるなら、ヒンドゥー教徒のインド人とムスリムのパキスタン人に分裂するしかないんだと。

● 図11-3：インド・パキスタンの分離・独立と住民移動

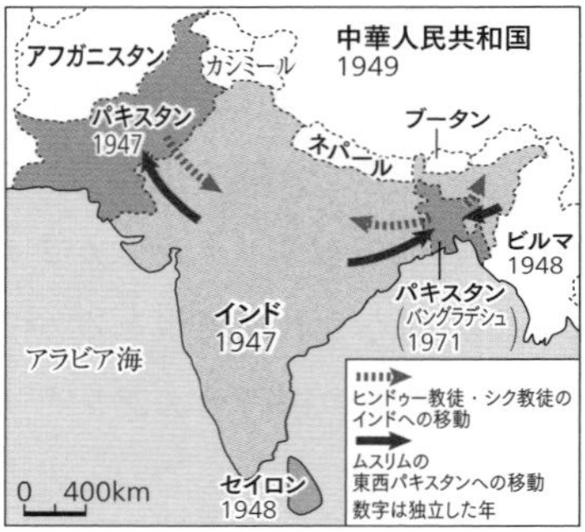

　こうして、インドとパキスタンは、上の地図のように分離して独立することになった。**インド・パキスタンの分離独立にともなって、どのような紛争がおこったのだろうか？**　これも書いてない教科書もあるんだけど、インドのムスリムがパキスタンに、パキスタンのヒンドゥー教徒がインドに大量に住民移動することになって、その混乱で膨大な犠牲者が出た。

　ガンディーは、この民族紛争を止めようとして、過激なヒンドゥー教徒に殺されてしまった。裏切り者だと思われて、逆うらみされたんだ。さらに、領土問題をきっかけにインド・パキスタン戦争がおこった。この戦争はその後2度にわたってくりかえされ、現在もまだ解決していない。

(2) イスラエルの独立と中東戦争

パレスチナでは、1948年にユダヤ人の国家であるイスラエルが誕生した。ナチ・ドイツによる迫害と虐殺をへて、とうとうユダヤ人が自分の国をもつにいたったんだ。でもそれでみんながハッピーになったわけではない。パレスチナのアラブ人ムスリム（パレスチナ人）などとのあいだに4度にわたる**中東戦争**が勃発した。

みんなもニュースなどで知っているとおり、いまでもパレスチナ問題は解決しておらず、パレスチナ人がすむガザ地区というせまい土地に、何度もイスラエルのロケット弾がうちこまれ、これに対してパレスチナ人の民族組織がイスラエルを攻撃するという復讐の連鎖がくりひろげられている。**なぜ、イスラエルとパレスチナ人は対立したのだろうか？**

この問いも、歴史をひもとかなければこたえることができない。どのような経緯で、ユダヤ人とアラブ人がパレスチナにすむようになったんだろうか？

まず、**この土地はもともとオスマン帝国の領土だったし、それ以前をさかのぼっても、ずっとムスリムの支配領域だった。**何百年にもわたってアラブ人がすんでいた土地だったんだ。オスマン帝国が崩壊すると、イギリスの委任統治領になった。そこに、大量のユダヤ人が移住するようになった。**なぜユダヤ人は第一次世界大戦後、パレスチナに移住するようになったのだろうか？**

それは、イギリスが第一次世界大戦中に出した**バルフォア宣言**によって、パレスチナにユダヤ人の祖国をつくると約束したからだ。そもそもなぜユダヤ人の祖国としてパレスチナが指定されたのかというと、イスラームが生まれるよりもさらに大昔、紀元前の時代に、この土地にユダヤ人が国家をつくっていたからだ。でもそんなことは先祖代々ここにすんでいたアラブ人には知ったことではない。こうして、ユダヤ人と先住のアラブ人とのあいだに対立がおこった。

こうした状況で、第二次世界大戦後にユダヤ人がいよいよ建国するとい

うことになったとき、国際連合は、パレスチナをユダヤ人とアラブ人の国家に分割して独立させようとしたんだ。**なぜ国連はパレスチナ分割を支持したのだろうか？** パレスチナ問題を解決するための国際連合の特別委員会で、ソ連の代表はつぎのように述べている。

資料11-6 **ソ連の外交官による国連での演説**

　パレスチナ問題の本質は、パレスチナに暮らす数十万人のユダヤ人とアラブ人の自決の権利についてである。パレスチナのユダヤ人同様、アラブ人もまた、彼ら自身の国家のなかで自由に平和に暮らす権利がある。……西ヨーロッパの国々はどれ1つとして、自分たちの権利と存在を守るためにヒトラーやその仲間に抵抗したユダヤ人をたすけることはできなかった。

　ユダヤ人とアラブ人の両方に民族自決がみとめられなければならないというのが理由だとわかるね。あと、**なぜ移民としてやってきたユダヤ人に建国をみとめるのか**という問題があって、ソ連代表はそれについて、**西欧諸国がナチ・ドイツの迫害からユダヤ人をたすけることができなかったというヨーロッパ側の責任**を指摘している。

　そして国連パレスチナ特別委員会は、つぎのような決議を採択した。

資料11-7 **国連パレスチナ特別委員会の見解**

　パレスチナ問題に関して、そのいかなる解決策もユダヤ人問題全体の解決とはみなされない。…パレスチナの限られた領域や資源にかんがみると、実現可能な範囲で、2つの独立した国家の設立とともに、国の経済的統一が維持されることが必要不可欠である。

こうしてパレスチナはユダヤ人国家**イスラエル**と、アラブ人のすむ領土に分割されることになった。でも、アラブ人側はこの決議に反発した。そもそも先祖伝来の祖国にユダヤ人が勝手に入ってきて、領土をうばって独立するということ自体に反対していたんだ。**アラブ人の立場からすると、国連のパレスチナ分割案にはどんな問題があったのだろうか？**

　そもそもユダヤ人が入ってきたのは、バルフォア宣言というイギリスの一方的な宣言によるものだ。国連がイスラエル建国をみとめるのも、ナチからユダヤ人をすくえなかったというヨーロッパ側の負い目によるものだ。その両方とも、**先住のアラブ人にとってはヨーロッパ諸国の勝手な都合にすぎない**。

　こうして**第1次中東戦争（パレスチナ戦争）**が勃発した。結果はアラブ側の惨敗。イスラエルは国連の分割案よりもさらに多くの領土を獲得し、大量の**パレスチナ難民**が発生した。紛争はますます泥沼化し、第2次中東戦争以降はエジプトがアラブ側の盟主になってイスラエル側と戦った。4度の中東戦争のそれぞれについて、どのような結果をまねき、イスラエルの領土がどのように変化したのかを、教科書をつかってまとめてみよう。

　ここでは第二次世界大戦後におこった地域紛争のうち、宗教対立にもとづく2つの事例をあつかったけど、そのどちらについても、**歴史的背景をさかのぼって調べないと、十分に理解できない**ことがわかったね。

4 日本軍による東南アジア諸国の占領は、
   戦後の独立をもたらしたといえるのだろうか？

　日本はアジア太平洋戦争のさいに、東南アジア諸国を占領し、欧米の植民地からアジア諸民族を解放し、「**大東亜共栄圏**」をつくるというスローガンをとなえた。そして戦後、東南アジア諸国は続々と独立した。だからいまでも、**日本のおかげで東南アジア諸国は戦後に独立することができたんだという主張がある。はたしてその認識は正しいのだろうか？**

（1）歴史認識の問題について

　こういう問いは、こたえる人の**歴史認識**を問いつめるような感じで、みんなにとっては、微妙な気分になるかもしれない。まあちょっと考えれば、日本の占領のおかげで独立できたのは正しいかとか、そりゃ歴史を単純化しすぎだってことはわかるよね。だから考えるポイントはそこじゃない。

　そもそも**歴史学は、過去の出来事について正しかったとかまちがっていたとか、そういう価値判断をくだすことを目的にしていない。**価値判断をするのは倫理や政治の側なんだ。ここまで歴史総合を勉強してきて、みんなわかっていると思うけど、歴史的出来事というのは、いいとか悪いとか一概に評価できるほど単純じゃない。同じ出来事でも、ちがう立場の人から見れば見え方が変わる。

　「日本は正義の戦争を戦った」というような一面的な見方から距離をとって、さまざまな立場や観点から、多面的に歴史を考えていこう。とくに大事なのは、現地での見え方だ。現在、東南アジアの経済成長はいちじるしく、政治的にも大きな力をもっている。そんななかで相手側の見方をしらずに、一方的な歴史認識をしめしてしまったら、もう対話にならない。

　たとえば、現代のインドネシアの歴史教科書では、日本占領期の歴史をこんなふうに記述している。

資料11-8 インドネシアの教科書より（2007年）

　日本のインドネシア占領の目的は、軍事兵器の資源供給地にすることでした。インドネシア諸島を攻撃したとき、日本は東カリマンタンなどのゆたかな油田地帯をはじめに攻撃しました。もうひとつの目的は、インドネシアの人民によって連合国の攻撃をせき止めることでした。そのために日本は防衛拠点や鉄道網を建設するためにロームシャ（労務者）という強制労働を導入しました。さらに日本は一部のインドネシア人に軍事技術を教えました。

　日本軍の目的が資源の獲得だったという話は、どの教科書にも書いてある歴史的事実だ。インドネシアはとくに石油などの資源が豊富だったから、日本軍はまっ先に油田をおさえた。それに現地人の強制労働もあった。**現代のインドネシアでこれらの事実が教えられていると知って、みんなはどう思う？**

　日本にいい印象をもたなくなるんじゃないかと心配になる？　でも、事実をきちんと教えるのはあたりまえだし、かれらが経験した歴史的事実をなかったことにすることはできない。日本のことだけじゃなく、オランダの植民地だった歴史もくわしく教えられているんだ。それらの歴史を知ったうえで、現代の関係をきずいていく必要があるということだね。

（2）ビルマの独立

　じゃあ本題にはいろう。日本軍の占領と東南アジア諸国の独立とのあいだには、どのような関係があるのだろうか？　教科書に資料のあるいくつかの事例を見てみよう。

　まずは**ビルマ（現ミャンマー）の独立**だ。かれらはイギリスから独立するために日本軍に協力していたけど、途中で日本軍に抵抗するようにな

った。**なぜビルマの人びとは日本軍に抵抗するようになったのだろうか？**
ビルマ独立宣言を見てみよう。

資料11-9 **ビルマ独立宣言**（1945年3月27日）

　　われわれは独立闘争……の最終段階において、ファシスト日本によっ
てしめされた独立の約束に気が動転し、独立獲得への希求から英国との
たたかいにくわわった。……日本のファシストたちはビルマに居座り……
ビルマにすむ多くの人びとを搾取するにいたった。彼らは独立という言
葉をみせびらかし、われわれの人権、豊富な資源を、戦争目的のために
取り上げたのである。……

　　われわれは……自由と人権を最大限もたらす世界の民主主義陣営〔連
合国のこと〕を支持する……。

　これを見ると、最初は日本のかかげるアジア解放のスローガンに期待し
ていたけど、資源と労働力がうばわれる現実を目の前にして、裏切られた
ような気持ちになったことが読み取れるね。

　「人権」という言葉が何度かつかわれていることに気がついただろうか？
**日本は人権をあたえず、連合国は人権をもたらしてくれるという認識にい
たったのは、なぜだろうか？**　これはさっきのインドネシアの教科書の記述
をおもいおこすと、強制労働とかがあったんじゃないかと想像できるね。本
を読むなどして調べてみよう。

　この独立宣言が出たのは終戦よりも前だね。ということは、ビルマの人
びとは途中から日本軍に抵抗し、連合国側について戦った。そして終戦後
にイギリスから独立した。この経緯から、**ビルマの独立にとって第二次世
界大戦はどのような意味があったといえるだろうか？**

　最初は日本軍に協力してイギリスと戦っていたけど、最後は日本軍と戦
うことになった。宣言を見ればわかるように、日本のおかげで独立できた

わけではないけど、日本の占領が独立を勝ち取るための大きな契機になったということはいえるかもしれないね。

(3) ベトナムの戦い

ベトナムでは、日本の占領に抵抗していた社会主義者の**ホー＝チ＝ミン**ひきいる民族組織が、日本の敗戦後、**ベトナム民主共和国**の独立を宣言した。このときの独立宣言の一部を読んでみよう。

資料11-10 **ベトナム民主共和国独立宣言**（1945年9月2日）

　フランス革命の人間および市民の権利の宣言〔フランス人権宣言〕は、1789年にやはりつぎのように宣言している。「人は、自由、かつ権利において平等なものとして生まれ、生存する。」これらのことはまさに否定できない真理である。しかしながら80年以上のあいだフランスの植民地主義者たちは、自由、平等、友愛の旗を濫用し、われわれの国土を占領し、われわれの同胞を圧迫してきた。かれらのすることは人道と正義の理想とは正反対であった。

　……80年以上にわたって勇敢にフランスの支配に反対してきた人民、過去数年間連合国と肩をならべてファシストと戦ってきた人民、このような人民こそ解放され、独立すべきである。

　これらの理由によって、われわれベトナム民主共和国臨時政府の閣僚は、世界にむかっておごそかに宣言する。ベトナムは自由な独立国になる権利があり、事実、すでにそうなっている。全ベトナム人民はその独立と自由を守るために、すべての物質的、精神的力を動員し、生命と財産をささげる決意である。……

後半部分を見てみよう。**ベトナムは、どこの支配と戦って独立するのだ**と宣言しているだろうか？　80年以上にわたってフランス、そして数年間の日本（ファシストと書いてあるけど、これは日本のことだとわかるね）の支配と勇敢に戦った、だから独立する権利があるのだと。

　ベトナム（インドシナ）を長年植民地化してきたフランスと日本を同列に非難しているね。教科書には掲載されていないけど、この独立宣言には、日本軍の過酷な支配によって、いかに多くのベトナム人が犠牲になったのかも書いてある。だからホー＝チ＝ミンにとって、独立はこの両国から勝ち取ったものなんだ。

　日本軍は敗戦して撤退したから、この宣言はおもにフランスにむけたものだ。資料の前半では、どんなことが書いてある？　**フランス人権宣言がひきあいに出されて、フランスのベトナム支配はその人道と正義の理念に反する**と批判している。大西洋憲章や国連憲章によって国際秩序のスタンダードが人権にうつったことを反映しているとも読み取れるね。

　結局フランスはベトナム民主共和国の独立をみとめず、**インドシナ戦争**が勃発する。1954年にフランスが敗北して撤退するけど、かわりにアメリカと南ベトナムの傀儡政権がのりこんできて、1960年代には**ベトナム戦争**に発展する。最終的にベトナムが完全独立をはたすのは、1975年だ。

（4）フィリピンの独立

　フィリピンは日本軍が占領する前はアメリカ領だった。でも、じつは**アメリカは、1934年にフィリピンの10年後の独立をみとめていた**。だから日本が占領してアジアの解放をとなえても、フィリピンにとっては意味がなかった。

　このため、フィリピンでは、日本軍に対するはげしい武装闘争がくりひろげられた。そして日本が撤退したあと、アメリカはフィリピンの独立をみとめることになる。日本が1951年に**サンフランシスコ講和会議**で連合国から独立をみとめられたとき、署名した48か国のなかにフィリピンも入

っていた。**このときフィリピンは、日本に占領された過去をどのようにとらえていたのだろうか。**フィリピン代表の発言を読んでみよう。

資料11-11 **サンフランシスコ講和会議におけるフィリピン代表の発言（1951年）**

　われわれは本条約（サンフランシスコ平和条約）がフィリピン政府にとって完全には受諾しえないものであることをくりかえして申し述べるものであります。……あなた方（日本）はわれわれに甚大な損害を与えました。いかなる言葉もまた金銀財宝もこれをつぐなうことはできません。しかし運命はわれわれが隣人としてともに生きるべくさだめており、隣人としてわれわれは平和に生きなければならないのであります。……われわれは、憎しみの鉾はわれわれのあいだでは永遠におさめられるよう熱望しているのでありますが、しかしその前に、われわれが寛容と兄弟愛の手をさしのべる前に、われわれはあなた方の精神的な悔悟と更生の明白なあかしを待ちたいのであります。

　まず、日本がもたらした損害を強く非難しているね。独立をみとめるし憎しみをおさめたいけれども、日本の「精神的な悔悟と更生の明白なあかし」ももとめると。それくらい、日本の占領時代が苦痛だったということだ。**それにもかかわらず、「われわれが隣人としてともに生きる」運命にあるのはなぜだろうか？**　「運命」とは何のことだろうか？

　冷戦期の日本とフィリピンの関係を考えよう。両国とも、アメリカの基地がおかれ、独立後は安全保障条約がむすばれた。つまりアメリカを媒介にして軍事同盟としてむすびついていたんだ。

　これでは日本に強く植民地責任を問うことは、冷戦期ではアメリカの手前むずかしい。じつは同じような関係にある国がまだある。どこだと思う？日本の支配下におかれて戦後独立したけど、アメリカと軍事同盟をむすんで日本と間接的に軍事同盟関係にある国。

そう、韓国だね。だから韓国でも冷戦のあいだは、日本の支配に対する非難はおこりにくかった。そのことが、いまになって韓国との歴史認識問題をひきずるひとつの要因にもなっている。冷戦という状況は、日本が植民地支配や外国を占領した過去にむきあう機会をうばったという側面もあるんだ。

チャレンジ！　　教科書をつかって、つぎの問いも深めてみよう！

1. 朝鮮の南北分断は、なぜ今でも解決されないのだろうか？

....

2. なぜ独立後のアフリカ諸国では、多くの国で紛争や貧困の問題をかかえることになったのだろうか？

....

3. ベトナム戦争の経緯と結果は、世界をどのように変化させただろうか？

グローバル化の光と影
——高度経済成長と環境問題

メインの問い	なぜ日本は敗戦したにもかかわらず、経済成長を実現できたのだろうか?
概念	高度経済成長　石油危機　環境問題

　いま日本は、先進国のひとつだとされている。もしかするとみんなのなかには、「そんな実感はない、日本経済は長い長い不況から抜け出せていないじゃないか」と思う人もいるかもしれないね。たしかにここ何十年も経済成長率は低迷中で、グローバル企業が乱立するなかで日本企業の実績はいまひとつだ。

　でも国民総生産（GNP）という国の経済力をはかるのによく参照されていた指標では、日本はいまでも世界第3位（2023年10月現在）なんだ（1位はアメリカ、2位は中国）。**経済成長はいまいちなのに、GNPでは第3位というのは、どういうことなのか?**　日本の経済成長率（実質成長率）とGNPをあわせたグラフを見てみよう。

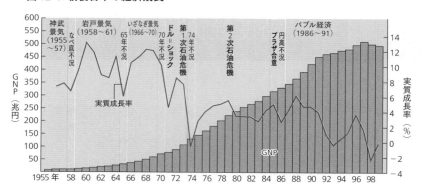

● 図12-1：戦後日本の経済成長

1970年までの実質成長率はすごいね。何度かの不況はあるけど、10%超えを連発している。GNPはそれにおくれて順調にのびていって、その後は多少の実質成長率の低迷はあれども、GNPの山はなかなかくずれない。ようするに、1970年までの**高度経済成長**でできた財産がまだのこっているということだ。

でも、ここでひとつの謎が出てくるよね。日本はアジア・太平洋戦争にやぶれて、国土は荒廃し、アメリカに占領された。**なぜその状態から高度経済成長を実現することができたのだろうか？** これはよく「神話」のように語られることがある。

つぎの資料は、第1回芥川賞を受賞した小説家石川達三が、1964年の東京オリンピックの開会式にさいして新聞に寄稿したコメントだ。

資料12-1 **石川達三「開会式に思う」**（『朝日新聞』1964年10月11日）

7万5000という大観衆を集めた国立競技場の、壮大かつ華麗な式典を見ながら、私はやがて20年になろうとする、〈あのころ〉のことを思いださずにはいられなかった。戦争によって疲弊しつくした日本、瓦礫の焦土と化した東京、大阪、横浜、敗戦後の混乱と、まったく自信を喪失していた当時の日本の姿。……あの当時の日本と、この盛儀を

開催している日本と、同じ民族の姿だとは信じられない気がするのだ。
……わが日本人はわずか20年にして、よくこの盛典をひらくまでに国家
国土を復興せしめたのだ。

さすが作家というべきか、情感のこもったいい文章だねえ。20年にして
がれきの焦土から復興し、日本人は自信を取りもどしたと感慨にふけって
いるんだね。でも歴史の勉強としては、この発言はさっきの謎をますます
深めたようだ。**戦中世代の作家ですら「信じられない」と思うほどの経済
成長を、なぜ日本は達成できたのだろう？**

歴史総合は世界のなかの日本について考える。だから日本の高度経済成
長の謎を、ただ「戦後の日本人ががんばったからだ」というだけの説明で
終わらせるのは、単純すぎるよね。あくまで**世界経済の動きのなかで理解
していく**ようにしよう。

第
Ⅲ
部

1 戦後の日本は、どのように経済成長したのだろうか？

（1）敗戦からの復興

敗戦後の日本ががれきの山から復興したのは、だいたい1955年あたり
までのことだ。このとき政治では社会党が議席の3分の1を獲得して、これ
に対抗して自由党と日本民主党が合同して**自由民主党**をつくり、多数
派を形成した。これを「55年体制」という。

その翌年の1956年に発表された経済白書では、「もはや『戦後』ではな
い」という有名なフレーズが出てくる。だから1955年が政治でも経済で
もひとつの区切りだと見なされるんだ。この経済白書のテキストから、い
くつかの問いをつくってみよう。

　戦後日本経済の回復のすみやかさにはまことに万人の意表外にでるものがあった。それは日本国民の勤勉な努力によってつちかわれ、世界情勢の好都合な発展によってはぐくまれた。

　しかし敗戦によって落ち込んだ谷が深かったという事実そのものが、その谷からはい上がるスピードを速からしめたという事実も忘れることはできない。……いまや経済の回復による浮揚力はほぼ使い尽くされた。なるほど、貧乏な日本のことゆえ、世界の他の国ぐににくらべれば、消費や投資の潜在需要はまだ高いかもしれないが、戦後の一時期にくらべれば、その欲望の熾烈（しれつ）さはあきらかに減少した。もはや「戦後」ではない。われわれは今や異なった事態に当面しようとしている。回復をつうじての成長は終わった。今後の成長は近代化によって支えられる。

　まず、戦後の日本はどのようにして経済復興したと書いてあるだろうか？　まずは「日本国民の勤勉な努力」、そして「世界情勢の好都合な発展」とあるね。**1945年から55年までの10年間、日本の経済復興にとって、どのような都合のよい世界情勢があったんだろうか？**

　この10年間について、教科書の内容からさがしてみるんだ。じつは歴史総合では、1955年までの情勢は第Ⅱ部の「国際秩序の変化や大衆化と私たち」の最後であつかうから、そちらのほうも確認したほうがいいね。

　さて、日本経済の復興と関係するどんな事件があったかわかったかな？**「朝鮮戦争の特需」**──そうだね。朝鮮戦争は1950年に勃発した。北朝鮮が韓国に攻め込み、事実上のアメリカ軍である国連軍が韓国を支援し、できたばかりの中華人民共和国が北朝鮮を支援した。冷戦状況と連動した、非常に大規模な地域紛争だ。

　アメリカ軍の出撃基地になった日本は、戦争特需にわいた。アメリカ軍がどんどんドルで日本に発注するから、経済再建に必要な外貨がたまって

いった。朝鮮半島の人びとにとっての悲惨が、日本にとっては天啓になったんだ。

そうして戦後10年で日本は復興できた。そのうえで経済白書が、「**もはや戦後ではない**」「**異なった事態に当面しようとしている**」**っていってるのは、どういう状態からどのように事態が変化したことをさすのだろうか?** もともと最底辺だった日本が普通の経済状態になった。ここでやっと日本は、他の国との競争のスタートラインに立ったということだ。

じゃあ経済白書は、このまま楽に経済成長できるといってる? それとも苦難の道を想定している? 「苦難の道」──それはなぜだろう? 敗戦後の復興というモチベーションがなくなったからだ。ではどうすればいいのか。白書には「近代化」とあるけど、教科書によれば「技術革新による経済成長をめざす段階に入った」といってるね。

技術革新というのはいまでいうイノベーション、人びとがほしがる新しい商品や技術を開発するということだ。どんな商品が生みだされたか、みんなで考えてみるのもいいかもね。

(2) 高度経済成長──くらしの変化

この1955年から1960年代まで、日本は世界でもまれな高度経済成長の時代をむかえる。ここからは、資料と問いによって高度経済成長という現象について考えてみよう。まず、**高度経済成長によって、私たちのくらしはどのように変化したのだろうか?** つぎのグラフは、この期間の日本人がどんな耐久消費財(テレビや自動車のように、高額だけど長い期間使用する生活商品)を買ったのかをしめすものだ。

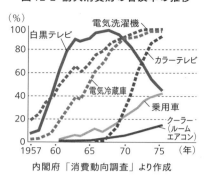

● 図 12-2：耐久消費財の普及率の推移

内閣府「消費動向調査」より作成

　このグラフから読みとれることを、素直に列挙してみよう。1950年代から60年代にはどんな商品の普及率がのびた？　**「白黒テレビ、洗濯機、冷蔵庫」**――そうだ。これらは当時**「三種の神器」**といわれて、どの家庭でもお金がたまったら買うようになっていた。

　みんなは今、冷蔵庫やテレビがない生活を想像できる？　ちょっと難しいよね。

　これらのグラフののび方について、何か指摘できることはない？　「白黒テレビののび方が一番大きい」――そうだね。自分がひとりぐらしをはじめたら、テレビと冷蔵庫と洗濯機のうち、どれを優先して買う？　「冷蔵庫かなあ」――テレビはなくても死にはしないものね。でも冷蔵庫がないと食べ物がいたんでしまう。ところが、**1950年代の日本人は、冷蔵庫や洗濯機よりもテレビをほしがった。なぜだろうか？**

　たぶん現代のみんなの常識とはちがう生活スタイルを、このころの日本人はもっていたんだ。冷蔵庫や洗濯機がなくても炊事や洗濯はできた。でもテレビにかわる娯楽はなかった。それ以前の生活では、冷蔵庫なしでどうやって日々の食事をしていたんだろうか？　洗濯機なしでどうやって洗濯していたんだろうか？　生活の変化を想像してみると、おもしろいね。

　さて、別の側面からグラフを考えよう。こんなふうに**誰もがほしがる家電の普及率が、1960年代後半に100％ちかくになるということは、日本人の生活水準がどうなったことを意味するだろうか？** 「ゆたかになった」

――では、**貧富の差はどうなっただろうか?** 増大したか、縮小したか?
「縮小した」――そうだね。

このグラフから、高度経済成長期の日本では貧富の差がちぢまり、だれ
もがお金持ちとまではいわないけど、ほしいものが買えるだけの平均的な
所得をもっていったことが読み取れる。教科書によれば、「こうした**社会
階層の平準化・均質化**と**中流意識**の普及によって……個人消費支出が拡
大し、循環的に長期的な経済成長の基礎ができあがった」とされている。

では、**なぜ高度経済成長期に貧富の差がちぢまったのだろうか?** 教科
書にのっている情報でいうと、1960年に成立した池田勇人内閣がうちだ
した**所得倍増計画**をきっかけに、減税や公共事業に力を入れ、社会保障
制度も充実させていったことがある。これは自民党政権が主導したんだけ
ど、最大野党である社会党の意見も取り入れたものだった。「55年体制」
の政治的な安定性とバランスのよさが発揮された感じだ。

(3) 高度経済成長――産業構造の変化

日本の産業構造はどのように変化したのだろうか? 例によってグラフ
を見てみよう。第一次産業はおもに農業、第二次産業はおもに工業、第三
次産業はサラリーマンや公務員など、その他のサービス業をさす。

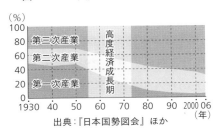

● 図12-3：産業構造の推移

出典：『日本国勢図会』ほか

ここからは、戦前は第一次産業が半分をしめていたけど、高度経済成長
期には第三次産業が圧倒的なシェアをしめていることがわかるね。第二次

産業はあまり変わらない。**こうした産業構造の変化は、高度経済成長とどのように関連するのだろうか?**

　まず疑問に思うのは、第一次産業の割合が減少しても、食料危機にならなかったのはなぜかということだね。まあ普通に考えれば、**食料を輸入するか、少ない農業人口でも大量に生産できる技術革新ができたから**だね。同じように第二次産業でも技術革新がおきて、少ない工業人口でも高性能な商品を大量に生産できるようになった。すると、商品をさらに売るために、消費者向けのサービスを充実させたり、さらなる商品開発をする必要があるから、第三次産業の需要が高まったんだね。

　こうした技術革新や消費者サービスの充実は、さらなる消費を生みだし、利益の拡大につながる。だから高度経済成長期以降の産業構造は、第三次産業にかたよるんだ。

　第三次産業の人口が増大すると、どんな問題が起こるだろうか?　都市に人口が集中するようになるね。その結果、地方では**過疎化**が起こり、大都市圏や工業地帯では人口過密や**公害**といった問題が起こった。公害については、あとで現代的視点から考えてみよう。

2　高度経済成長期の日本は、東南アジア諸国とどのような関係をむすんだのだろうか?

　高度経済成長をグローバルな視点から考えてみよう。日本は1950年から60年代にかけて、東南アジア諸国との関係を緊密化させていった。**かつて日本が占領した東南アジア諸国との関係が、戦後に深まったのはなぜだろうか?　この関係は、日本と東南アジア諸国それぞれにとって、どのような影響をあたえたのだろうか?**

（1）日本の東南アジアに対する賠償

　日本は1951年にサンフランシスコ平和条約に調印して、正式な独立を

はたした。このとき日本によって戦争被害をうけた国ぐには、日本に対する賠償請求をすることができた。この権利を放棄した国もあるけど、東南アジア諸国は多くが何らかのかたちで請求した。それをしめしたのがつぎの表だ。

● **図12-4：東南アジア諸国への日本の賠償**

賠償区分	国	国交回復年	供与期間	金額（億円）
賠償	フィリピン	1956	1956.7〜76.7	1902
	（南）ベトナム	1959	1960.1〜65.1	140.4
	インドネシア	1958	1958.4〜70.4	803.1
	ビルマ（ミャンマー）	1965	1955.4〜65.4	720
経済技術協力協定等無償援助（準賠償）	ラオス	1958	1959.1〜65.1	10
	カンボジア	1959	1959.7〜66.7	15
	タイ	1962	1962.5〜69.5	96
	ビルマ（ミャンマー）	1965	1965.4〜77.4	473.4
	マレーシア	1967	1968.5〜72.5	29.4
	シンガポール	1967	1968.5〜72.3	29.4

出典：外務省『わが外交の近況』

ほとんどすべての国に賠償しているのがわかるね。でもフィリピンやインドネシアをのぞいて、**賠償の形式が「経済技術協力協定等無償援助」になっている。これはどういうことだろう？** 日本から技術者が派遣されて、無償で現地の経済開発をになうということだ。ビルマ（ミャンマー）の発電所開発に従事した日本人の手記を見てみよう。

資料12-3 **日本人技術者の手記（伊藤博一『トングー・ロード』）**

　私は技術指導者（コンサルタントエンジニア）として、日本の賠償第1号と

いわれているビルマのバルーチャン発電所の建設に参加した。

　……賠償にはいろいろなものがある。トランジスターや冷蔵庫などはなかなか人気のある賠償品である。ホテルの建設や汽車や船も非常に有意義である。……

　私は我田引水でなく、バルーチャン開発で見られたように、その国に行って開発を協力し、日本人とその国の人びとと直接交流する役務賠償に、より多くの意義を感じている。

　賠償にもいろいろあって、ここでは役務賠償（えきむ）としてビルマの発電所の開発を無償でおこなったし、他にもホテルや鉄道の開発などがあったことがわかるね。**こうした準賠償事業によって、日本と東南アジア諸国とのあいだにどのような関係がむすばれただろうか？**

　この日本人エンジニアの手記によると、現地の人びとと直接交流できることの意義が大きいとある。つまり、直接交流によってより親密な関係をつくることができたということだ。このことは歴史的には、どのような関係の変化を意味するだろうか？

　前章の学習内容から、戦前・戦中の東南アジア諸国における日本イメージがどんなだったか思いだそう。**日本がアジアの解放をうたっていたにもかかわらず、占領によって資源や労働力をうばわれ、苦痛をこうむった。**つまり、いちばん悪い感情でいうと憎しみをもっている。それに対して、戦後の日本は技術協力やインフラ建設を無償でやってくれる。イメージはどう変わることが期待できるかな？

　自分たちの国にとって有益でやさしく、たよりになる日本人というイメージになるんじゃないだろうか。賠償とはいえ莫大なお金をかけて、東南アジア諸国の開発のために尽力した。これはいわば、戦時中の日本の行動に対するつぐないの行為だったんだ。

（2）東南アジアへの賠償は、日本にとってどのような利益があったか

　では、**役務賠償や技術協力は、日本にとって見返りのない無償奉仕だったんだろうか？**　そうではないよね。たしかにお金は日本政府がはらっているけど、そこで大規模な開発事業をうけおっているのは、日本企業だ。だからこれは日本企業の利益になる。しかも賠償期間が終わっても、メンテナンスとかさらなる開発のために、日本企業は当地でのビジネスをつづけることができる。

　独立したばかりの東南アジア諸国は、まだ近代化が十分じゃない。だから工場や電力設備、都市開発などあらゆる面での開発が必要で、しかもそれらはかならず利益をあげる。これから発展する低開発諸国は、先進国にとってきわめて有望な投資先なんだ。**東南アジア諸国への賠償供与は、これらの国への日本の経済進出の機会になったんだね。**東南アジアとのむすびつきは、1960年代の高度経済成長をささえたともいえる。

　だから賠償期間が終わったあとも、日本は**政府開発援助（ODA）**というかたちで、東南アジア諸国への円借款や技術協力をつづけたんだ。

（3）日本の経済進出に対する反発

　現地の東南アジア諸国では、こうした**日本の技術協力や役務賠償によって日本のイメージが完全によくなったんだろうか？**　もちろんそうではなかった。つぎの資料は、1974年に日本の田中角栄首相がタイを訪問したときの反日デモについて報じた新聞記事だ。

資料12-4 **反日デモを報じる新聞**（『朝日新聞』1974年1月10日）

　〔見出し〕首相訪タイに学生デモの渦　5000人、反日叫ぶ　借款条件緩和など両首相きょう会談

　バンコク国際空港についた田中〔角栄〕首相は、……約300人の学生

デモにむかえられ、宿舎にむかう沿道でも約5000人の学生が「経済侵略反対」などと叫んだ。田中首相自身も「予想以上だ」とつぶやくほどのきびしさだった。

　かれらは日本のどういった行為に反発したんだろうか？　「経済侵略反対」とあるね。つまり、日本がタイに提供しようとする借款計画を、日本がタイを経済的に支配しようとするものだと非難しているんだ。

　もちろんこれは学生デモなので、すべてのタイの国民が日本に反発していたわけじゃない。日本の経済協力や投資を歓迎する人も多かっただろう。でも経済的援助というのは基本上から目線だし、歴史問題なんかも考えると、日本と東南アジアとの関係は愛憎が入りまじった複雑なものなんだということは、知っておいたほうがいいよね。

3　世界経済と日本の高度経済成長とのあいだには、どのような関係があるのだろうか？

　ほかに、戦後の世界経済が日本にとって有利にはたらいた条件はないかな？　**そもそも、第二次世界大戦後にはどのような世界経済がつくられたのだろうか？**

　世界経済のしくみというのは難しいテーマだ。だけどすべての教科書にのっているし、これを理解しないと現代のグローバル化も理解できない。だからすこしでも関心が持てるように、日本の経済復興と関連させて考えてみよう。

　かつて世界を大混乱におとしいれた世界恐慌への反省から、第二次世界大戦後には自由貿易体制と安定した国際通貨体制の再建がめざされた。自由貿易体制については、1948年に**GATT（関税と貿易に関する一般協定）**がむすばれて、徐々に貿易制限を撤廃していこうとした。日本は1955年に加盟している。

通貨の安定については、とりあえず**世界で一番安定しているアメリカの**
ドルを基軸通貨にして、各国の通貨とドルとの交換レートを固定化すると
いう国際通貨体制がつくられた。つまり**固定相場制**だ。そしてドルだけが
金と交換できる。この仕組みがつくられた会議の場所から、**ブレトン＝ウ**
ッズ体制という。たとえば、日本円は1ドル＝360円に固定された。

　さて、このGATTとブレトン＝ウッズ体制は、日本経済にどのようなプ
ラスの影響をあたえただろうか？　貿易と通貨レートとの関係だね。経済
についてはたぶん公共とか政治・経済でがっつりやるんだけど、ちょっと
だけ予習しておこう。

　いまは変動相場制で、だいたい1ドル＝140円くらい？　それにくらべ
ると、ブレトン＝ウッズ体制の1ドル＝360円というのは円高だろうか、
円安だろうか？　「円が高いから円高？」──いやいや、そうじゃない。1
ドルと交換するのに360円も払わないといけないんだから、140円の場合
よりも円の価値が低い、つまり円が安いんだ。ややこしいけど、1ドル＝
〇〇円の金額が高いほど円安だ、とおぼえておこう。

　じゃあ、円高と円安、どっちが輸出するのに有利？　「円高のほうが強
そう」──いやいや、これも逆なんだ。円安の状態で外国に売ると、外国
では同じ価値のあるものが日本製だと安く買えてしまうんだ。日本製品を
輸出するのに円安は有利にはたらくんだね。

　ということは、**GATTで自由貿易がすすんで、ブレトン＝ウッズ体制で**
円安が固定化されているという状況は、技術革新で品質のよい商品を生産
しまくっている日本にとって、ものすごい追い風になっていたんだね。こ
れは、高度経済成長を長期間つづけることができた重要な条件だったんだ。

4 1970年代に世界経済の構造が変化したにもかかわらず、なぜ日本は経済成長できたのだろうか?

(1) ドル＝ショックと変動相場制への移行

　戦後の世界経済にとって、ものすごい転換点になったのが、1970年代だ。まず**ドル＝ショック**。1971年、アメリカのニクソン大統領は金とドルの交換停止を発表して、73年には**変動相場制**になってしまった。つまり、**ブレトン＝ウッズ体制が崩壊した**ということだ。

　変動相場制になったことで、世界経済や日本経済にどのような影響が出たんだろうか?　まずドル＝円相場の推移を見てみよう。

● **図12-5:米ドルに対する円相場の推移**

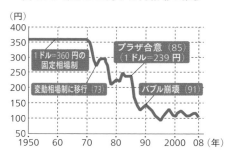

三和良一・原朗編『近現代日本経済史要覧　補訂版』より作成

　これまで高度経済成長によって円の価値は高まっていたのに、固定相場制で円安のままでおさえられていた。それが変動相場制になり、円高がすすんでいるのがわかるね。そして１ドル＝360円の水準にもどることは二度となかった。

　これは日本経済、とくに貿易にとってどんな影響が出たと思う?　「輸出しにくくなる」——そう、円高だと輸出に不利になるんだったね。その結果、日本の経済成長率は一気に落ちこんだ。日本以外の資本主義諸国も同じだった。イギリス、フランス、西ドイツ……すべての国の経済成長

率がしずんだんだ。

（2）石油危機

　ドル＝ショックで落ちこんだ世界経済を、さらに奈落につき落としたのが、二度にわたって発生した**石油危機**（オイル・ショック）だ。

　いまの人類の生活に、石油はかかせないよね。じゃあ、**石油が私たちの生活に不可欠なエネルギーになったのは、いつだろうか？**　つぎのグラフから考えてみよう。

● **図12-6：日本の国内エネルギー供給の推移**

凡例：石炭など　石油など　天然ガスなど　水力　原子力　その他

（年度）

年度	石炭など	石油など	天然ガスなど・水力・原子力・その他
1955	48.3	16.7	27.1　0.4　7.6
1960	44.2	33.4	1.0　4.9　16.6
1970	21.3	69.9	1.3　0.4　6.0　1.1
1980	17.6	64.7	5.4　4.9　6.4　1.1
1990	16.9	56.0	4.2　10.5　9.6　3.0
2000	18.5	49.1	3.3　13.5　12.6　3.0
2010	22.7	40.3	3.3　18.2　11.2　4.3
2015	25.8	40.7	3.6　23.3　6.3　0.4

0　20　40　60　80　100（％）

総務省「一次エネルギー国内供給」、資源エネルギー庁「総合エネルギー統計　時系列表」より作成。1990年度以降からは集計方式が変更されている。

　1955年の段階では、まだ石炭のシェアが圧倒的だけど、1970年代には石油が3倍以上の差をつけているね。1960年代から70年代にかけてふえていったことがわかる。では、なぜ石油はこの時期に最大シェアのエネルギーになったんだろうか？　それは石炭よりも石油のほうが、あつかいやすく、エネルギー効率がよく、そしてなによりも安かったからだ。1960年代以降の石油価格の推移を見てみよう。

● **図12-7：国際的な原油価格の推移**

（ドル／バレル）

BP世界エネルギー統計2019より作成

　1960年代から1970年代はじめまでの石油価格がとても安くおさえられていたことが読み取れるね。**なぜ1970年代までの石油価格が安かったのだろうか？**　教科書の記述をもとに考えてみよう。

　第二次世界大戦後、サウジアラビア、イラク、イランといった石油産出国に、欧米の**石油メジャー**（国際石油資本）が入りこみ、欧米諸国に都合のいいように石油価格を安くおさえたんだ。日本がこの時期に高度経済成長を実現できたのも、この安い石油価格のおかげだったんだよ。

　ところがグラフを見ると一目瞭然なように、1973年に石油価格ははねあがった。1979年にはさらにものすごい上昇を見せる。二度にわたる石油危機がおこったからだ。**なぜ1973年と1979年に石油危機がおこったんだろうか？**　歴史的事件を整理しておこう。

　第1次石油危機は、**第4次中東戦争**のときにアラブ諸国の産油国が発動した石油戦略によってひき起こされた。原油価格の引き上げや産油制限などの強い措置だ。結局第4次中東戦争はアラブ側の敗北に終わったんだけど、先進国の経済にはかりしれない打撃をあたえた。

　第2次石油危機は、1979年におこった**イラン＝イスラーム革命（イラン革命）**が引き金だった。イラン革命は、親欧米派の国王を追放し、イスラームの教えにもとづく国家にイランを変革した出来事だ。イランは世界第2位の産油国だった。革命政府は石油生産を制限し、前回をうわまわる石油危機をひきおこしたんだ。

石油危機は、日本経済にどのような影響をあたえたかな？ 「トイレットペーパーの買いしめとか」──社会のパニックがおこったのは有名だよね。じゃあ日本経済全体にとってはどうだろうか？

　このころ田中角栄内閣は、日本列島改造論をとなえて公共投資を拡大したので、地価が上昇していた。そこに石油危機がかさなって、「**狂乱物価**」ともいわれるはげしいインフレーションがおこって消費が落ちこみ、戦後はじめてのマイナス成長となった。教科書によれば、これで**高度経済成長は終わりをむかえた**んだ。

（3）安定成長から経済大国へ

　この章の最初のグラフ（図12-1）を見てもらえばわかるけど、ドル＝ショックと石油危機のあと、日本の経済成長率は、高度経済成長のころの水準にもどることはなかった。ところが1970年代末から日本経済は復活し、**安定成長**の時代をむかえる。1980年には日本は世界のGNP総計の約1割に達し、「経済大国」ともよばれるようになったんだ。

　1970年代末といえば、第2次石油危機のころだ。**なぜ石油危機があったのに、日本経済は安定成長に転じることができたのだろうか？** まず、石油以外のエネルギー、ここでは**原子力発電**などに力を入れるようになった。それから企業が人員整理をしたり、生産体制の徹底した合理化をはかるようになった。

　このときアメリカの社会学者エズラ・ヴォーゲルは、『**ジャパン・アズ・ナンバーワン**』という象徴的なタイトルの本を書いているんだ。日本は、なぜ「ナンバーワン」になれたのだろうか？

資料12-5 **エズラ・ヴォーゲル『ジャパン・アズ・ナンバーワン』より**（1979年）

　1950年代の前半、日本のラジオ、テープレコーダー、ステレオなどはその品質において、アメリカの製品より劣っていたが、たちまち市場

を支配するようになり、……アメリカのオートバイ会社数社のうち非日本系のものはハーレイ・ダビッドソン社ただ一社になってしまった。……

　いずれにせよ、こんにちの諸制度の効率性を追求し、脱工業化時代に向けて焦眉の問題に対してあらかじめ対策をたてるという意味で、日本はナンバーワンである。せまい国土ととぼしい資源しかもたずに、過剰な人口をかかえた日本が、経済、教育、保健、治安などの各方面に成果をおさめていることは他の国の追随を許さない。

　まず、アメリカよりもすぐれた製品をつくったということだね。それから経済だけでなく社会制度の効率性を追求したんだと。こんなふうに**アメリカ国内でもアメリカ企業が駆逐されるような日本企業の台頭は、どのような状況をまねいただろうか？**

　教科書に、日本車をうちこわすアメリカ労働者の写真がのっていることがあるよね。自動車などの日本製品に対するはげしい反発がおこったんだ。これを**貿易摩擦**という。

　日本の貿易黒字があまりにも大きいから、欧米諸国は問題視して、何とかおさえこもうとした。そこで1985年、先進諸国のあいだで為替レートを調整するという**プラザ合意**がとりきめられた。その結果円高になって、日本は不況になってしまったんだ。

　こうして見てくると、**戦後の日本の経済成長は、世界情勢や各国との関係におおきく依存していたことがわかるね。**これは現代においても同じで、グローバル化した現代では私たちの経済や社会は世界と連動しているから、注意深く世界情勢を観察する必要があるんだね。

5 現代的視点から考える──世界の経済成長は、地球の環境をどのように変えたのだろうか？

こんなふうに世界経済はグローバルに成長してきた。でもそれはいいことばかりじゃない。産業革命のときから大気汚染がすすんで人びとの健康を害したことが問題になっていたよね。20世紀にグローバルな経済成長がすすむと、**環境問題**はさらに深刻なものになっていったんだ。

環境問題はなぜ深刻化したのだろうか、そして人類は環境問題にどのように取り組んできたのだろうか。現在もなおつづくこの問題を、歴史総合の内容から考えてみよう。

(1) 公害病の問題

まず、日本では1960年代に**四大公害**が問題になった。四大公害については中学校までの社会科でならったはずだ。水俣病、四日市ぜんそく、新潟水俣病、イタイイタイ病だね。ほかにも全国で多くの公害病が発生した。これらの特徴やそれぞれの原因について、自分でリストにするなどしてまとめてみよう。

そのうえで、**なぜ日本では1960年代に公害が深刻化したのか**を考えてみよう。このころの日本経済はどういう時期だった？　「高度経済成長」──そうだ。技術革新がすすみ、大規模な工業地帯が全国各地にできて、環境汚染よりも利益と生産性を重視した結果、おそろしい公害がまんえんしたといえるね。

それじゃあ、**公害病の発生に対して、私たちはどのように対応したんだろうか**？　被害が拡大するのを、手をこまねいて見るだけだったんだろうか、企業の責任は問われなかったのだろうか、国は何も動かなかったんだろうか。それぞれ教科書から解答をみちびき出してみよう。

まず、国民は**消費者運動**とか**環境保護運動**をおこした。このころは学生運動やベトナム反戦運動などで社会運動がとてももりあがっていた時期

だ。それと連動して、企業の責任を追及したり環境改善をうったえるデモなどが頻発したんだ。

さらに公害の被害者とその支援者たちが、企業を相手どって訴訟をおこした。四大公害すべてで訴訟がおこり（**四大公害訴訟**）、1970年代はじめにすべての裁判で被害者の勝訴が確定した。

そしてこうした情勢をうけて、国も1967年に**公害対策基本法**を制定し、1971年には環境庁（現在の環境省）が発足した。この法律はその名のとおり、公害対策をおこなう方針をさだめるものだ。その歴史的意義は何だろうか。資料から確認してみよう。

資料12-6 **公害対策基本法**（1967年）

第1条　この法律は、事業者、国および地方公共団体の公害の防止にかんする責務を明らかにし、ならびに公害の防止にかんする施策の基本となる事項を定めることにより、公害対策の総合的推進をはかり、もって国民の健康を保護するとともに、生活環境を保全することを目的とする。

法律の条文から、公害に対する企業や国、地方公共団体の責務を明らかにすることや「国民の健康を保護すること」がうたわれていて、企業や国よりも国民をまもろうとする姿勢があらわれていることがわかるね。高度経済成長の負の側面を目の当たりにして、**経済成長だけでなく環境や国民の健康、福祉も大事なんだ**という意識があらわれたといえる。

(2) 環境問題への世界的な取り組み

日本で四大公害が問題になっているのと同じころ、欧米でも酸性雨の被害などがクローズアップされ、市民の環境保護運動がはげしくなった。

これを受けて国連が環境に関する国際会議をひらいた。1972年の国連人間環境会議（ストックホルム会議）だ。この会議の決議を読んで、**1970年代の国連が環境問題のどういったところを問題にしたのかを考えよう。**

資料 12-7　**国連人間環境会議（ストックホルム）の宣言（1972年）**

原則1　人間には、尊厳のある健康な生活を送ることができる環境下で、
　　　　　自由と平等と適切な生活条件を得る基本的な権利がある。そし
　　　　　て人間は、現在と将来の世代のために環境を保護し改善してい
　　　　　く厳粛な責任を負っている。その意味においてアパルトヘイト、
　　　　　人種隔離や差別、植民地化をはじめとする抑圧や外国による支
　　　　　配を助長し永続するような政策は、非難され、なくしていかな
　　　　　ければならない。

原則2　地球の天然資源、すなわち空気、水、土地、動植物、そして特
　　　　　に自然の生態系における代表的なものは、現在と将来の世代の
　　　　　ために、適宜注意深い計画と管理のもとでまもらなければなら
　　　　　ない。

第Ⅲ部

まず日本の公害対策基本法と同じように、人間の健康的な生活をまもることを目的にしているね。でもその後が独特だ。「アパルトヘイト、人種隔離や差別、植民地化」といった人権や帝国主義にかかわる問題が列挙されている。これらは「自由と平等と適切な生活条件を得る基本的な権利」を阻害するからだ。

つまり、この会議は「人間環境会議」とあるように、**人間がひとしく健康に生きることのできる環境をつくりだす、つまり世界における健康や生活上の格差を問題にしているようだ。**みんなもよく知っているSDGs（持続可能な開発目標）のなかに、環境保護以外にも、貧困の問題や健康と福祉、人の不平等といった問題がかかげられていたのを思いだそう。

1970年代の国際社会においてアパルトヘイトや人種主義の問題がこのように重視された要因は何だろうか。それぞれ自分で調べてみると、同時代の世界的な動きがわかってくるだろう。でも、酸性雨や公害の問題が深刻になっているのに、自然環境については「注意深い計画と管理」といっているだけで、あまり具体性がないね。

　この状況が変化するのは、もっとあと、1980年代に**地球温暖化問題**がクローズアップされてからだ。工業化によって排出されるCO_2など温室効果ガスの排出量が増大し、温暖化が進行していく。**いつごろから地球温暖化がすすんだのだろうか?**　グラフを見てみよう。

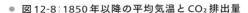

● **図12-8：1850年以降の平均気温とCO_2排出量**

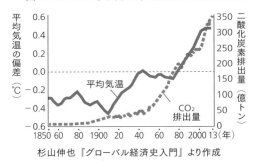

杉山伸也『グローバル経済史入門』より作成

　地球の平均気温は、20世紀に入ってから上昇しているけど、1980年代から急激に上昇していることがわかるね。それは1960年代からのびつづけているCO_2排出量と連動していることも確認できる。**なぜCO_2排出量は1960年代から上昇したのだろうか?**　それはやはり、日本の高度経済成長をふくむ世界経済の成長によるものだろう。

　地球温暖化が人類の生存にもかかわるレベルの問題だということがわかると、さすがに国際社会は温室効果ガスの国際的な規制をこころみた。それが1992年から採択された気候変動枠組条約であり、1997年には先進国の温室効果ガスの排出削減をもとめる**京都議定書**が採択された。しか**しそれにもかかわらず、世界のCO_2排出量は増えつづけた。それはなぜだ**

ろうか？

　つぎのグラフは、世界のCO_2排出量の国別の推移だ。京都議定書が締結されて以降、CO_2排出量を増やしているのは、どの国だろうか？

● **図12-9：世界のCO_2排出量の推移**

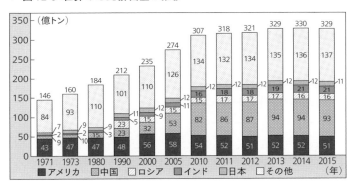

　21世紀に入って、中国が急速に増やしていることがわかるね。1970年代にはわずかだったのが、現在は世界第一位のCO_2排出国だ。これでは先進国がどれだけ温室効果ガス削減にがんばっても、地球温暖化が止まることはないだろう。

　なぜ1990年代ごろから中国のCO_2排出量は急増したのだろうか？　どうすれば中国に温室効果ガス排出量の削減を実行させることができるだろうか？　それにじつは世界第2位のアメリカも、中国ほどではないとはいえCO_2排出量はおおきく、削減できていない。これはなぜだろうか？

　環境破壊と地球温暖化の問題は、ここ60年、あるいは30年のあいだに深刻化し、私たちの未来の世代の存続をおびやかすほどになっている。私たちはその歴史的な経緯を理解して、未来にむけて解決策を実行しなければならない。

1. 社会主義諸国の経済政策は、なぜ成功しなかったのだろうか？

2. なぜ世界には豊かな国と貧しい国が生まれるのだろうか？　南北問題をキーワードに考えてみよう。

3. なぜ日本と韓国・中国（中華人民共和国）との国交正常化は、遅れたのだろうか？

4. 1980年代後半から、なぜ日本はバブル経済に突入したのだろうか？　そしてなぜ1990年代初めに終わったのだろうか？

国民国家をこえる挑戦
——地域統合と地域連携

メインの問い	なぜヨーロッパでは、国民国家をこえる地域統合を実現できたのだろうか?
概念	地域統合　ヨーロッパ連合（EU）　地域連携

　現在のヨーロッパ諸国は、**ヨーロッパ連合（EU）** として統合されている。歴史総合の最後は、この**地域統合**をテーマとしてとりあげよう。ただ、EUは現代世界を理解するための重要な存在ではあるけど、地域統合ってどんなものなのかは、日本に住んでいる私たちにとってはいまひとつ身近じゃない。

　この本では、実感をもって歴史を学んでもらうために、テーマを身近な問題に関連させてきた。でも地域統合は東アジアでは実現されていない、遠い存在だ。だからまずは、ヨーロッパの現在が私たちの常識とどれだけ違うのかを実感してもらうのがいいと思う。

　みんなのなかにもK-POPとか好きな人がいると思うけど、隣国の韓国に行こうと思ったら、何が必要かな?　まずパスポートは必須で、空港でかならず入国審査を受けなければいけない。EU内なら、ほとんどの国境にパスポートをチェックする検問はない。ドイツからフランスにいくバスツアーがあるけど、乗っていたらいつのまにか国境をこえている。

　それに円をウォンに両替しないといけないよね。でも**EU内なら、共通**

通貨ユーロがある。 スペインでもイタリアでも、ふだんの買い物から流通までぜんぶユーロで決済するんだから、旅行でも両替は必要ない。

また、私たちにとって選挙といえば国内の選挙だけだ。でもEUならヨーロッパ議会があって、そこに議員をおくりこむためのヨーロッパ規模の選挙がある。その議会ではEU法というヨーロッパ共通の法律をつくる。EUの憲法もあるし、事実上のヨーロッパ大統領やヨーロッパ外相もいる。

これをアジアにおきかえてみたら、どれだけとんでもないことかわかる。アジア議会とかアジア大統領なんてちょっと想像できないね。**EUは、まるでひとつの国家のようだ。** そう、ヨーロッパをひとつの国家のようにしてしまうのが、ヨーロッパ統合のプロジェクトなんだ。

ということは、**EUというひとつの国にまとまったヨーロッパ諸国では、ひょっとすると近代的な国民意識、つまり自分たちはイタリア人だとかドイツ人だとかいう意識がなくなっているんじゃないか？**

この問題について考えるための資料がある。1999年のEU諸国のなかで、ヨーロッパ・アイデンティティと国民アイデンティティがどんな割合になっているのかをしめすアンケート結果だ。

● 図13-1：ヨーロッパ・アイデンティティと
国民アイデンティティの割合（1999年、EU15か国）

	ヨーロッパのみ	ヨーロッパ、ついで国民	国民、ついでヨーロッパ	国民のみ(%)
ルクセンブルク	20	11	41	23
イタリア	6	9	56	26
スペイン	4	6	53	31
フランス	4	7	48	39
ベルギー	7	8	42	41
オランダ	1	5	49	44
EU15カ国平均	4	6	42	45
オーストリア	3	5	42	47
ドイツ	4	8	37	48
ポルトガル	2	1	42	52
アイルランド	3	4	38	53
デンマーク	3	3	37	56
ギリシア	1	2	38	60
フィンランド	1	3	35	61
スウェーデン	2	4	32	61
イギリス	3	3	24	67

平島健司・飯田芳弘『ヨーロッパ政治史』より作成

これを見ると、ほとんどの国で「国民、ついでヨーロッパ」のアイデンティティを重視している人びとが多いことがわかる。ということは国民アイデンティティは基本的になくなっていないけど、ヨーロッパのアイデンティティも強まっているんだ。その割合がいちばん低いイギリスは、2020年にEUから離脱してしまった。

地域統合は国家主権のかなりの部分をゆずりわたし、国民アイデンティティよりもひろい、**ヨーロッパ・アイデンティティ**をつくりだした。**近代化の概念、とくに国民国家の概念を部分的に否定**して、あたらしい政治・経済・社会のかたちをつくろうとするものだと考えることができる。こう考えると、歴史の一大転換点に思えてくるね。

でも、ここまでつきつめた地域統合ができたのはヨーロッパだけだ。**なぜヨーロッパだけが地域統合を実現できたんだろうか？** 地域統合は近代の先にある望ましい未来なのだろうか？ いろいろな疑問がうかぶね。

他方で地域統合とまではいかなくても、東南アジアやアフリカなどでも、さまざまなレベルで地域連携をおこなっている組織がある。**地域連携は、どのような可能性をひらくプロジェクトなのだろうか？** 地域統合や地域連携という概念をつうじて、近代化のその先にある世界の可能性について考えよう。

1 ヨーロッパはなぜ地域統合することが できたのだろうか？

(1) ヨーロッパ統合のあゆみ

まずはEUにいたるまでのヨーロッパ統合の歴史をたどってみよう。ヨーロッパを経済的・政治的にひとつにしようとするプロジェクトは、戦間期にもクーデンホーフ＝カレルギー伯のパン・ヨーロッパなどがあったけど、実際に動き出したのは第二次世界大戦後だ。**戦後のヨーロッパ統合のあゆみには、どのような特徴があるのだろうか？**

まず、ヨーロッパ統合はいきなりEUになったわけじゃない。段階がある。教科書の内容から、ヨーロッパ統合のあゆみについて年表でまとめてみよう。できた組織とその特徴だけでいいよ。

ヨーロッパ統合のあゆみ

1952年　**ヨーロッパ石炭鉄鋼共同体**（ECSC）……石炭・鉄鋼生産を共同化

1958年　**ヨーロッパ経済共同体**（EEC）……関税や経済活動の統一

　　　　ヨーロッパ原子力共同体（EURATOM）

1967年　**ヨーロッパ共同体**（EC）……ECSC・EEC・EURATOMが合併

1993年　**ヨーロッパ連合**（EU）……通貨・外交・安全保障政策などの統一

　この年表だけを見て、ヨーロッパ統合がどのような分野を重視してはじまったのか、わかるかな？　「経済分野からはじまっている」——そうだね、資源やエネルギー、関税や経済活動といった経済分野から統一した。1967年にできた**ヨーロッパ共同体（EC）**はそれらをまとめたものだ。**なぜ経済分野から統一したんだろうか？**

　これについて考えるための材料は、あまり教科書にはない。だから概念から論理的に考えてみよう。政治統合というのは、共通の法律をつくったり、共通の外交政策をおこなったり（ここまではEUで実現している）、いずれは国籍や領土や軍隊も統一してアメリカ合衆国みたいなひとつの連邦国家にする（ここまではEUでもできていない）ことだ。

　政治統合といわれるものの大半は、EUですら実現できていない。それはなぜだろうか？　「国民の抵抗がおおきいから？」——なぜ抵抗する？「自分の国がなくなってしまうから」——そう、**政治統合は最終的には、それぞれの国家がもつ主権そのものをなくす、つまり国がなくなるほうにいく**んだ。これはナショナリストでなくても抵抗してしまうよね。だから比較的やりやすい経済統合からはじめたんだね。

とはいえ、経済政策も国家がもつ重要な主権だ。でもその**経済主権をゆ**
ずりわたしてでもヨーロッパを統合しなければならないという動機がある
ということだ。なぜヨーロッパの人びとは、地域統合をやろうと決めたん
だろうか？

　最初の統合である**ヨーロッパ石炭鉄鋼共同体（ECSC）**、そのもとにな
ったフランス外相シューマンによるシューマン・プランの資料を見て、ヨ
ーロッパ統合の動機を考えてみよう。

資料13-1 **シューマン・プラン**（1950年）

　ヨーロッパは一挙に、また単一の構造体としてつくられるわけではあ
りません。ヨーロッパは、まず実態ある連帯をつくりだす具体的な成果
を積み重ねることにより形成されるのです。ヨーロッパ諸国がひとつに
なるためには、フランスとドイツの積年の敵対関係が一掃されることが
必要なのです。フランスとドイツこそが率先して行動をおこすべきなの
です。……

　石炭・鉄鋼生産の共同化は、経済発展の共通基盤を早急に確立し、ヨ
ーロッパ連邦の第一歩をしるすでしょう。そしてそれは長きにわたって
武器製造というさだめを負わされ、つねにその犠牲をかさねてきたこれ
らの地域の運命を変えることになるのです。このようにして取りむすば
れる生産の連帯により、仏独間のいかなる戦争も想像すらできなくなる
だけでなく、実質的に不可能となるでしょう。

　はっきりといっているのは、**フランスとドイツの敵対関係を解消し、戦**
争をなくすためだ。石炭・鉄鋼生産の共同化によって、なぜ戦争がなくな
るのか。それはこうした資源が武器生産のためにもとめられたからで、共
同化できれば戦争するための手段を生産できなくなるからだといっている
ね。

つまりECSCは、たいへんな犠牲者を出したふたつの世界大戦に対する反省から生まれた。ヨーロッパ統合は平和を実現するためのプロジェクトなんだ。

(2) ヨーロッパ統合の経済的メリット

国家間の敵対関係を解消して平和を実現するのは、ヨーロッパ統合の政治的な目的だ。でもそういう理念的な話じゃなくて、経済統合には実利的なメリットもあるはずだ。つぎに、**ヨーロッパ経済共同体（EEC）設立**のためのローマ条約の条文から、**経済統合の実利的な目的を考えてみよう。**

資料13-2 **ヨーロッパ経済共同体設立条約**（ローマ条約）（1957年）

第1条　締約国は、本条約により締約国間にヨーロッパ経済共同体を
　　　　設置する。

第2条　共同体の目標は、共同市場の創設および加盟国の経済政策の
　　　　漸進的接近により、共同体全体における経済活動の調和的発展、
　　　　持続的で均衡のとれた発展、安定の強化、生活水準のいっそう
　　　　の向上、加盟国間の関係緊密化を促進することにある。

第3条　前条の目標のため、共同体は、本条約が規定する条件と時期に
　　　　したがい、以下の活動をおこなう。

　　　　(a)加盟国間の輸出品にかんする関税や数量制限、またそれと
　　　　　同等の効力を有するあらゆる措置の撤廃

　　　　(b)第三国に対する共通関税と共通通商政策の策定

　　　　(c)加盟国間の人、サービス、資本の自由移動に対する障害の
　　　　　除去

　　　　(d)共通農業政策の開始

　　　　(e)共通運輸政策の開始 (以下略)

EECでは、何が実現したのだろうか？　**共同市場**と経済政策の一体化
が、まず第2条にかかげられているね。共同市場というのは、EEC加盟国
のすべてで自由に販売できるということだ。

第3条には、もっとこまかい活動内容が書いてある。加盟国間の関税撤
廃と共通関税というのは、いわゆる関税同盟のことだ。みんなは、19世紀
のドイツ統一のまえにドイツ関税同盟というのがあったことを知っている
かな？　ドイツ関税同盟とEECは似ているね。それに人・モノ・カネの
自由移動の促進。最初に紹介したパスポート不要の移動につながるね。

共通農業政策というのもすごいね。EEC加盟国全体で食料生産が安定
するように管理して調整するということだ。

**これらの共通経済政策は、ヨーロッパの人びとにどのようなメリットを
もたらすだろうか？**　何といっても経済規模が拡大して利益が高まること
が期待できるね。フランスだけ、オランダだけではアメリカに対抗できな
いけど、それらがあつまったら大きな力を発揮する。西ヨーロッパの高度
経済成長をささえたのは、ECの存在もひとつの要因だったと考えられる
ね。

当時のECの経済規模を資料で見てみよう。1970～71年の人口とGNP
の比較だ。ここからどんなことが読みとれるだろうか？

● **図13-2：ECと世界各国の比較**（1970～71）

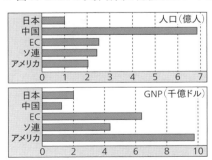

1970年のこの時点では、圧倒的な人口をほこる中国は、まだ経済発展

していない。いっぽう、ECは人口でアメリカやソ連をうわまわり、GNP
でアメリカにつぐ位置につけている。ということは、**ECはアメリカに匹敵
する経済力をもった**ということだ。ECの経済統合がヨーロッパの人びと
に世界トップクラスのゆたかさをもたらしたとも読み取れるね。

（3）ヨーロッパ統合の拡大

　ヨーロッパ統合のあゆみについて、もうひとつ注意すべきことがある。そ
れは加盟国が徐々に拡大していったということだ。現在のEUは27か国
が加盟しているけど、ECSCからECへとまとまった最初の加盟国は、わ
ずか6か国だ。**ヨーロッパ統合はどのように拡大していったのだろうか？**
地図を見ながら考えてみよう。

● **図13-3：ヨーロッパ統合の拡大**

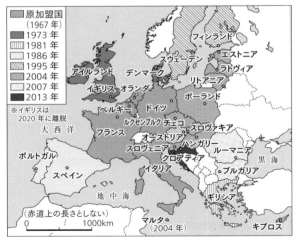

　ECができたときの原加盟国（1967年）は、フランス・ドイツ・イタリア
などの6か国だ。なぜこの6か国からはじまったんだろうか？　「フランス
とドイツとの平和をつくるため」──でも、第二次世界大戦でナチスは、

フランスだけじゃなくポーランドやソ連にも侵攻した。**なぜヨーロッパ統合のはじまりに、東ヨーロッパ諸国は加わらなかったんだろうか？**

　ヒントをだそう。1967年にECに入っていたドイツは、じつはこの地図みたいな全部じゃなくて、西ドイツだけだ。「わかった。冷戦があったから」——そう。よく見ると、その後の加盟国も東西冷戦の西側陣営だけだ。つまり**ヨーロッパ統合には、東側の社会主義陣営に対抗するという目的もあった**んだ。

　そして1990年に東西ドイツが統一し、冷戦が終焉すると、2004年以降、東ヨーロッパ諸国がEUに加盟していく。そういう流れになっているんだね。

　ヨーロッパはなぜ地域統合できたのか。理念的には世界大戦を受けた平和の実現、実利的には経済的発展、そして国際政治的には冷戦における西側諸国の団結という、地域統合を後押しする時代的な要因があったんだということが理解できたね。

2　EUは、どのような問題に直面してきたのだろうか？

　こうして歴史を見ていくと、まるでヨーロッパ統合はいいことばかりで順風満帆にすすんできたように見える。でも1993年にEUができてから現在にいたるまで、ヨーロッパではさまざまな問題が浮上して、EUの終焉とか停滞とかがささやかれるようにもなったんだ。EUにはどんな問題が発生したのだろうか？

(1) 地域統合の深化による問題

　EUをめぐる問題について、教科書では考察するための資料がほとんどないんだけど、教科書の本文にはいろいろな事件が紹介されている。それらを見ながら、さまざまな問題について考えていこう。

　まず、政治統合の問題を考えよう。1993年にEUが成立して以降、ヨ

ーロッパ統合はさらに政治分野にむけて深化しようとした。それがヨーロッパ憲法（**EU憲法**）条約だ。この憲法は、EUを「国家をこえる国家」にしようとするものだった。

しかし、EU憲法条約は、フランスをはじめとするいくつかの加盟国で批准されず、けっきょく政治統合の度合いを弱めた憲法に修正されて、2005年に発効された。**なぜヨーロッパ統合を主導してきたフランスが、EU憲法を批准しなかったのだろうか？**

これについては教科書に説明はないから、ぜひ新聞アーカイブなどで当時の議論をしらべてみてほしい。ヨーロッパ統合が「国民国家をこえる挑戦」であったことを念頭において、国民感情からどんな抵抗があったのかを論じてみよう。

つぎに、地理的な問題から考えてみよう。さっき見たように2004年以降、EUは東方に拡大した。おおきいことはいいことだ、なんて単純な見方はみんなもしないよね。**EUの東方拡大は、どんな問題をひきおこしただろうか？**　ヒントは、統合されたばかりの東欧諸国は、まだ資本主義や民主主義が導入されて日があさかったことだ。

EUのなかにゆたかな国とまずしい国の経済格差がはっきりとあらわれてしまったんだ。そうした状態でEU内の人・モノ・カネの自由移動がすすむと、どうなるだろうか？　まずしい東欧諸国の国民が、高い賃金と行政サービスをもとめて西欧諸国に流入するという**東欧からの移民**の問題がおこった。あるいは逆に、西欧諸国の企業が、安い労働力をもとめて東欧諸国に経済進出していった。こうなると、東欧諸国は西欧諸国に従属しているように感じて、EUへの反発が強まってしまう。

つづいて経済問題をほりさげよう。EU内の経済格差は東欧諸国にかぎった話じゃない。2008年の世界同時不況をきっかけに**ギリシア・イタリアなどで財政危機**が発生した。このとき、財政改革などを条件にドイツなどのゆたかな国が資金を提供したんだ。**なぜギリシアなどの財政危機を、ドイツなどが救済しなければいけなかったんだろうか？**

EUには、共通通貨ユーロやそれを発行する欧州中央銀行がある。金融

や通貨を統合しているので、一国の通貨危機はあっというまにヨーロッパ全体の**ユーロ危機**になったんだ。地域統合の経済的リスクがあらわれたといえるね。

　いっぽうで、財政危機に陥ったギリシア、それを救済するドイツの国民は、どんな感情をもっただろうか？　ドイツ国民のなかには、生産性のひくいギリシアなどの国を「お荷物」あつかいして、EUは自国の経済発展にとって足かせだと感じる人びとがあらわれた。ギリシア国民は、そんなあつかいを屈辱だと感じ、EUやドイツに対する反発が強まったんだ。

（2）難民危機

　2011年の**シリア内戦**以来、EU圏内へのシリア難民の流入がつづき、**難民危機**とよばれる事態がおこった。日本でも近年、難民の受け入れに対して積極的じゃないことが問題になっているね。**戦争や迫害で住む場所や生きる手段をうばわれた難民を、どうすれば受け入れることができるのだろうか？**　これは私たちも意識しなければいけない問題だ。

　EUは基本的に、難民の受け入れに対して寛容だった。でも2010年からはじまる「アラブの春」とよばれるイスラーム諸国の民主化運動の結果、リビアやシリアなどで内戦がおこり、大量の難民が地中海をわたってヨーロッパに助けをもとめてきた。その数はあまりにも膨大だった。ある教科書のシリア難民の解説にはこうある。

シリア難民

　シリア内戦の生んだ難民は2011年から7年間で600万人をこえる。また、家をなくしたが国境をこえられない国内避難民も600万人以上にのぼる。内戦がはじまったときの人口の半分以上が、難民と国内避難民になった。

（第一学習社『高等学校歴史総合』203頁）

この600万人ともいわれる難民のうちかなりの数が、隣国のトルコ、そしてヨーロッパへと流入した。南欧や東欧の経済的にくるしい国の国民は、難民の流入にはげしく反発した。**受け入れを表明したドイツのような国でも、国民のなかで難民への反発が強くなっていった。それはなぜだろうか？**

やっぱりいくらゆたかな国ドイツでも、何十万人という難民を受け入れることによる、社会的な負担はものすごく大きかったんだ。それはどんな負担だったと思う？　言語も宗教も生活習慣もちがう人びとが大量に滞在することへの不安。難民の一部が犯罪をおかしたことで、難民全体へのバッシングにつながる。そしてそれは社会不安になって、国論を二分する対立になってしまう。

難民を受け入れるのはなぜだろう？　それは人道的に正しいからだ。それはメリットというよりは正義感だ。それに対してデメリットが大きすぎると国民が感じたとき、難民への排斥運動がはじまる。

では**難民危機の結果、ヨーロッパではどのような現象がおこっただろうか？**　ドイツにかぎらず多くのEU諸国で、外国人排斥をうったえ、ナショナリズムをさけび、EUに反発する**ポピュリズム**の政治活動がさかんになった。ポピュリズムとは、人びとの願望や不満に働きかけて大衆的な支持を集める政治手法のことだ。

難民危機は、なぜEUへの反発につながったのだろうか？　まずEUには移動の自由があるから、いったん難民がヨーロッパに入ってしまえば、（諸国が難民として受け入れるかどうかは別として）あとは原則的に自由に移動できるという問題がある。それからやっぱり地域統合はナショナリズムと相性が悪い。自国にとって地域統合のメリットが大きいうちはいいけど、デメリットが大きくなると、ナショナリズム側からの反発が強くなるんだ。

(3) イギリスのEU離脱

イギリスでも、EUに反発するポピュリズムがさかんになり、ついに2016年、EU離脱を問う国民投票で離脱賛成派が勝利して、2020年に**EUか**

ら離脱した。**なぜイギリスはEUから離脱したのだろうか？**

　つぎの資料は、イギリスのEU離脱をめぐる国民投票で、EU残留／離脱に投票した理由を集計したものだ。EU残留と離脱、それぞれどんな理由が上位にあるだろうか？

● **図13-4：イギリスの国民投票（2016年）で、EU残留／離脱に投票した理由**

EU残留に投票した理由		EU離脱に投票した理由	
EU脱退のリスクは、経済や仕事、物価などを考えると非常に重大である。	43％	イギリスにかんする決定はイギリスでおこなわれるべきである。	49％
イギリスは、ユーロ圏やシェンゲン協定（EU内の移動の自由にかんする協定）の外にとどまりながら、EUの単一市場にアクセスできる。	31％	EU脱退は、イギリスが移民や国境の管理にかんする権限を取りもどす最高の機会である。	33％
EU脱退により、イギリスは孤立するようになる。	17％	EUが今後どのように加盟国や権限を拡大させるかについて選択肢がない。	13％
EUと、その共通の歴史、文化、伝統へ強い愛着がある。	9％	貿易や経済を考えると、イギリスはEU圏外にいるほうが利益がある。	6％

出典：Lord Ashcroft Polls

　EU残留に投票した人は、その経済的メリットを手ばなしたくないという意見が多いように見えるね。いっぽうでEU離脱に投票した人は、自国の決定権つまり主権、移民・難民問題が大きく、政治的なリスクを重視していることがわかる。

　やはりここでも、地域統合における政治統合への拒否反応が確認できるね。地域統合は国民国家をこえる挑戦だったけど、やはり近代に成立した主権国家や国民意識を打ちくずすものではなかったといえそうだ。**なぜそこまで近代の国民国家の意識は強固なのか**、歴史総合のいままでの議論をおさらいするつもりで議論してもよさそうだ。

3 東南アジアの地域連携には、
　　どのような可能性がひらかれているのだろうか？

（1）ASEANの成立

　このように平和のためのプロジェクトとしてはじまったヨーロッパ統合は、経済統合を深化させるいっぽうで政治統合を深めることはできず、ナショナリズムといつも衝突するような問題をかかえていた。

　ならばそれよりもゆるやかな地域協力組織はどうだろうか。主権を侵害せず、ナショナリズムとも衝突しない地域連携の代表例が、**東南アジア諸国連合（ASEAN）**だ。まず、ASEANの歴史を、地図から考えてみよう。

● 図13-5：ASEAN加盟国の拡大

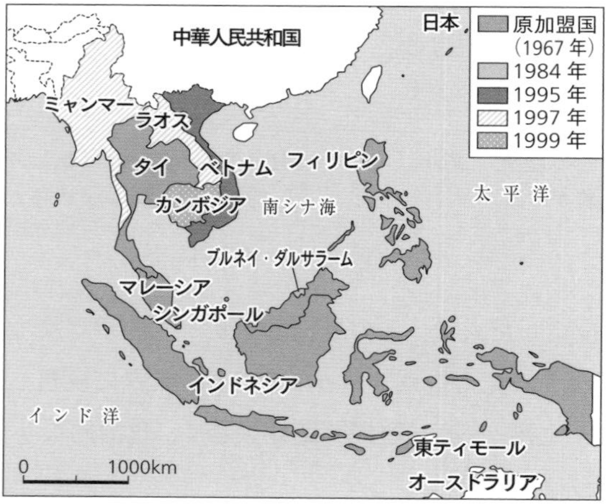

　まず、1967年の原加盟国はインドネシア・タイ・マレーシア・シンガポール・フィリピンだ。なぜこれらの国が最初に地域連携にふみきったのだろうか？　逆にいえば、**ベトナム・ラオス・カンボジア・ミャンマーがおくれて加盟したのはなぜだろうか？**

　1967年という時期に、この地域でおこっていた出来事を考えよう。「ベ

トナム戦争？」――そのとおり。つまりASEANは北ベトナムなどの共産主義に対抗する反共産主義の同盟としてはじまったんだ。そのバックにアメリカ合衆国がいるのは、想像できるよね。

でもその後、ASEANの性格は変化していく。まず1971年に東南アジア中立地帯宣言を発して、冷戦対立から離脱した。なぜそれができた？これも1971年という時期を考えよう。おぼえているかな？　ドル・ショックがあった年だね。つまりアメリカの国際的な影響力が弱まっていたから、中立を宣言できたんだ。

（2）ASEANの目的と地域連携の特徴

このころASEANは協和宣言を採択して、ASEANがすすむべき道をきめている。この資料を読んで、**ASEANという地域連携がどのような方向にすすむのか、ヨーロッパ統合と比較して考えてみよう。**

資料13-3　ASEAN協和宣言（1976年採択）

1. 加盟国及びASEAN地域の安定は、国際的な平和と安全保障に対する重要な貢献である。各加盟国は，破壊活動が各国の安定にもたらす脅威を除去し、国としてのまたASEANとしての強じん性を強化する。

3. 貧困、飢餓、疾病および文盲の除去は、加盟国の第一の関心事である。このため加盟国は、とくに社会正義の推進および国民の生活水準の改善に重点をおいて、経済的社会的発展のための協力を緊密にする。

8. 加盟国は、地域同一性の意識を発展させるとともに、互恵的関係を基礎とし、かつ、民族自決、主権平等および内政不干渉の原則にしたがってすべての国から尊重されかつすべての国を尊重する、強力なASEAN共同体を創設するため、あらゆる努力を行う。

まずは「地域の安定」が目標にされていて、「破壊活動」つまり戦争やテロの除去がいわれている。ヨーロッパ統合とおなじく、地域の平和をつくりだすことが重要な目標になっているんだ。

　つぎに加盟国の国民の生活水準の改善を重視するとしているけど、こういったものはヨーロッパではあまり考えられていなかったよね。それはなぜ？　「西ヨーロッパはもともと生活水準が高い」——そう、それに対して**東南アジアは植民地から独立して間もない、これから経済発展していく開発途上国なんだ**。だからASEANは貧困や飢餓などの除去を重視し、まずは開発途上国からの脱却をめざす。

　これについては、原加盟国の共通点を考えてもいいかもしれない。ぜひ、教科書や参考書を駆使して自分でまとめてほしいんだけど、**これらの諸国には当時どんな指導者がいて、どんな政策を実行していたんだろうか？**　ほとんどが**開発独裁**の国だということがわかるはずだ。独裁体制をしいてトップダウンの経済開発をおこなう新興の資本主義国。つまりASEANは第一に、おくれて近代化をスタートさせた東南アジア諸国が経済成長するために、地域連携する組織だといえる。

　第8条からはどんなことがわかるかな？　民族自決や主権を尊重することが宣言されている。東南アジア諸国が独立した経緯を考えれば当然だけど、ヨーロッパ統合と比較すると違いがきわだつよね。ヨーロッパ統合が主権の一部を譲渡して国民意識をも相対化する方向にいったのに対して、ASEANは主権も国民意識も最大限に尊重する。

　こうした**主権を尊重する地域連携には、地域統合と比較してどのようなメリットとデメリットがあるだろうか？**　メリットは、ヨーロッパ統合でおこったようなナショナリズムとの衝突がないということがあるね。デメリットとしては、関税や通貨など共同の経済政策をおこなうことがむずかしい。これらは主権の範囲だからね。

　それに内政不干渉の原則があるから、加盟国のなかで深刻な人権侵害や政治弾圧などがおこっていても、ASEANとしては何もすることができない。近年のミャンマー軍事政権による民主派の弾圧なんかは典型だよね。

（3）ASEANの可能性

　ASEANには、どのような可能性がひめられているのだろうか？ASEANをめぐる近年の動きを、教科書からできるだけひろって、まとめてみよう。

ASEANの近年の動き

1993年　ASEAN自由貿易圏（AFTA）結成
　　　　　APEC（アジア太平洋経済協力）首脳会談開始
1995〜1999年　ベトナム・ラオス・ミャンマー・カンボジアがASEANに加盟
　　　　　　　　　（拡大ASEAN）
1997年　「ASEAN+3」形成
2015年　ASEAN共同体設立
2017年　環太平洋パートナーシップにかんする包括的および先進的な協定
　　　　　（TPP11）合意（翌年発効）

　ヨーロッパ統合と同じように、ASEANも1990年代に入ってから急速に深化していっているね。**ASEANの深化の方向性はどのようなものだろうか？**

　おもしろいのは、ASEAN+3だ。この「+3」というのは中国・韓国・日本だ。いわば東南アジアと東アジアをつなぐ枠組みだね。中国の経済的・軍事的台頭でいろいろと問題ぶくみだけど、アジアの協力体制をつくるための舞台はASEANにあるように見えるね。

　APEC（アジア太平洋経済協力）は、ASEAN諸国のすべてが参加しているわけじゃないけど、ほとんどが参加していて、アメリカ・中国・日本・ロシアが首脳会談をおこなえるものすごく貴重な国際舞台だ。環太平洋パートナーシップにかんする包括的および先進的な協定（TPP11）は、

APECにちかい範囲の環太平洋諸国で、さまざまなサービスや投資の自由化をすすめるものだ。

こうしてみると、**ASEANを中心としてアジア全体、そしてアメリカをふくむ環太平洋地域の地域協力がひろがっているようだ**。これは21世紀までのあいだにASEANが目的どおりの経済成長を実現して、アジア・環太平洋地域をむすぶハブのような役割を果たすまでになったということを意味しているんじゃないか。

21世紀の地域平和を考えるさいのカギになるのがASEANだといえるかもしれないね。

もうひとつ、2015年にできた**ASEAN共同体**というのは気になるね。これは政治安全保障・経済・社会文化の3分野からなる共同体だ。特に経済において共同市場をめざしている。こう聞くと、まるでヨーロッパ統合のときのEECとかEC（ヨーロッパ共同体）をイメージするよね。

教科書には、両者の違いはまったく書いていないけど、本質的なところはもうみんな理解しているはずだ。ASEANはあくまで加盟国の主権を尊重する。だから関税同盟とか共通通貨とか共通議会というものはめざしていない。

国家主権を尊重したまま推進する地域連携だからこそ、柔軟性があるし、こうした環太平洋にひろがる拡大や中核的役割をもてるようになったのかもしれないね。そして**東南アジア諸国が地域連携をめざしたのには、植民地経験と民族独立運動、そして独立後の開発途上国としての近代化のスタートといった歴史的背景がある**んだ。

近代化の速度や進度は国や地域によってさまざまだ。工業化や国民国家の形成がなぜ地域によって異なるのかは歴史総合での学びでもうさんざんやってきて、理解できたと思う。そして**ヨーロッパが地域統合で近代をのりこえようとし、東南アジアが地域連携で近代化をおしすすめようとしたという違い**も、同じように理解できるだろう。

地域統合・地域連携にかぎらず、さまざまな現代の諸事象について、歴史総合で勉強した概念を活用して歴史的思考をはたらかせられるようにな

るといいと思う。それが、歴史総合によって身につけられるみんなの能力になるんだ。

チャレンジ！　　教科書をつかって、つぎの問いも深めてみよう！

1. EUが東欧諸国に拡大したことで、ヨーロッパとロシアとのあいだにどのような問題が発生しただろうか？　NATOとの関係に注目して考えなさい。

- -

2. アフリカ連合（AU）という地域連携には、どのような特徴があるだろうか？

- -

3. 日本・中国・韓国とのあいだに地域連携を成立させるためには、どのような問題を克服する必要があるだろうか？

歴史学者が書いた本を読もう!

　この本は、「大学の先生と学ぶ」とサブタイトルについているけど、歴史総合の教科書に準拠しているので、それ以上の知識や学説を解説したりはしていない。でも歴史総合で、歴史について考えるおもしろさを感じたら、大学の先生、つまり歴史学者が自分の専門分野について書いた本を読んでみるといい。

　ここで注意しないといけないのは、研究者の書く本はピンキリで、「専門書」といわれる本はとにかくむずかしい。高校生や大学生であれば、**平易な文章で初心者にもわかりやすく、しかもみじかくまとめてある「入門書」から読んでみよう**。

　清水書院から出ている**「歴史総合パートナーズ」**は、歴史総合で近現代史に興味をもった高校生にはぴったりのシリーズだ。歴史総合で取りあげられている、アイヌ、国境、帝国主義、感染症などのテーマについて、1冊ずつ本になっている。

　つぎに、「歴史総合」をタイトルにかかげた歴史論集も適している。現在出ているものでは、**歴史学会編『歴史総合　世界と日本』**（戎光祥出版）と**歴史学研究会編『「歴史総合」をつむぐ　新しい歴史実践へのいざない』**（東京大学出版会）がいいと思う。これらの特徴は、**たくさんの先生がそれぞれの歴史総合の概念やテーマについて書いていること**だ。小説でいえば短編集のようなもので、1本がそれぞれみじかいので読みやすいし、1冊で歴史総合の全部の時代をカバーできるお得感があるよ。

　もうすこし専門的な内容にふみこみたい人は、山川出版社から出ている**「世界史リブレット」「日本史リブレット」**のシリーズに手を出してはどうだろう。歴史総合に対応しているわけじゃないけど、たとえば歴史総合を勉強してナチスに興味をもったら、このシリーズの『ナチズムの時代』を読んでみるという感じだ。**写真や図表、解説、参考文献なども充実**していて、長年にわたって歴史学会で定評のある入門書シリーズなんだ。人物伝シリーズもあるし、全部あわせたら何百冊もある。かならずみんなの気になる、読みたいテーマが見つかる。

　他にも、専門家が書いた新書を読むのもいいね。これらの本を自分で買うのはお金がかかるから、ぜひ図書館にリクエストしてみよう。歴史総合をきっかけに、みんなが歴史の本を読むようになってくれたらうれしい。

　KADOKAWAさんから「高校生向けの歴史総合の読み物を執筆しませんか」という依頼を受けたころ、私はまだ歴史総合の教科書を持っていませんでした。しかし研究会などで全国の高校の先生方と意見交換をするなかで、自分なりに歴史総合について研究してみたいという想いは強くなっていたので、お引き受けすることにしました。

　すでに多くの歴史総合に関する本が出て、高大連携歴史教育研究会の教材共有サイトにも多くの歴史総合の教材が出ているなかで、私が感じていたのは、「これほど高度な内容を授業であつかえたらすばらしい。でも全国の多くの学校ではむずかしいのではないか」ということでした。講義型で熱弁をふるうのを得意としていた高校教師時代の私の経験からすると、いきなり資料と問いをベースにした授業に先生が転換し、生徒たちが対応するのは大変だと、直感的に感じていたのです。そうした現場の先生と生徒にとって、歴史総合の学びかたを、あくまで教科書の範囲内でナビゲートする本が必要なのではないか。こんな想いから本書の構想をねりました。そのため、歴史総合をよく知っている読者にとってはものたりない内容かもしれませんが、そういう性質の本なのだとご了解ください。

　本書を完成させるまでには、多くの先生がたのご助力をいただきました。とくに構想段階でアドバイスをしていただいた国吉真史先生、歴史総合の模擬授業を見学させていただき地域統合の最終章のヒントをいただいた矢景裕子先生、高校現場での歴史総合の状況について多くの情報をいただいた鵜飼昌男先生、高大連携歴史教育研究会でお会いして多くの学びを与えてくださった先生がたにお礼申し上げます。本書の企画段階では、歴史総合2年目スタートの新学期にはまにあわせようという予定だったのが、思った以上に執筆に時間がかかりました。根気よく待っていただいたKADOKAWAの細野さんにもお礼申し上げます。

　本書が歴史総合の実りある発展に寄与できれば何よりです。

北村　厚（きたむら　あつし）
1975年　福岡市生まれ。
2004年　九州大学大学院法学府博士後期課程を単位取得退学
福岡大学人文学部非常勤講師、法政大学法学部兼任講師、東京成徳大
学高等学校専任講師（世界史）等を経て、
現在　神戸学院大学人文学部准教授
主著　『ヴァイマル共和国のヨーロッパ統合構想　——中欧から拡大
　　　する道』ミネルヴァ書房、2014年（日本ドイツ学会奨励賞受
　　　賞）
　　　『教養のグローバル・ヒストリー　——大人のための世界史入
　　　門』ミネルヴァ書房、2018年
　　　『歴史のなかのドイツ外交』（共著）吉田書店、2019年
　　　『20世紀のグローバル・ヒストリー　——大人のための現代史
　　　入門』ミネルヴァ書房、2021年
趣味は吹奏楽。休日は吹奏楽団で楽器を吹いたり、家族でお出かけを
したりしている。

だいがく せんせい まな　　　　　れき し そうごう
大学の先生と学ぶ　はじめての歴史総合

2023年10月31日　初版発行
2024年9月20日　　3版発行

　　　きたむら あつし
著／北村　厚

発行者／山下　直久

発行／株式会社KADOKAWA
〒102-8177　東京都千代田区富士見2-13-3
電話　0570-002-301(ナビダイヤル)

印刷所／株式会社加藤文明社印刷所
製本所／株式会社加藤文明社印刷所

●お問い合わせ
https://www.kadokawa.co.jp/ (「お問い合わせ」へお進みください)
※内容によっては、お答えできない場合があります。
※サポートは日本国内のみとさせていただきます。
※Japanese text only

定価はカバーに表示してあります。